Grüne · Fußballheimat Niedersachsen & Bremen

Hardy Grüne

Fußballheimat Niedersachsen & Bremen

100 Orte der Erinnerung

Arete Verlag Hildesheim

Der Autor

Es kommt eben immer auf die richtige Wahl an! Hardy Grüne, geboren und aufgewachsen in Dortmund, entschied sich als 13-jähriger für Göttingen 05 und hatte damit das seltene Glück, statt nach Mailand oder Madrid nach Herzlake und Hessisch Oldendorf reisen zu dürfen. Als Reisender und Journalist in Sachen Fußball entdeckte er später zwar auch Madrid und Mailand, seine Liebe und Leidenschaft aber lebt er bis heute im „kleineren" Fußball aus und ist daher deutlich häufiger in Orten wie Brochthausen oder Bornreihe zu finden als in ... Madrid und Mailand.
Seit 2015 gibt Hardy Grüne gemeinsam mit Frank Willig das Quartalsmagazin „Zeitspiel – Magazin für Fußball-Zeitgeschichte" heraus (www.zeitspiel-magazin.de). Weitere Informationen über seine Arbeit als Fußballbuchautor und Radreisender unter www.hardy-gruene.de.

Bibliografische Information der Deutschen Nationalbibliothek

Die Deutsche Bibliothek verzeichnet diese Publikation in der Deutschen Nationalbibliografie; detaillierte bibliografische Daten sind im Internet über http://dnb.ddb.de abrufbar.

Layout, Satz und Umschlaggestaltung: Composizione Katrin Rampp, Kempten
Fotos: Torsten Bunde, Martijn Schokkenbroek, Michael Knoll, Tom Hilde, Sascha Kurzrock, Bent Henning, Lukas-Tjorben Warnecke, Matthias Herrmann, Carsten Gier, Phillip Schwerin, Peter Kupka, Carina Knapp-Kluge, Tobias, Martin Utendrup, Jens Meinecke, Robert Gertzen, Mario Rauch, Frank Willig, Christopher Wode, Peter Borchers/NFV, Hardy Grüne
Grafiken: Matthias Hunger
Druck und Verarbeitung: Westermann Druck Zwickau GmbH
ISBN 978-3-96423-015-7

Inhaltsverzeichnis

Seite

Seite

Vorwort

Das Andenken an große Fußballtraditionen auch in der Fläche zu bewahren ist ein Anliegen dieses Reiseführers, der zu 100 Orten in Niedersachsen und Bremen führt, die fußballerische Bedeutung erlangt haben. Sie sind verstreut über das gesamte Flächenland Niedersachsen sowie den Stadtstaat. Sie führen zu vertrauten Namen, aber auch an manch überraschenden Ort. Oder wussten Sie, wo Ockenhausen und Brochthausen liegen, was es mit der Bremer Huckelriede auf sich hat, dass im Botanischen Garten von Braunschweig einst fröhlich gekickt wurde?

Es ist diese Faszination der geografischen Zersplitterung, die Fußball zu einem einzigartigen Sport in der Sozialgeschichte Deutschlands macht. Dieser Reiseführer will einerseits die Gegenwart zeigen und andererseits die Vergangenheit erwecken. Natürlich sind all die Pflichtstätten erfasst. Das Weserstadion, das Niedersachsenstadion, das Stadion am Elsterweg, die Bremer Brücke, das Stadion an der Hamburger Straße, das Emslandstadion. Dort kann der große Fußball in seiner gegenwärtigen Ausprägung erlebt werden.

Eigentliches Anliegen aber ist, Vergangenheit mit Gegenwart zu verbinden. Ganz im Sinne des Spruches „Tradition ist nicht das Halten der Asche, sondern das Weitergeben der Flamme", der dem englischen Humanisten Thomas Morus zugeschrieben wird. Und damit verbunden ist die Aufmunterung, selbst auf Entdeckungsreise zu gehen. In die alte Walzwerkstadt Peine beispielsweise, wo der VfB einst bis zu 10.000 Menschen an die Ilseder Straße lockte. Nach Göttingen, wo die stolze Spielstätte „Maschpark", in die selbst der große HSV immer mit leicht vollen Hosen fuhr, seit langem begraben liegt unter einem nüchternen Betonbauwerk. Nach Steinfeld, wo man einen Nationalspieler herausbrachte. Zum SV Arminia in Hannover, wo es vorbildlich gelingt, Vergangenheit mit Gegenwart zu Zukunft zu verbinden. Und natürlich in Orte wie Jeddeloh II, Drochtersen, Spelle-Venhaus oder Rehden, wo es die Gegenwart ist, die gerade Geschichte schreibt.

Möge dieses Buch helfen, die Erinnerung des Fußballs in Niedersachsen und Bremen zu bewahren, vor allem aber seine Zukunft zu sichern. Denn die liegt eben nicht nur bei den großen Klubs, sondern vor allem bei jenen rührigen Vereinen, für die Fußball so viel mehr als nur ein Sport ist.

Alfeld 001

Hindenburgstadion

Im Schatten der Baukunst

Nach Alfeld kommt man wegen der Fagus-Werke. Das nach Entwürfen von Walter Gropius im Bauhaus-Stil errichtete Fabrikhaus gilt als richtungsweisendes Werk der modernen Architektur und gehört seit 2011 zum UNESCO-Weltkulturerbe. Auch die pittoreske Innenstadt ist sehenswert, und wer Sport gucken will, findet sich bei den Hallenhandballern der SV Alfeld ein.

Früher kam man auch zum Fußball. Als Alfelds Werkzeug- und Maschinenfabriken boomten, war der Fußball einer der Profiteure. In den 1920er-Jahren gab es eine lebendige Szene, die vom Duell zwischen Arbeiterverein FC Union, 1911 gegründet, und der bürgerlichen Tuspo bzw. ihren Vorläufern SV Eintracht und SV 1925 geprägt war. Als 1933 unter den Nazis das Aus für den Arbeitersport kam, traten die Unioner gezwungenermaßen der Tuspo bei.

Nach dem Zweiten Weltkrieg begannen die goldenen Tage des Alfelder Fußballs. Mit der Sportvereinigung von 1858 entstand ein Großverein, dessen Balltreter 1947/48 sogar zweitklassig kickten. 1954/55 erstmals Meister der Amateurliga 5 und in der Aufstiegsrunde zum niedersächsischen Oberhaus gescheitert, hatten die Grün-Weißen in der Folgesaison mehr Glück und erklommen mit einem 5:0 über Rot-Weiß Steterburg die Amateuroberliga Niedersachsen-Ost.

Doch Gegner wie VfV Hildesheim oder VfB Peine waren eine Nummer zu groß für die wackeren Kicker aus dem Hindenburgstadion. Im ersten Jahr reichte es noch zu Platz 13, ehe man 1957/58 gleich 124 Gegentore kassierte und der Abstieg nicht zu vermeiden war. Im selben Jahr trennten sich die SVA-Fußballer nach vielen Querelen vom Stammverein und verselbständigten sich als FC Alfeld. 1960 kam der gebürtige Berliner Wolfgang Gzrzyb zu den Grün-Weißen, der 1967 mit der Braunschweiger Eintracht Deutscher Meister werden sollte. Drei Jahre zuvor war der FCA auf Bezirksebene verschwunden und vermied anschließend nur knapp den Absturz in die Kreisliga.

1991 kehrte der FCA zum Stammverein SVA zurück und kickt gegenwärtig in der Bezirksliga.

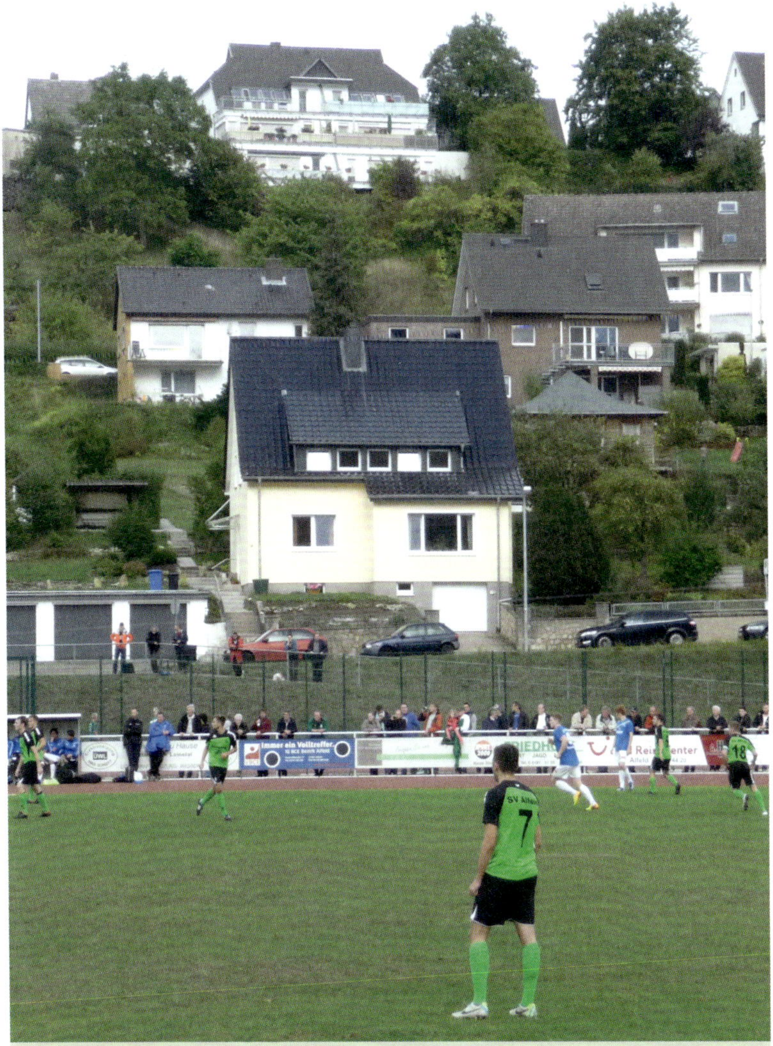

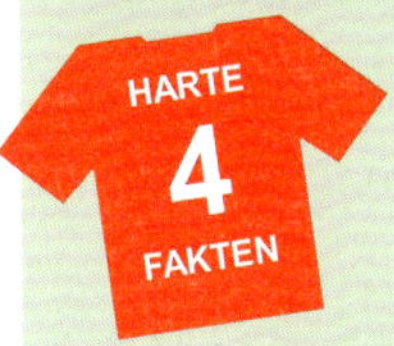

Adresse: Im Hindenburgstadion 1, 31061 Alfeld

Zuschauerkapazität: 4.000

Verein: SV Alfeld

Webseite: www.svalfeld-fussball.de

Algermissen 002

Sportplatz am Grasweg

Das Gänsedorf und seine Fußballhelden

Es riecht nach Vergangenheit, es riecht nach Geschichte, es riecht nach Zeitreise. Am Grasweg in der Ortschaft Algermissen unweit von Hildesheim schlummert ein vergessenes Fußballmärchen, das so wunderbar von der Kraft des Fußballs in den 1920er-Jahren erzählt. Algermissen war damals das „Gänsedorf". Jeden Sommer wurden in der kleinen Gemeinde die Weihnachtsgänse für das ganze Deutsche Reich gemästet. Es gab einen Gänsebahnhof, und ältere Zeitgenossen erinnern sich gerne an die riesigen Gänsemärsche, die regelmäßig durch die Straßen zogen.

Neben fetten Gänsen produzierte Algermissen auch starke Fußballer. 1932 erreichte der SV Algermissen 11 die höchste Spielklasse der Region und durfte sich fortan mit Teams wie Hannover 96 und Eintracht Braunschweig duellieren. Er tat dies mit erstaunlichem Erfolg. Am Ende der Saison 1932/33 erreichte man die Endrunde um die Deutsche Meisterschaft und traf dort auf keinen Geringeren als den Hamburger SV. Das Gänsedorf stand Kopf und reiste mit allerlei Gefährt gen Waterkant. „Ein Dorf wurde berühmt durch seine Fußballmannschaft", schrieb das in München erscheinende Fachblatt „Fußball" nach der knappen 0:1-Niederlage.

Die Rekordkulisse fand sich am 25. März 1934 am Grasweg ein, als Arminia Hannover zum Gipfeltreffen der Gauliga Niedersachsen kam und sogar ein Sonderzug von Hannover aus eingesetzt wurde. Am Ende zählte man 5.000 Menschen auf dem Gelände, das bis heute in seinen Grundzügen erhalten ist. Die Atmosphäre in Algermissen war seinerzeit gefürchtet. Wenn es mit der Streitkraft der eigenen Recken – wegen der schwarzen Spielkleidung „Elstern" genannt – mal nicht reichte, gab es auch schon mal Knüffe und Püffe seitens der Zuschauer, um den Gegner einzuschüchtern oder den Schiedsrichter „auf Linie" zu bringen. Zigfach griff der Verband ein und verhängte ein Heimspielverbot.

Heute ist es am Grasweg ruhiger geworden, doch der Geist der seit Sommer 2019 im FSV Algermissen fusionierten „Elstern" hockt noch immer in jedem Backstein und jeder Grassode.

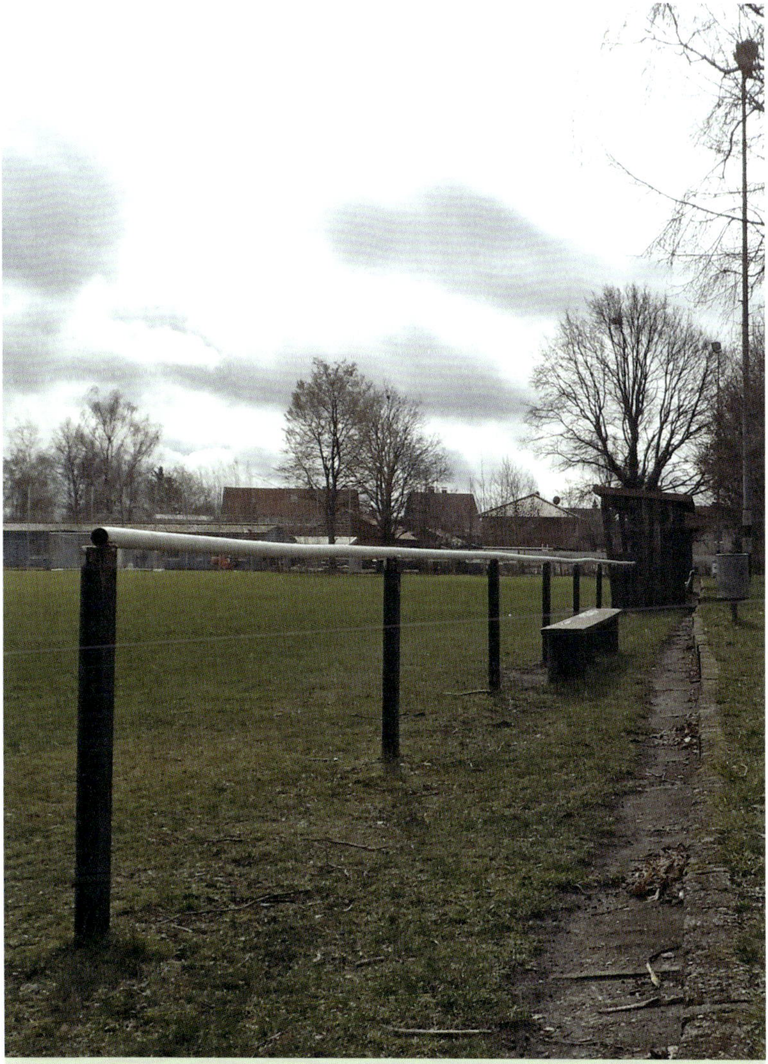

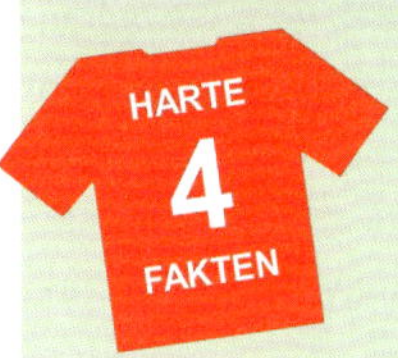

Adresse: Grasweg, 31191 Algermissen

Zuschauerkapazität: 4.000

Verein: FSV Algermissen

Webseite: www.fsvalgermissen.de

Bad Gandersheim 003

Rudolf-Cahn-von-Seelen-Stadion

Platz ist für 40.000

Laut letzter Zählung kommt Bad Gandersheim auf 9.866 Einwohner – und da sind neben der Kernstadt schon 15 Ortsteile dabei. Theoretisch wäre es damit möglich, die vierfache Einwohnerzahl im lokalen Sportstadion unterzubringen. Das nämlich bietet sensationelle 40.000 Plätze, wobei die allermeisten zum Stehen sind und sich auf grasbewachsenen Hügeln befinden.

Derart gefüllt war eine der aufregendsten Naturarenen Deutschlands jedoch nie. Zur Eröffnung am 1. Mai 1950, als sich Borussia Dortmund und der 1. FC Nürnberg zu einem Freundschaftskick in der Roswithastadt einfanden und Zuschauer aus dem gesamten Harzgebiet und Leinetal anlockten, wurden immerhin 20.000 Anwesende gezählt. Rekordkulisse für ein Fußballspiel in Bad Gandersheim. Für Lokalmatador Spielvereinigung Grün-Weiß indes war und ist die Riesenschüssel ziemlich überdimensioniert, denn selbst in den erfolgreichsten Jahren zwischen 1959 und 1961, als man drittklassig unterwegs war, belief sich die Besucherzahl bestenfalls im vierstelligen Bereich.

Das Rudolf-Cahn-von-Seelen-Stadion ist quasi das Geschenk des namensgebenden ehemaligen Oberbürgermeisters der Kurstadt an seine Heimat. Es liegt fußläufig zur Innenstadt idyllisch am Flüsschen Ilme und wurde wegen des Einwohnerbooms der Nachkriegszeit errichtet, als sich viele Ostflüchtlinge in Bad Gandersheim niederließen. Heute wird es nur noch selten für größere Spektakel genutzt und steht im Schatten der pittoresken Altstadt, in der alljährlich die weithin bekannten Domfestspiele tausende von Zuschauern anlocken.

Zudem steht das Schicksal der Großarena in den Sternen. Hauptnutzer SVG Grün-Weiß kündigte den Betreibervertrag mit der Stadt Ende 2017, weil er mit der ehrenamtlichen Pflege der Großanlage überfordert war. Er sieht die Stadt in der Pflicht, die davon jedoch nichts wissen will. Zudem bräuchte es dringend Sanierungsmaßnahmen für Klubhaus, Leichtathletikanlagen und angrenzenden Hartplatz. Vielleicht sollte man die Arena fix mal besuchen, denn wer weiß, wie lange sie noch steht.

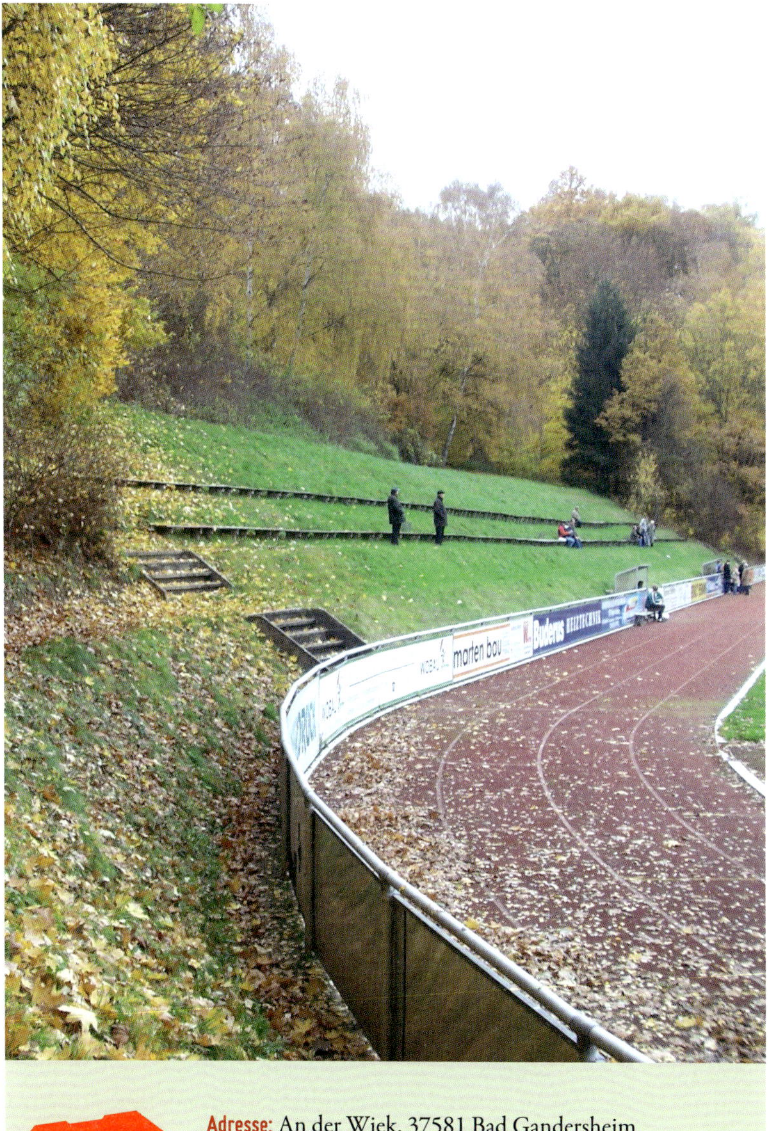

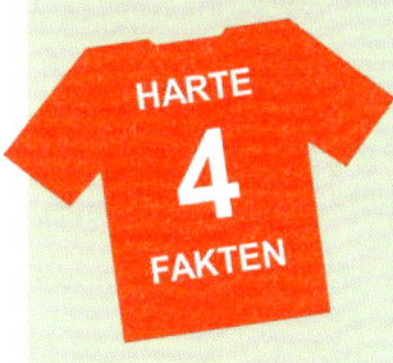

Adresse: An der Wiek, 37581 Bad Gandersheim

Zuschauerkapazität: 5.000

Verein: SVG Grün-Weiß Bad Gandersheim

Webseite: www.gw-gan.de

Bad Pyrmont 004

Stadion an der Südstraße

Geplatzte Träume

Bad Pyrmont steht für mondänes Kurstadtflair. Das milde Klima und die geschützte Lage lockten schon früh Fürsten und Feldherren in die Kleinstadt im Weserbergland.

Doch das Lipperland hat auch eine Industrievergangenheit, und da kommt der Fußball ins Spiel. Beziehungsweise Jürgen Maaßen, der Sohn des langjährigen Präsidenten von Rot-Weiß Oberhausen, Peter Maaßen. Jürgen Maaßen hatte sich in den 1960er-Jahren mit der in Barntrup ansässigen Lippischen Metallwarenfabrik als Zulieferbetrieb der Automobilbranche eine goldene Nase verdient, als er 1969 den Vorsitz über die SpVgg Bad Pyrmont übernahm. Die kickte im 14 Jahre zuvor eingeweihten Stadion an der Südstraße in der Verbandsliga Niedersachsen Süd mehr schlecht als recht.

Dank Maaßens Portemonnaie kam im Sommer 1970 mit Otto Laszig ein ehemaliger Deutscher Meister (1958 mit Schalke 04), der mit Bernd „Bollo" Apel (Hertha Zehlendorf, Arminia Hannover), Peter Schulz (Tennis Borussia, Oberhausen) und Dieter Schollbach (Tennis Borussia, Mönchengladbach) drei erfahrene Kräfte begrüßte. Derart gestärkt, ließen die Kurstädter 1971 mit Pokalsiegen über die Zweitligisten Göttingen 05 und VfL Osnabrück aufhorchen und begrüßten im DFB-Pokalspiel gegen Werder Bremen die Traumkulisse von 6.800 Zahlenden. Im Sauseschritt ging es die Ligaleiter hoch, und 1973 erreichten die Rot-Weißen erstmals das Landesoberhaus von Niedersachsen. Jürgen Maaßen gab darob das Ziel 2. Bundesliga aus.

Die Spielzeit 1973/74 verlief legendär. Ein Kopf-an-Kopf-Rennen mit Nachbar Preußen Hameln ging knapp verloren, doch als Vizemeister war die SpVgg 1974/75 in der neuen Amateuroberliga Nord dabei und reiste künftig bis hinauf nach Flensburg. Dann das bitterböse Ende. Die Autokrise traf Maaßens Betrieb mit voller Wucht, und sie erwischte auch die SpVgg. 1975/76 kassierte man 120 Gegentore und blieb trotzdem „drin", woraufhin es 1976/77 sogar 159 Gegentore gab, man aber zumindest am Saisonende absteigen „durfte".

40 Jahre später schaffte man es noch einmal in die Schlagzeilen, als Ex-Nationalspieler David Odonkor das Training übernahm.

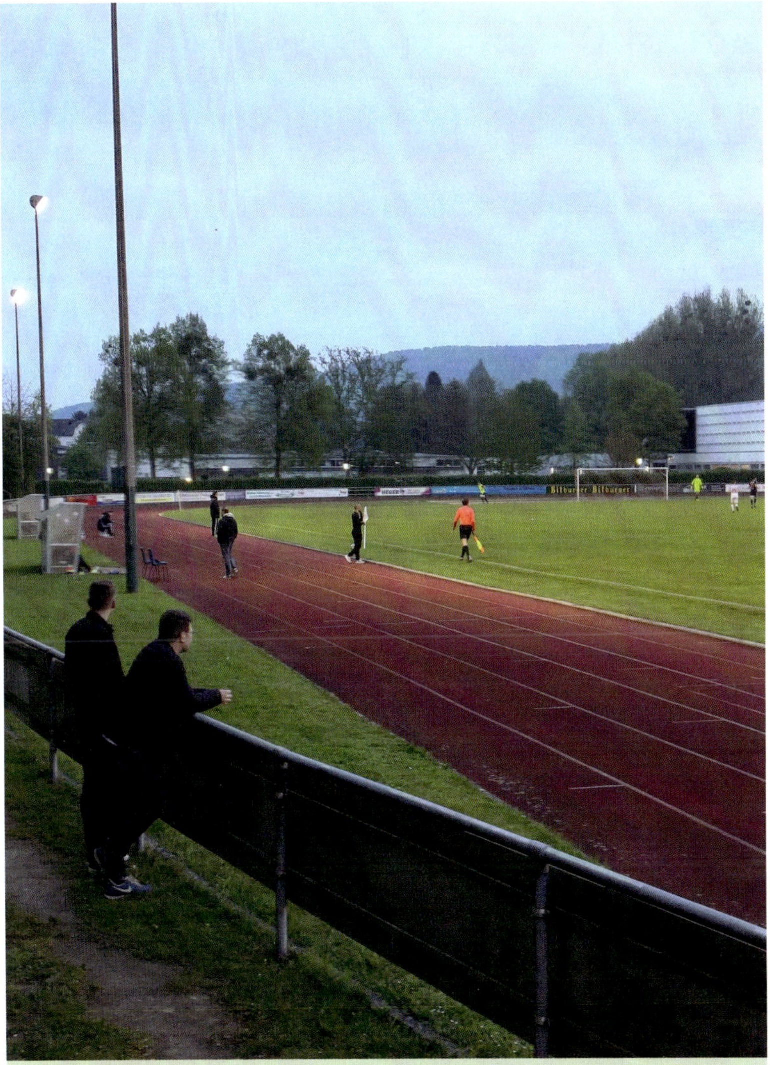

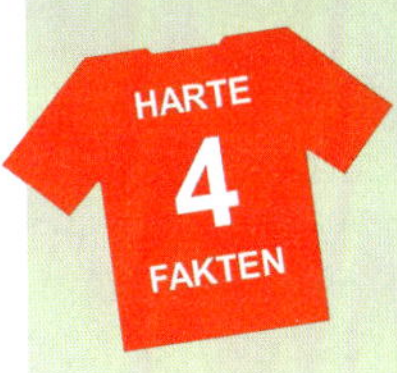

Adresse: Südstraße 7, 31789 Bad Pyrmont

Zuschauerkapazität: 5.000

Verein: SpVgg Bad Pyrmont

Webseite: www.spvgg-badpyrmont.de

Niedersächsischer Fußball-Verband

Das Herz des Fußballs in Niedersachsen

Hier schlägt das Herz des niedersächsischen Fußballs. Barsinghausen, eine Kleinstadt vor den Toren Hannovers, die im Spitzenfußball selbst zwar keine Rolle gespielt hat, in der aber unzählige Spitzenfußballer ihren finalen Schliff erhielten. Seit 1951 residiert der Niedersächsische Fußball-Verband in Barsinghausen und hat sich ein prächtiges Sportzentrum geschaffen, in dem sowohl das administrative Herz des niedersächsischen Fußballs pocht als auch sämtliche Ausbildungslehrgänge erfolgen.

Am 16. August 1946 als „Sparte Fußball" des Landessportbundes Niedersachsen im Rathaus von Hannover gegründet, residierte der NFV ursprünglich im Eilenriedestadion von Hannover. Der Umzug nach Barsinghausen erfolgte 1951, als dort das Verbandsheim im „Fuchsbachtal" eingeweiht wurde. Die Kleinstadt am Fuße des Deisters entpuppte sich als perfekter Ort, der sich über die Jahrzehnte weiterentwickelte und 1980 unter dem legendären NFV-Präsidenten August „Gustl" Wenzel endgültig zum zentralen Standort der Verbandsgeschäfte wurde.

1946 mit knapp 100 Vereinen startend, gehören dem NFV inzwischen über 2.650 Vereine mit rund 633.000 Mitgliedern und 17.300 Mannschaften an. Herzstück der Anlagen in Barsinghausen ist das August-Wenzel-Stadion, in dem auch die deutsche Nationalmannschaft trainiert, wenn sie in Hannover zum Länderspiel antritt. Die Entwicklung des Areals verlief rasant. Drei Jahre nach Einweihung 1951 entstand die heutige Sportschule 2; 1961 folgte mit einem Jugendheim bereits die heutige Sportschule 1. 1983 schließlich wurde mit dem August-Wenzel-Stadion ein Leistungszentrum errichtet, nachdem drei Jahre zuvor schon ein Verwaltungsgebäude entstanden war, das als administrative Schaltzentrale des gesamten niedersächsischen Fußballs dient.

Inzwischen arbeiten rund 70 Mitarbeiter in Barsinghausen, bietet das Vier-Sterne-„Sporthotel Fuchsbachtal" mit seinem 1999 errichteten Erweiterungsbau Platz für 130 Gäste und gibt es seit 2009 auch ein verbandseigenes Fitness- und Wellnesscenter „Studio B54".

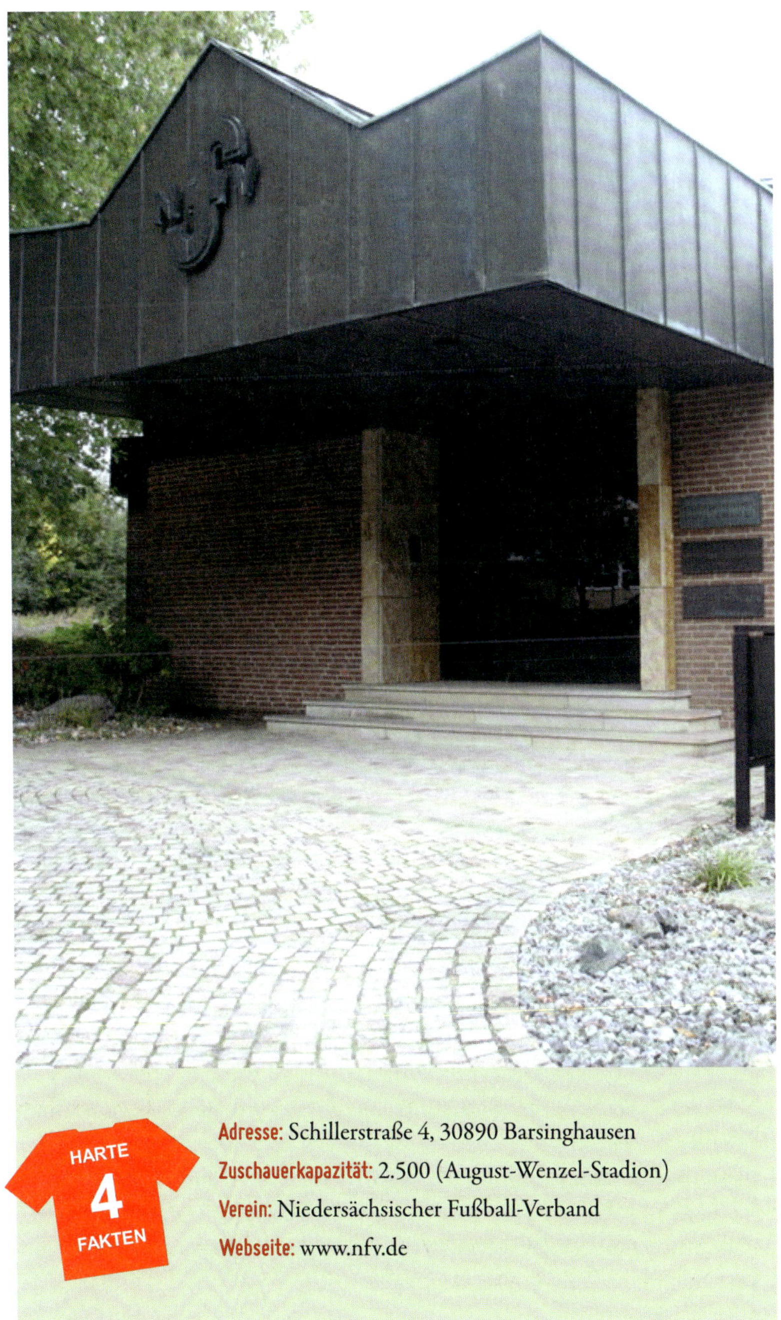

HARTE 4 FAKTEN

Adresse: Schillerstraße 4, 30890 Barsinghausen

Zuschauerkapazität: 2.500 (August-Wenzel-Stadion)

Verein: Niedersächsischer Fußball-Verband

Webseite: www.nfv.de

Bodenteich 006

Waldstadion

Kurstadt im Fußballfieber

Bad Bodenteich liegt unweit von Uelzen inmitten der Lüneburger Heide, zählt rund 3.000 Seelen und wirbt unter dem Motto „Das etwas andere Bad!" für seine Kuranlagen. Bekannt geworden ist der Ort aber vor allem durch seinen Fußballverein mit dem schnöden Namen TuS, der seit über 50 Jahren zu Niedersachsens Fußballstolz zählt.

Nachdem 1960 auf dem idyllisch am Ortsrand gelegenen Sportplatz an der Häcklinger Straße ein gepflegter Rasenteppich anstelle der sandigen Spielfläche verlegt worden war, marschierte das von Horst Ehlen trainierte TuS-Team binnen drei Jahren von der 2. Kreisklasse in die Bezirksklasse durch. 1970 dann der größte Triumph und bis heute größte Stolz der Bodenteicher Kicker: Im Finale um den Niedersachsenpokal düpierten die Blau-Weißen vor über 1.000 Zuschauern – ein Drittel der örtlichen Einwohnerschaft – die eine Klasse höher spielenden Amateure von Göttingen 05 mit 6:1 und sicherten sich die Trophäe. Selbst aus der Nachbargemeinde Lüder marschierte die Schützenkapelle an und feierte gemeinsam mit einem Autokorso die Bodenteicher Fußballhelden. Im Nordpokal kam am 25. Juli 1970 der FC St. Pauli, dessen Auftritt sogar die legendäre ARD-Sportschau nach Bodenteich lockte. 2.500 Zuschauer sahen bei strömendem Regen einen 8:1-Sieg der Profis vom Millerntor.

Für den TuS ging es weiter nach oben. 1971 erklomm man die Verbandsliga und marschierte 1971/72 in die Landesliga und damit Niedersachsens Fußball-Oberhaus durch. Das Team um Dauerbrenner Rainer Kölling war in der Landeselite angekommen und hatte selbst die Regionalgrößen Teutonia Uelzen bzw. SC Uelzen 09 verdrängt. Erfolgsrezept waren eine gute Nachwuchsarbeit sowie eine fruchtbare Verbindung zur nahe gelegenen Bundesgrenzschutzeinheit, die immer wieder talentierte Kräfte ins Waldstadion brachte. Stargehabe gab es in Bodenteich nicht, die meisten Akteure stammten aus dem Umland.

Nach einem personellen Umbruch stürzte man 1996 wieder auf Bezirksebene ab und verdingt sich seitdem zwischen Bezirks- und Landesliga.

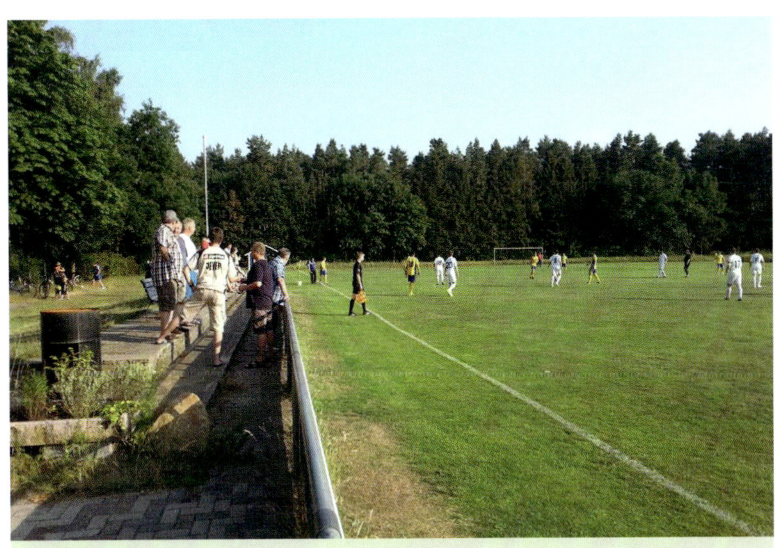

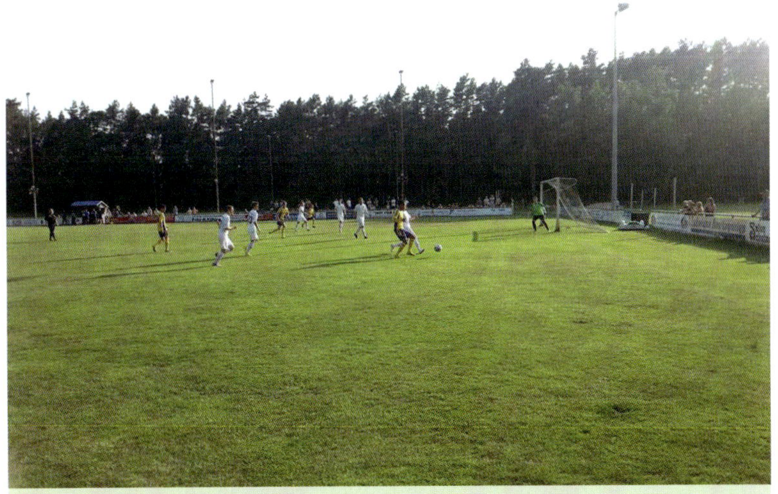

HARTE 4 FAKTEN

Adresse: Häcklinger Straße, 29389 Bad Bodenteich

Zuschauerkapazität: 2.500

Verein: TuS Bodenteich

Webseite: www.tus-bodenteich.de

Sportplatz bei Postels

Die Kicker aus dem Teufelsmoor

Es wirkt, als nähere man sich dem Ende der Welt. Zwei Straßen, zig Kanäle – und ein Fußballplatz. Das Teufelsmoor, ein Ort, von dem „Bild am Sonntag" anno 1970 behauptete, dort gäbe es „den größten Fußballklub der Welt". Es war der SV Blau-Weiß Bornreihe, der seinerzeit auf 170 Vereinsmitglieder kam – exakt fünf mehr, als Bornreihe überhaupt Einwohner hatte! Zwölf Jahre später hieß es in der Festschrift zum 50. Bestehen: „Es ist zur Tradition geworden, dass in Bornreihe Fußball gespielt wird, es ist aber auch Tradition, dass man als Bornreiher diesem Verein angehört."

Gespielt wird seit 1957 „Bei Postels", der einzigen Straßenkreuzung im Straßendorf Bornreihe. „Postels" ist zugleich Bornreihes gastronomische Verlockung als auch das Zentrum des kulturellen Lebens. Eine kleine Hütte hinter der Gastwirtschaft dient den Sportlern als Umkleidekabine. Das Areal der Natur abzuringen, war harte Arbeit. Tausende von Kubikmetern Sand wurden angekarrt, um das gierige Moor zu sättigen. Ganz gelungen ist es nie, denn Bornreihes Heimstatt zeichnet sich durch eine federnde Oberfläche aus. Außerdem muss man eine Halbzeit lang leicht bergauf spielen.

Dass das kleine Moordorf mit dem größten Fußballklub der Welt seit nunmehr fast 60 Jahren zu Niedersachsens Fußball-Elite zählt, darf man unumwunden als „Wunder" bezeichnen. Als die „Moorteufel" 1961 erstmals die dritthöchste Spielklasse erreichten, war die Durchgangsstraße gerade erst zum ersten Mal geteert worden, bewegte man sich zumeist noch mit Torfkähnen von A nach B. Bornreihes Erfolgsrezept ist eine Kombination aus Nachwuchsarbeit und Regionalidentität. Wer immer im Großraum einigermaßen gegen den Ball treten kann, landet beim SV Blau-Weiß Bornreihe. Einige schaffen es dann richtig weit – Marco Kück beispielsweise lief lange für Rot-Weiss Essen auf.

Bislang letzter großer Erfolg der Moorteufel war der Aufstieg in die Oberliga 2016. Dort konnte man sich zwar nicht halten, Gastspiele namhafter Teams wie Arminia Hannover ließen das kleine Fußballdorf im Teufelsmoor aber erneut brodeln.

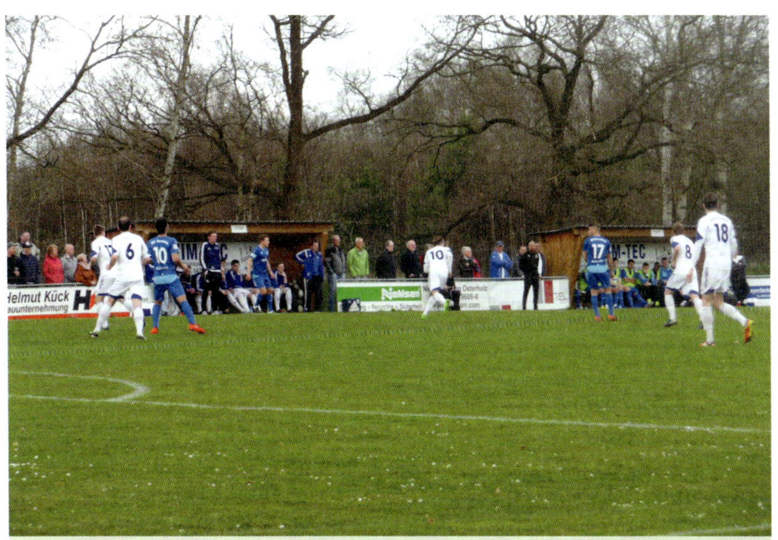

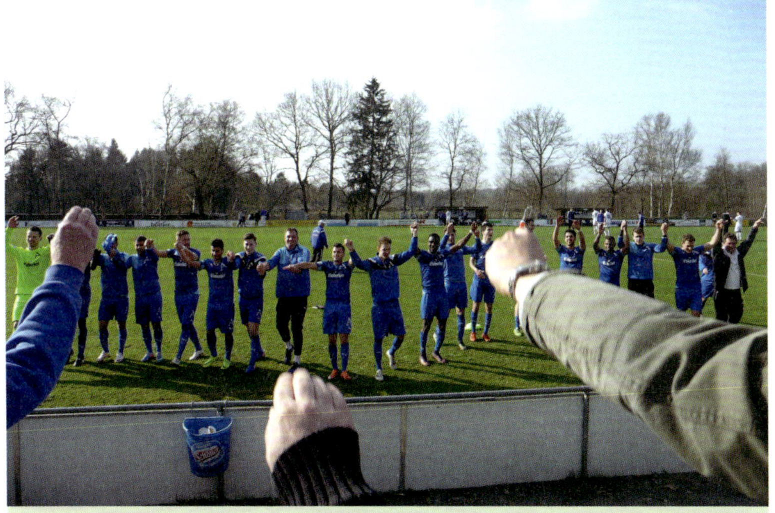

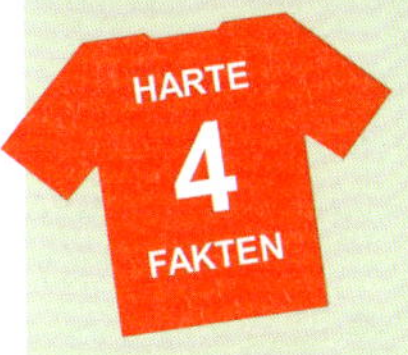

Adresse: Schuldamm 3, 27729 Vollersode

Zuschauerkapazität: 1.500

Verein: SV Blau-Weiß Bornreihe

Webseite: www.blau-weiss-bornreihe.de

Braunschweig 008

Eintracht-Stadion

Braunschweigs Fußballherz

Seit fast 100 Jahren wird hier Fußball gespielt, und die meiste Zeit hochklassiger. 1923 pilgerten 15.000 Fans an die Hamburger Straße, um die Eintracht gegen die damalige Übermannschaft 1. FC Nürnberg mit 1:10 verlieren zu sehen. Später gab es glücklichere Tage, erreichte man 1963 die Bundesliga, feierte 1967 sensationell die Deutsche Meisterschaft und absolvierte legendäre Europapokalspiele gegen Rapid Wien, Juventus Turin oder Dynamo Kiew. Unvergessen auch der 2:0-Sieg 1981 in der Bundesliga-Relegation gegen Kickers Offenbach, als 34.000 Zuschauer für eine legendäre Kulisse sorgten, oder der Last-Minute-Sieg gegen Wattenscheid 09 im Mai 2002, als die Eintracht nach neun Jahren in die 2. Bundesliga zurückkehrte.

An Legenden und Mythen reich, hat sich das Stadion über die Jahrzehnte verändert und entwickelt. Die charakteristischen Pappeln in der Nordkurve prägten lange das Bild eines Stadions, das 1950 erstmals generalrenoviert und auf 30.000 Plätze ausgebaut wurde. Nach der Qualifikation für die Bundesliga passten gar 38.000 Fans hinein, ehe der Zahn der Zeit in den 1970er-Jahren erneut Bedarf an einer Grundsanierung aufkommen ließ. Die heutige Gegengerade entstand 1976, die aus dem Jahr 1923 stammende Holztribüne wich 1982 ihrem heutigen Nachfolger. Dabei verschuldete sich der Klub und trat das Stadion an die Stadt ab, die den Umbau abschloss. Anfang der 1990er-Jahre ging es an die längst überfällige Sanierung der Kurven, nachdem die Heimkurve zeitweise sogar hatte gesperrt werden müssen. Mithilfe des damaligen niedersächsischen Innenministers Gerhard Glogowski, bekennender Eintracht-Fan, wurden rund 25 Millionen DM für eine Generalrenovierung ausgegeben, die 1995 abgeschlossen wurde.

Dabei glückte die Gratwanderung, den Charme des traditionsreichen Stadions in die Moderne zu transportieren und damit ein Stück des „alten Fußballs“ in die Gegenwart zu retten. Heute gehört das Eintracht-Stadion an der Hamburger Straße zu den atmosphärischsten Fußballstadien im ganzen Land und hat seine Bewunderer überall.

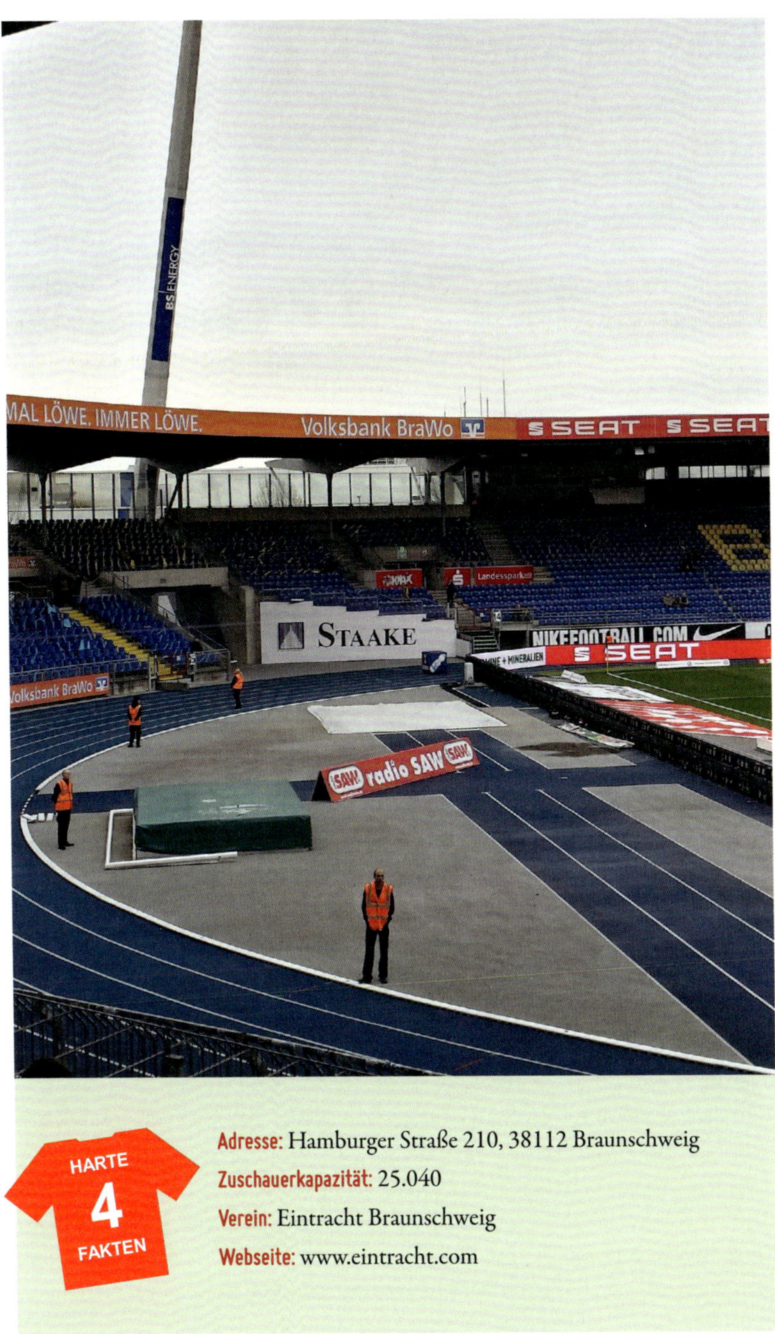

Adresse: Hamburger Straße 210, 38112 Braunschweig
Zuschauerkapazität: 25.040
Verein: Eintracht Braunschweig
Webseite: www.eintracht.com

Kleiner Exer

Wo alles begann

Glaubt man den Überlieferungen, fand 1874 an der Pockelsstraße nördlich des Stadtzentrums von Braunschweig das allererste Fußballspiel in Deutschland statt. Das ist zwar ein Ruhm, den auch Lüneburg für sich reklamiert, doch Fakt ist: Auf dem „Kleinen Exer" in Braunschweig wurde verdammt früh gegen das runde Leder getreten. Oder auch gegen das ovale, denn die Trennung zwischen Rugby und Fußball war damals noch durchlässig.

Geografisch ist die Einordnung des historischen Geländes nicht ganz so einfach, denn es gab einen „Kleinen Exer" und einen „Großen Exer". Es war auf dem „Kleinen Exer", auf dem der legendäre Fußballvater Konrad Koch am 29. September 1874 zum ersten Mal eine Lederkugel unter deutsche Jugendliche seines Martino-Katharineum-Gymnasiums warf und gespannt darauf wartete, was sie damit anstellten. Den original englischen Lederball hatte Kochs Kollege August Hermann zuvor aus Großbritannien besorgt. Der „Kleine Exer" war ursprünglich ein Exerzierplatz vor den Toren der Innenstadt. Später wurde er zur öffentlichen Vergnügungswiese für Freizeitbeschäftigungen wie Ballonfeste, Drachensteigen oder eben Fußballspiele. Seit 1935 ist er zum Teil überbaut. Der „Große Exer" lag an der Salzdahlumer Straße und wurde erst später zum Fußballspielen genutzt. 1927 eröffnete der SC Leu dort einen Sportplatz, heute ist das Areal überbaut mit einem Klinikum.

Auf dem Gelände des Kleinen Exer indes befinden sich heute u. a. das Haus der Wissenschaft bzw. das aus rotem Backstein in der NS-Zeit errichtete Naturhistorische Museum. An Koch und die Fußball-Geburtsstunde erinnert eine Gedenktafel, die zur WM 2006 aufgestellt wurde. Koch selbst wohnte nur ein paar Meter entfernt in der Schleinitzstraße. Sein einstiges Wohnhaus wurde im Zweiten Weltkrieg zerstört, im Neubau befindet sich heute das Studentencafé „Herman's".

Kochs Martino-Katharineum-Gymnasium residiert noch immer an der Breiten Straße 3–4 und war 1415 gegründet worden. Zu den berühmtesten Schülern gehörte Heinrich Hoffmann von Fallersleben, der Verfasser des Deutschlandlieds. Ein Jahr nach dessen Tod gründete Koch mit seinen Schülern 1875 einen ersten Fußballverein.

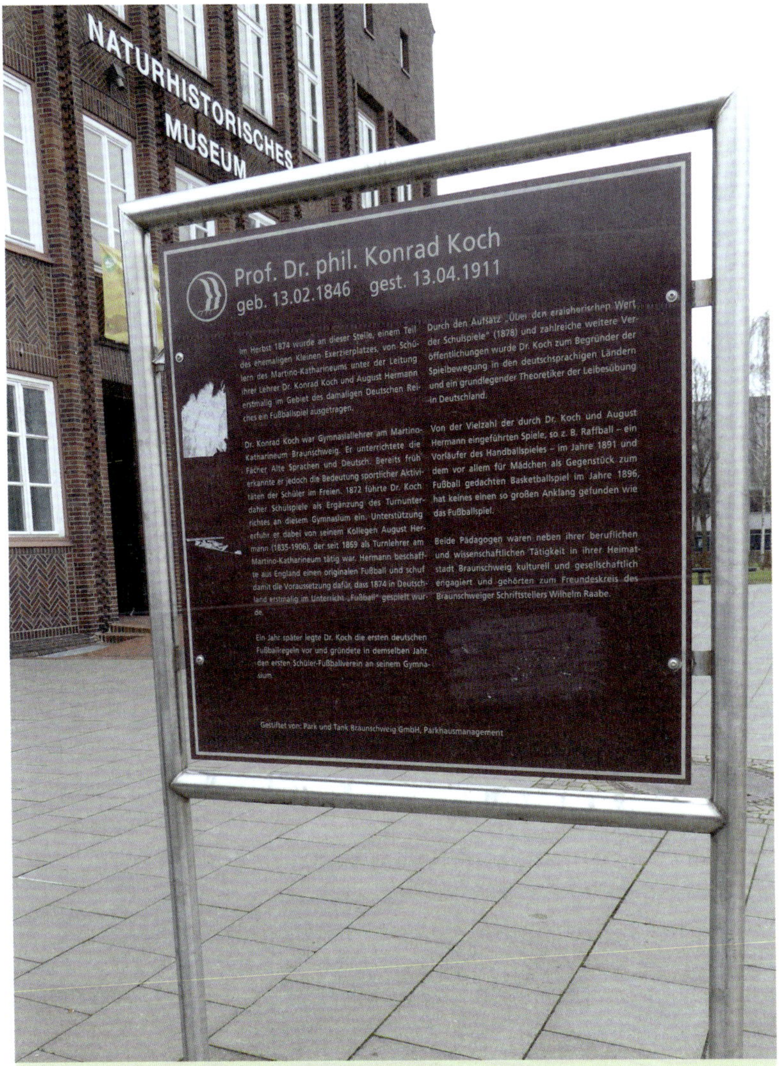

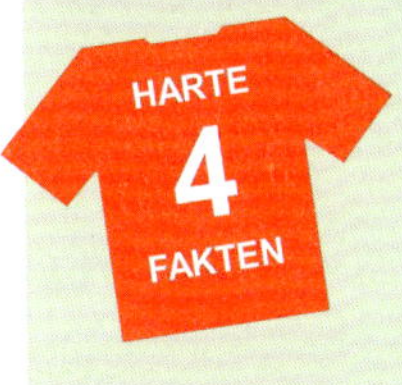

Adresse: Pockelsstraße 11, 38106 Braunschweig

Verein: keiner, Mannschaft des Martino-Katharineum

Heutiger Nutzer: Haus der Wissenschaft bzw. Naturhistorisches Museum

Tipp: Kaffeepause bei Herman‘s Cafe am Ort von Kochs ehemaliger Wohnung

Humboldt-Kaserne

Wo der blaue Löwe brüllte

Es gibt diese sagenumwobenen Fußballorte, die schon lange nicht mehr existieren und deren Flair nicht reproduzierbar ist. Nur ein paar alte Schwarzweiß-Fotos sowie die Erinnerungen der „Alten" sind von ihnen geblieben. Zu diesen Orten gehört zweifelsohne der einstige Sportplatz des heutigen HSC Leu 06. Ein Verein, dessen Ursprünge sowohl im Traditionsklub VfB Rot-Weiß als auch im Braunschweiger Turnmethusalem MTV 1847 liegen. Seit 1923 ist man als Leu unterwegs. „Leu" steht für „Löwe" und damit für die Löwenstadt Braunschweig.

In den 1920er-Jahren ernstzunehmender Konkurrent der Eintracht, verschwand der Leu später in der Versenkung und wurde 1937 dem MTV zwangsangeschlossen. Seit 1954 erneut eigenständig, erhielt man 1956 die Nutzungsrechte für den ehemaligen Exerzierplatz der Kaserne an der Humboldtstraße und verwandelte das Areal in ein kuscheliges als auch bei der Gegnerschaft gefürchtetes Fußballstadion. Umgeben von den Kasernengebäuden und der Oker fanden rund 6.000 Zuschauer Platz und verhalfen dem Leu auf dem grobkörnigen Grandplatz zu einer legendären Heimstärke. In der „Kampfbahn Rote Erde", wie der Leu-Platz vom Volksmund getauft wurde, hingen die Trauben normalerweise ziemlich hoch.

Leu war ein Selfmadeverein. Seine Erfolgsbasis war die Jugendarbeit. Jürgen Moll beispielsweise, 1968 tödlich verunglückter Nationalspieler der Eintracht, wurde beim Leu ausgebildet. Ausgerechnet der größte Erfolg der Klubgeschichte sorgte dann allerdings für das Ende des legendären Stadions. 1969 stieg der Leu in die Regionalliga auf, und im Bundesliga-Unterbau brauchte es einen Rasenteppich, den es in der Humboldt-Kaserne nicht gab. Leu zog um ins Franz'sche Feld, rüttelte sportlich kurz mal am Thron der Eintracht, verlor aber die Bindung zu seiner Mitgliedschaft und ging schließlich unter. Seit 1979 ist man im Stadtteil Heidberg ansässig und trägt ein „H" in seinem Vornamen – Heidberger SC Leu.

Die alte Kampfbahn wurde ab 1969 renaturiert und ist heute Teil des Botanischen Gartens der TU Braunschweig. Teile der Hintertorstehränge existieren noch, sind aber von Ahornbäumen in Besitz genommen worden.

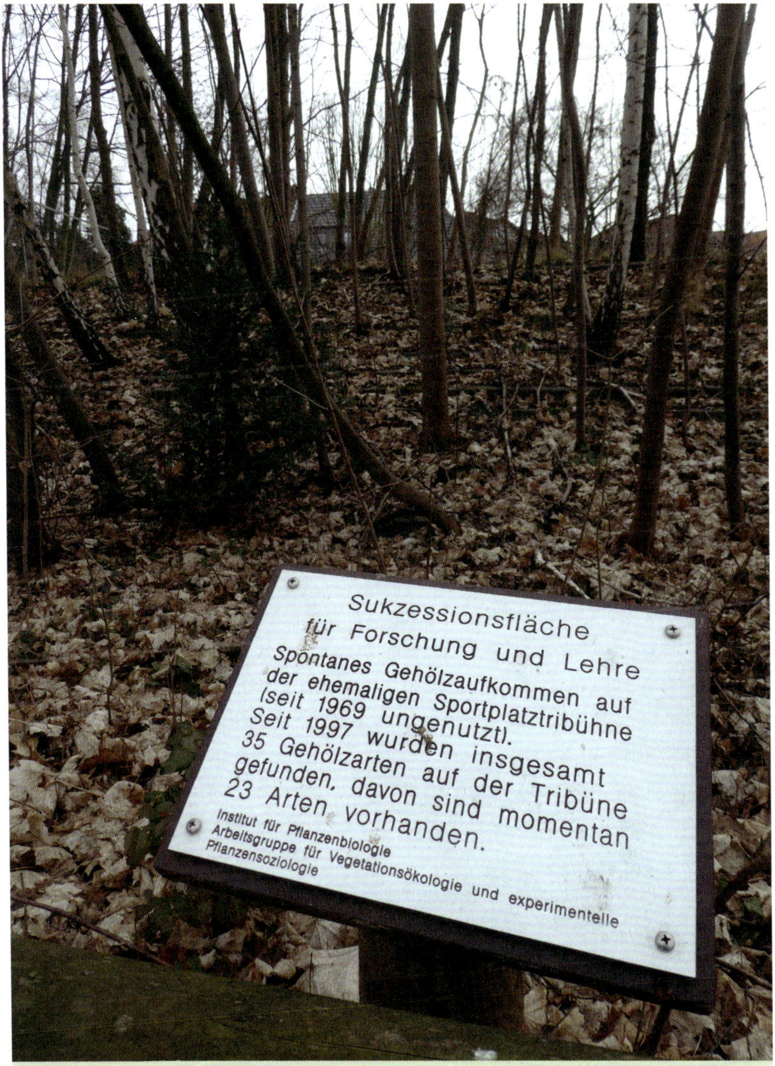

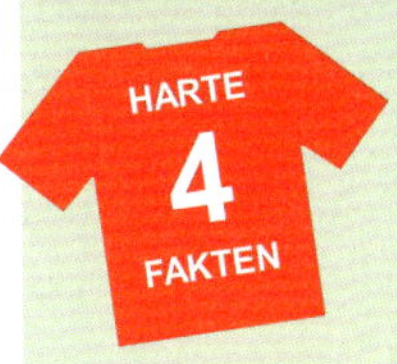

Adresse: zwischen Humboldt- und Moltkestraße

Kapazität: 6.000

Verein: SC Leu 06 Braunschweig

Heutige Heimat: Salzdahlumer Str. 129A, 38126 Braunschweig

Forststraße Waggum

Der ungeklärte Tod des Lutz E.

Am 5. März 1983 um 23.08 Uhr ging ein Notruf bei der Braunschweiger Polizei ein. Schwerer Autounfall auf der Forststraße, nur wenige Kilometer entfernt vom Flughafen in Waggum. Der Fahrer war von der Fahrbahn abgekommen und mit der Fahrerseite gegen einen Baum geprallt. Mit schweren Kopfverletzungen wurde er ins Krankenhaus eingeliefert, wo er zwei Tage später seinen Verletzungen erlag.

Sein Name: Lutz Eigendorf. Sein Beruf: Fußball-Profi bei Eintracht Braunschweig. Sein Hintergrund: DDR-Flüchtling. Rasch kursierten Gerüchte, Eigendorfs Unfall sei Mord gewesen. Allerdings wurde bei einer am Unfallort entnommenen Blutprobe festgestellt, dass er 2,2 Promille im Blut hatte. Die Rekonstruktion der Ereignisse ergab, dass der ehemalige DDR-Nationalspieler, der am Nachmittag des Eintracht-Spiels gegen den VfL Bochum nur auf der Bank gesessen hatte, bis gegen 22 Uhr in der Gaststätte „Cockpit" auf dem Flughafengelände gewesen war. Dort hatte er mit seinem Fluglehrer Manfred Müller zusammengesessen. Was in den rund 60 Minuten bis zum Notruf geschah, konnte nie restlos aufgeklärt werden. Wegen der Blutprobe wurde der Unfall auf übermäßigen Alkoholgenuss zurückgeführt.

Doch es blieben Fragen. Am 20. März 1979 hatte sich Eigendorf, der als „Beckenbauer der DDR" galt, bei einem Freundschaftsspiel des BFC Dynamo in der Bundesrepublik von der BFC-Mannschaft abgesetzt. Erich Mielke, Stasi-Chef und BFC-Dynamo-Präsident, soll seine Flucht persönlich genommen haben, und nicht wenige glauben bis heute an einen Mord im Auftrag der Stasi. 2000 zeigte die ARD den Film „Tod dem Verräter" von Heribert Schwan, in dem Schwan behauptet, einen handschriftlichen Hinweis auf die angeordnete Tötung in den Stasi-Akten gefunden zu haben. Demnach sei Eigendorf gekidnappt worden, und man habe ihm unter Todesdrohung Alkohol mit einer giftigen Substanz verabreicht. Anschließend sei das Opfer in großer Angst losgefahren, und in der Todeskurve habe ihn zudem ein anderer Wagen (absichtlich?) geblendet, woraufhin er die Kontrolle über sein Fahrzeug verlor.

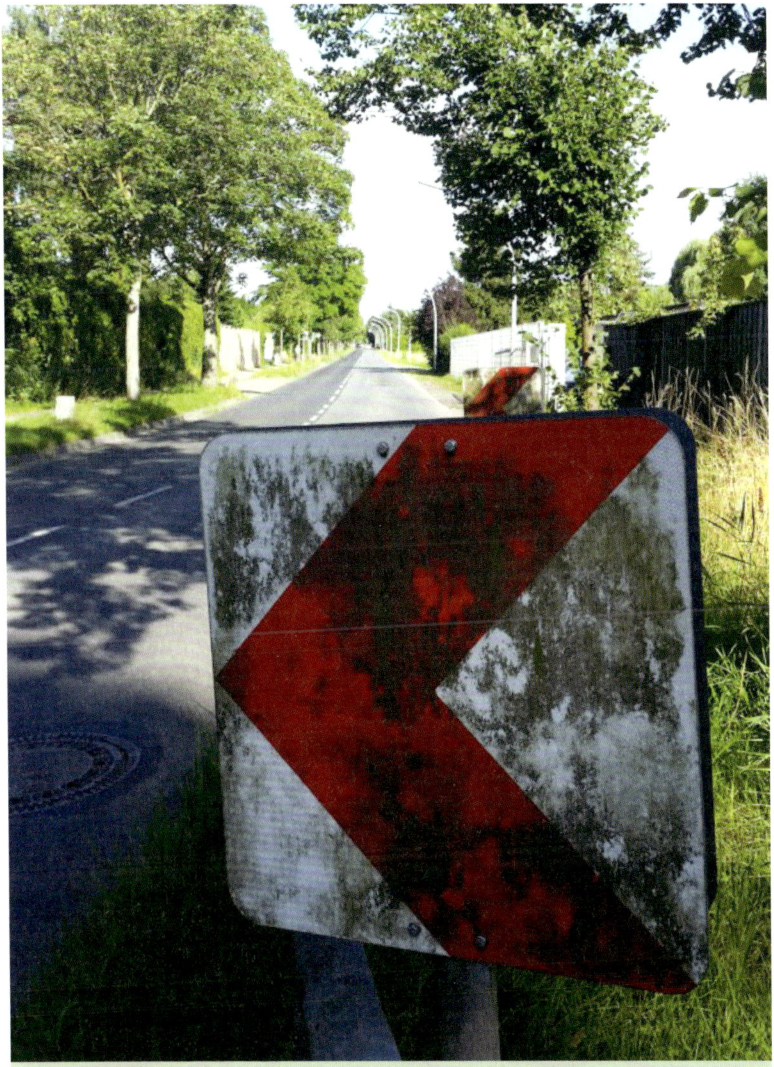

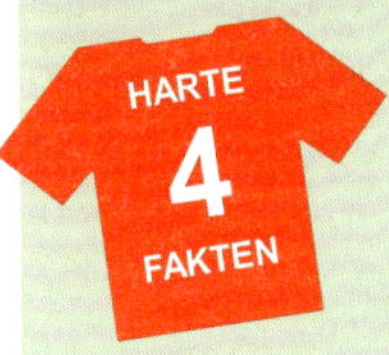

Adresse: Forststraße, 38108 Braunschweig

Tag: 5. März 1983

Uhrzeit: 22 Uhr

Opfer: Lutz Eigendorf

Braunschweig 012

Leonhardplatz

Musikkultur statt Fußballkultur

Konrad Koch gilt als Deutschlands „Fußballvater“. Dazu trug nicht zuletzt der Kinofilm „Der ganz große Traum“ mit Daniel Brühl als Konrad Koch bei, der sich zwar an vielen Stellen von den historischen Fakten löst, aber dennoch großen Einfluss auf das Bild vom Braunschweiger Pädagogen hat. Selbst der frühere DFB-Präsident Theo Zwanziger glaubte, „Konrad Koch war ein besonderer Mensch. Ein Mensch, ohne den die rasante Entwicklung des heutigen Volkssports Fußball in Deutschland möglicherweise erst viel später eingesetzt hätte.“ Das stimmt jedoch nicht, denn zum einen war Koch Anhänger des Rugbys, zum anderen lehnte er Fußball als Vereinssport ab und betrachtete ihn lediglich als Ergänzung zum Kanon der Turnspiele. Auf sein Erbe ist Braunschweigs Fußballgemeinde dennoch stolz, und 2006 wurde am Naturhistorischen Museum eine Gedenktafel zu Ehren des Fußball-Pioniers eingeweiht.

Gespielt wurde anfangs auf dem dortigen „Kleinen Exer“, ehe man um 1895 auf den Leonhardplatz umzog. Der Legende zufolge dienten zwei Bäume als Tore, fungierte ein Schuppen am nahegelegenen Lokal „Bella Vista“ als Umkleide- und Geräteraum. Dort entstand auch der erste Braunschweiger Fußballklub „Victoria“, aus dem sich im Dezember 1895 die Eintracht entwickelte. Jene lief am 4. April 1897 auf dem Leonhardplatz zu einem ihrer ersten Spiele auf. Gegner war der Deutsche Fußballverein von 1878 aus Hannover, der eigentlich nur Rugby spielte, damals aber auch mit dem Fußball experimentierte. Die Tore und Latten mussten eigens zum Platz getragen und im Boden verankert werden. Das Publikum stand neben den Außenlinien und wusste nicht so recht, was es von diesem neuen Sport halten sollte. Die Dusche nach dem Schlusspfiff gab es noch nicht, stattdessen marschierte man in einen benachbarten Garten, wo es ein Waschbecken gab, das per Handpumpe gefüllt wurde.

Auch dieses fußballhistorische Areal ist längst überbaut, und eine exakte Verortung ist kaum noch möglich. Es befand sich an der Ecke Leonhardplatz/Leonhardstraße, in etwa dort, wo heute das Parkhaus der Stadthalle bzw. die vierspurige Straße Leonhardplatz stehen.

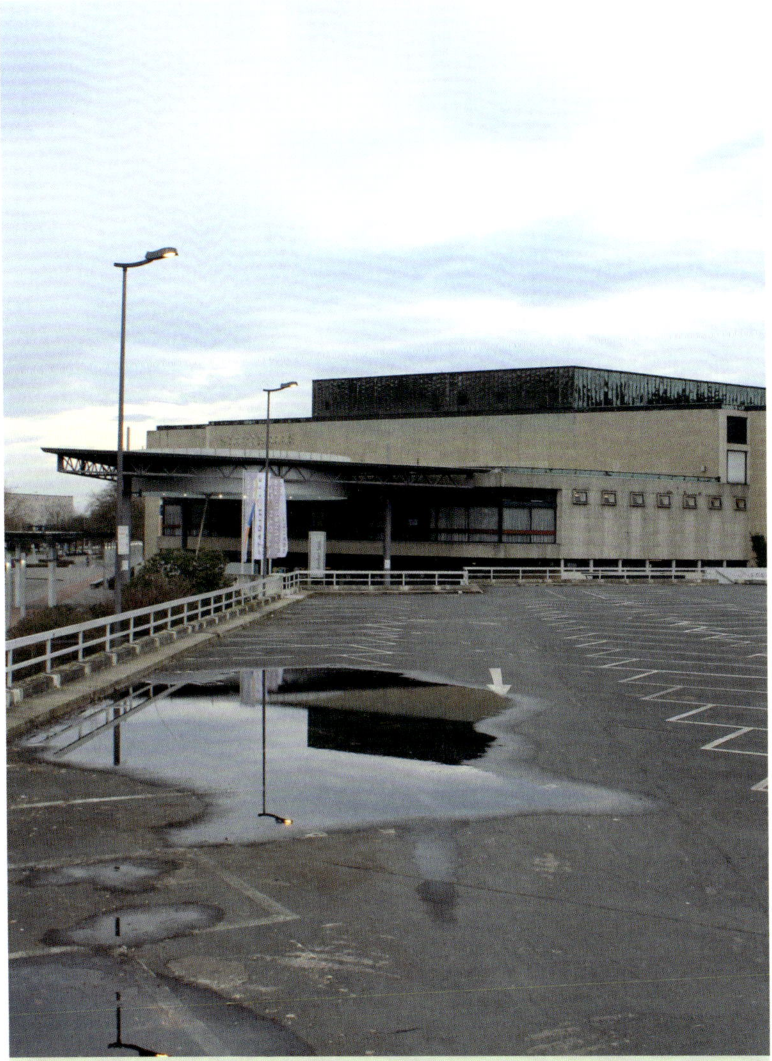

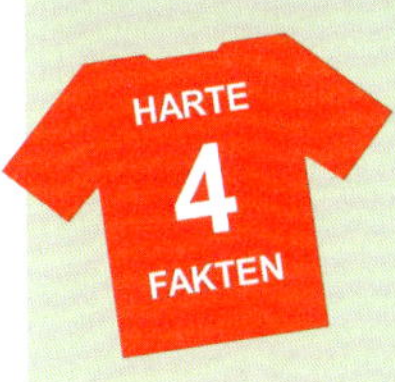

Adresse: Leonhardplatz 1, 38102 Braunschweig

Kapazität: unbekannt

Verein: FC Eintracht Braunschweig und andere Klubs

Heute: Parkhaus der Stadthalle

Franz'sches Feld (Konrad-Koch-Stadion)

Wo einst der blaue Löwe stürmte

Bei „Wikipedia“ wird unter dem Stichwort „Franz'sches Feld“ Auskunft erteilt über eine Parkanlage im Bereich des Östlichen Ringgebietes in Braunschweig, das während des Nationalsozialismus den Namen „SA-Feld“ trug. Das ist aber nur ein Teil der Wahrheit. Denn das nach Bauer Franz aus Riddagshausen, dem das Areal einst gehörte, benannte Gebiet nimmt zugleich eine wichtige Rolle in der Braunschweiger Fußballgeschichte ein. Seit über 100 Jahren wird dort bereits gekickt.

Über die Jahrzehnte waren verschiedene Vereine auf dem Gelände unweit der heutigen „IGS Franz'sches Feld“ ansässig. Aktuell ist es der BSC Acosta 1910, 2008 durch den Zusammenschluss von SC Acosta 1906 und BSC 1910 entstanden. Dessen Vereinsheim bildet das Zentrum eines regen Klublebens, zu dem zahlreiche Nachwuchsmannschaften des Vereins beitragen. Mit der Ligamannschaft sind die Schwarz-Weiß-Grünen gegenwärtig in der Landesliga unterwegs.

Insgesamt vier Plätze gehören zum Areal. Darunter das Konrad-Koch-Stadion, ehemalige Regionalligaspielstätte des SC Leu 06, das 1969 mithilfe der Stadt auf 7.000 Plätze erweitert worden war. Der seinerzeit an der Humboldtstraße ansässige Leu hatte nach dem Aufstieg in den Bundesligaunterbau ein Problem, weil sein Gelände nur über eine in der Regionalliga nicht zugelassene Grandoberfläche verfügte. Für eine Platzmiete in Höhe von 10 Prozent der Bruttoeinnahmen stellte die Stadt Braunschweig daraufhin das Ersatzgelände im Franz'schen Feld zur Verfügung, auf dem die „Blauen Löwen“ in vier Spielzeiten in der höchsten Nordliga regelmäßig tausende von Zuschauern anlockten.

Später sportlich abgestürzt, wechselte Leu 1979 in die neugeschaffene Bezirkssportanlage nach Heidberg, während es der BSC 1910 in den 2000er-Jahren bis in die Niedersachsenliga schaffte. 2011 wurde die Bezirkssportanlage für 2,5 Millionen Euro von der Stadt grundsaniert und erhielt den Namen Konrad-Koch-Stadion.

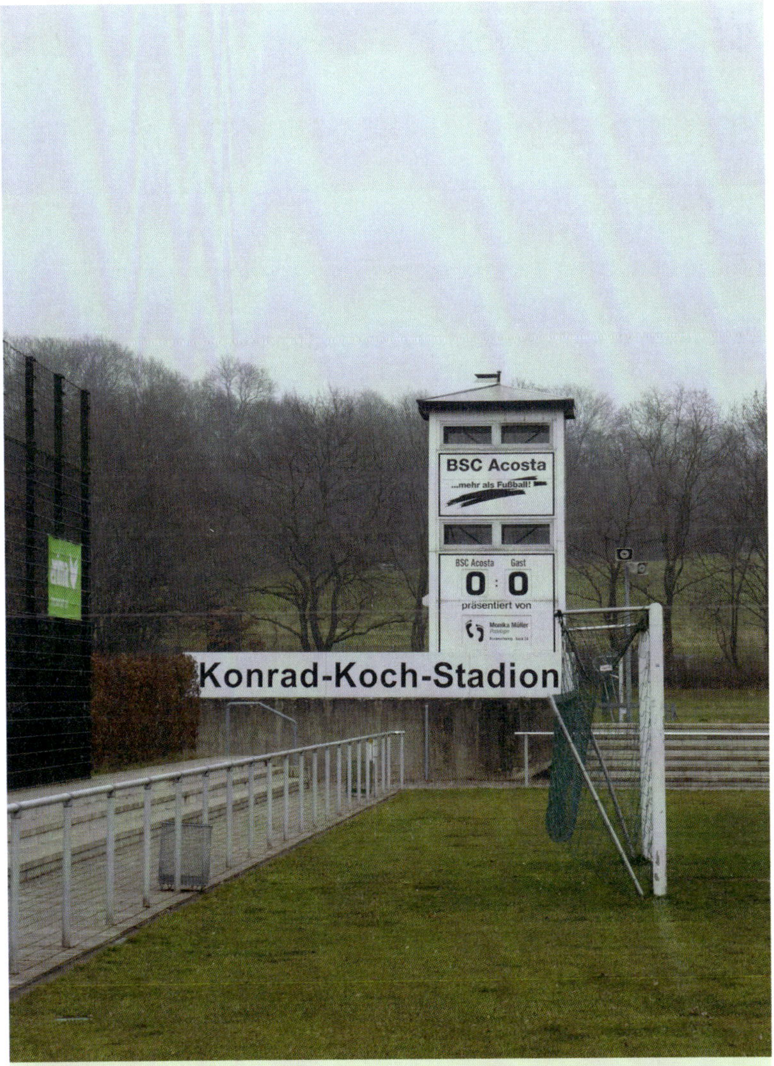

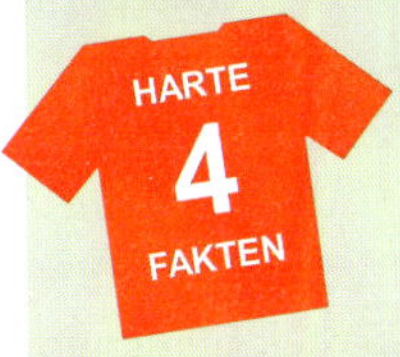

Adresse: Herzogin-Elisabeth-Straße

Kapazität: Vier Plätze mit zwischen 3.000 und 1.000

Vereine: BSC Acosta 1910

Website: www.bsc-acosta.de

Braunschweig 014

Prinzenpark

Eine Oase des Sports

Es ist eine der am schönsten gelegenen Sportstätten Niedersachsens. Und sie verfügt über eine spektakuläre, aber auch ergreifende Vergangenheit. 1903 entstand mit den Freien Turnern Braunschweigs traditionsreicher Arbeitersportverein. Ab 1911 spielte man auch Fußball und kickte zunächst auf dem Jahnplatz. 1929 konnte der Verein die im damaligen Prinz-Albrecht-Park gelegene Radrennbahn „Sportpark Richmond" erwerben und sie mit eigenen Mitteln zu einer modernen Sportstätte ausbauen. Einweihung war noch im Jahr 1929 vor 6.000 Zuschauern. Aus wirtschaftlichen Gründen musste man das Areal jedoch schon 1932 wieder aufgeben und kehrte auf den Jahnplatz zurück. Nach Zerschlagung der Arbeitersportbewegung unter den Nazis wurde der Sportpark Richmond schließlich zur „SA-Kampfbahn".

Nach dem Zweiten Weltkrieg kehrten die neugegründeten Freien Turner zurück und spielten zunächst auf dem Sportplatz an der Kanthochschule (heute Haus der Wissenschaft) bzw. dem Franz'schen Feld. 1947 erhielt man die Nutzungsrechte für einen Sportplatz im Prinzenpark in unmittelbarer Nachbarschaft zum Franz'schen Feld. Dort begrüßten die Freien Turner am 31. August 1952 auf dem just renovierten A-Platz die Rekordkulisse von 10.000 Zuschauern zum fälligen Zweitligaspiel gegen den abgestürzten Stadtrivalen Eintracht.

1954 aus dem niedersächsischen Amateuroberhaus abgestiegen, vermochten die Braun-Weißen auch in der Folgezeit im höherklassigen Amateurfußball mitzumischen und eine erfolgreiche Nachwuchsarbeit aufzubauen. Nach fast zwanzig Jahren auf Bezirksebene folgte 1994 der Aufstieg in die Landesliga und 1997 der in die Niedersachsenliga. Der größte Erfolg wurde 2014 gefeiert. Zunächst gelang mit einem 1:0 über den VfB Oldenburg der Einzug ins niedersächsische Pokalfinale und damit zugleich in die erste Hauptrunde des DFB-Pokals, wo man den 1. FC Köln begrüßte. 6.350 Zuschauer im Eintracht-Stadion sahen ein 0:4. Anschließend glückte der Aufstieg in die Regionalliga Nord, wo die FTB jedoch chancenlos war. Das Turnerstadion mit seinen für den Großverein viel zu knappen lediglich zwei Spielfeldern konnte unterdessen in eine funktionale Sportstätte verwandelt werden.

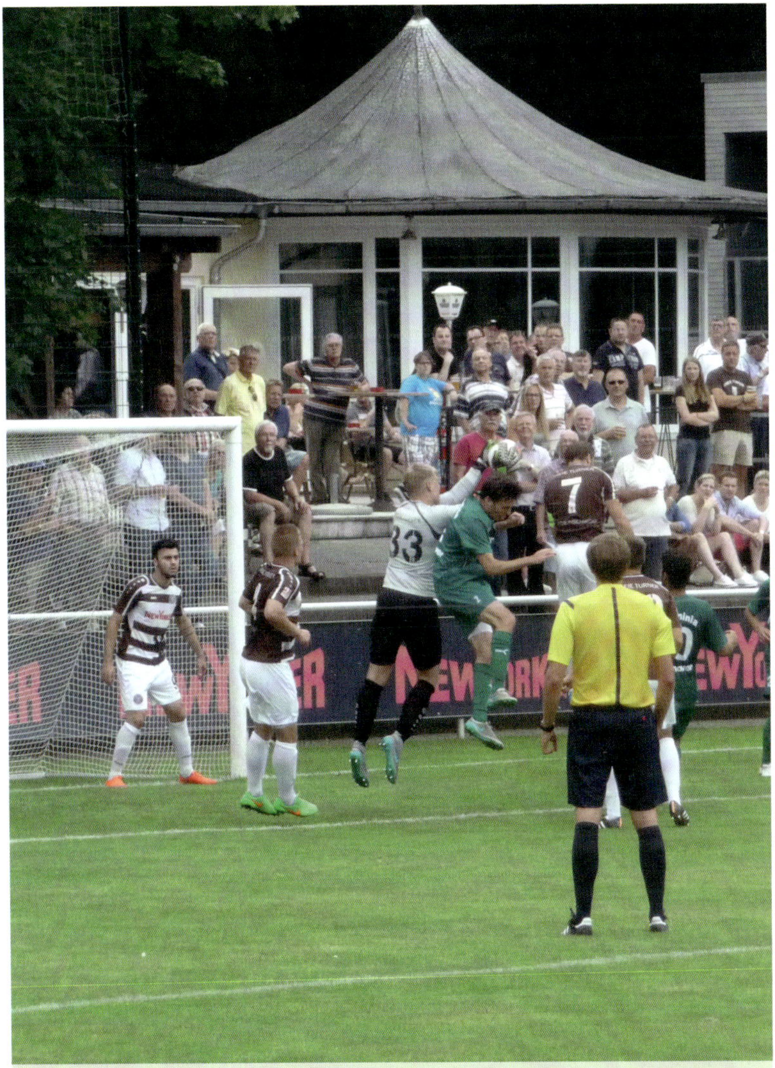

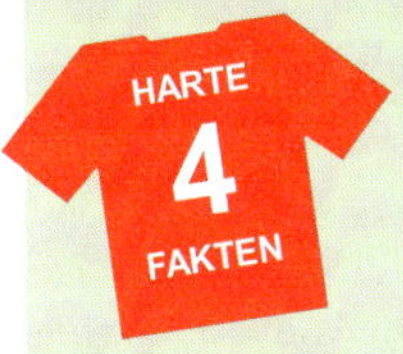

Adresse: Herzogin-Elisabeth-Straße 78, 38104 Braunschweig

Kapazität: 3.500

Vereine: FT Braunschweig

Website: www.ft-baunschweig.de

Stadion Madamenweg

Als Braunschweig noch Rot-Weiß war

Fußball ist ein gnadenloses Geschäft. Davon weiß auch der VfB Rot-Weiß Braunschweig zu berichten, der lange auf Augenhöhe mit der Eintracht kickte und irgendwann den Anschluss verlor. Heute ist man gesellschaftspolitischer Anker im sozialen Brennpunkt Weststadt und erinnert sich gerne an seine große und schillernde Geschichte.

Abgespielt hat sie sich im Stadion Madamenweg, das in den 1920er-Jahren gemeinsam mit dem Eintracht-Stadion an der Hamburger Straße das Epizentrum des lokalen Fußballs darstellte. Eine große hölzerne Sitzplatztribüne verschaffte den Rot-Weißen Zugang zur zahlungskräftigen Klientel, und in Braunschweig war es „in“, zum VfB zu marschieren. 1925/26 stritt man monatelang mit Arminia Hannover um den Titel des Bezirksmeisters, der nach einer 0:3-Niederlage am Bischofsholer Damm an die „Blauen“ aus der Nachbarstadt ging. 1930 erreichte der VfB 04 zum zweiten Mal nach 1919 die Endrunde um die Norddeutsche Meisterschaft, wo kein Geringerer als der Hamburger SV Gegner war. Über das Endresultat decken wir freundlich den Mantel des Schweigens (1:13) …

In den 1930er-Jahren traten die Rot-Weißen in die zweite Reihe zurück. Während sich die Eintracht einem wohlwollenden Protektorat der Nationalsozialisten erfreute, verpasste der VfB 04 die Qualifikation zur neuen Gauliga und schaffte trotz mehrerer Anläufe nicht die Rückkehr ins Oberhaus. Erst 1943, als Krieg und eingeschränkte Infrastruktur bereits den Spielbetrieb lähmten, glückte das Comeback, und der VfB wurde auf Anhieb noch einmal Vizemeister in Niedersachsen.

Nach dem Krieg vereinte man die Kräfte mit dem SV Brunswiek, einem von Bediensteten der Stadtwerke und Stadtverwaltung gegründeten Verein, zum VfB Rot-Weiß 04. 1949 verpasste man knapp den Aufstieg in die Oberliga Nord und verschwand anschließend in unteren Spielklassen. Zunehmend rückte Jugend- und Integrationsarbeit auf die Agenda des Vereins, der schließlich zu einem wesentlichen Bestandteil der kulturellen Arbeit in der Weststadt avancierte. Eine bemerkenswerte Karriere!

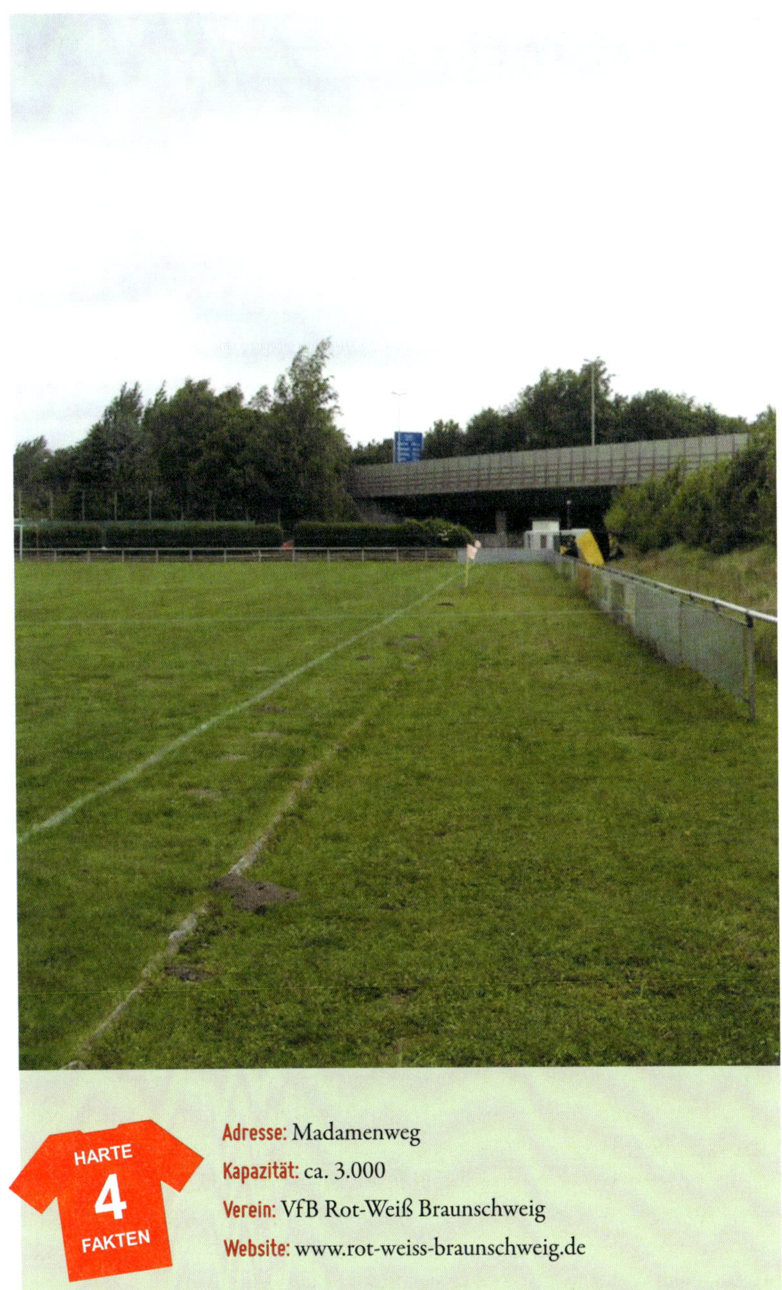

Adresse: Madamenweg

Kapazität: ca. 3.000

Verein: VfB Rot-Weiß Braunschweig

Website: www.rot-weiss-braunschweig.de

Bremen 016

Weserstadion

Bremens Fußball-Wohnzimmer

Idealer kann ein Fußballstadion kaum liegen. Innenstadtnah, jede Menge Kneipen im direkten Umfeld, romantisch am Weserufer und insgesamt Bestandteil eines großen Komplexes mit allerlei Sportanlagen. Das Weserstadion in Bremen ist der Gegenentwurf zur sterilen Arena auf der Grünen Wiese. Es ist ein Stadion zum Anfassen, ein Stadion, das mitten im Lebensalltag liegt. Dem SV Werder kann man dazu eigentlich nur gratulieren.

Angesichts der turbulenten Geschichte des Weserstadions eine bemerkenswerte Entwicklung. Als es anno 1926 eingeweiht wurde, hatte der SV Werder mit dem Bau nichts zu tun. Er spielte seinerzeit auf der Huckelriede, räumlich nicht weit entfernt vom ersten Bremer Großstadion, emotional jedoch um Längen rückständig. Bauherr des Weserstadions war die Allgemeine Bremer Turnerschaft (ABTS), die Großes vorhatte und grandios scheiterte. Weil man sich beim Stadionbau maßlos übernommen hatte, musste der Klub 1930 liquidiert werden. Erst danach zog der SV Werder ein, schon damals führende Kraft im Bremer Fußball, und verwandelte das Weserstadion in seine emotionale Heimat, die allerdings in der Nazizeit auch von der NSDAP vereinnahmt wurde.

Bautechnisch tat sich lange nicht viel. Erst zur Bundesligagründung 1963 wurde die Gegengerade überdacht, das Fassungsvermögen von 32.000 auf zunächst 40.000 Plätze und 1965 durch Aufstockung der Kurvenoberränge schließlich auf 45.000 erweitert. Dabei blieb es bis 1978, als mit der neuen Gegengerade ein Komplettumbau begann und die Arena langsam ihre heutige Form annahm. Dabei gelang es den aktiven Fans der Grün-Weißen, die heimische Ostkurve in einen fanfreundlichen Bereich zu verwandeln, der auch außerhalb des Spielbetriebes dank zahlreicher kultureller Ereignisse oft bestens frequentiert wird.

Trotz gescheiterter WM 2006-Bewerbung hielt man in Bremen nach der Millenniumswende an neuerlichen Umbauplänen fest und legte das Spielfeld tiefer, um aus der Vielzweckarena ein reines Fußballstadion zu machen. Direkt nebenan befindet sich im Übrigen mit Platz 11 der Werder-Amateure ein weiteres drittligataugliches Stadion.

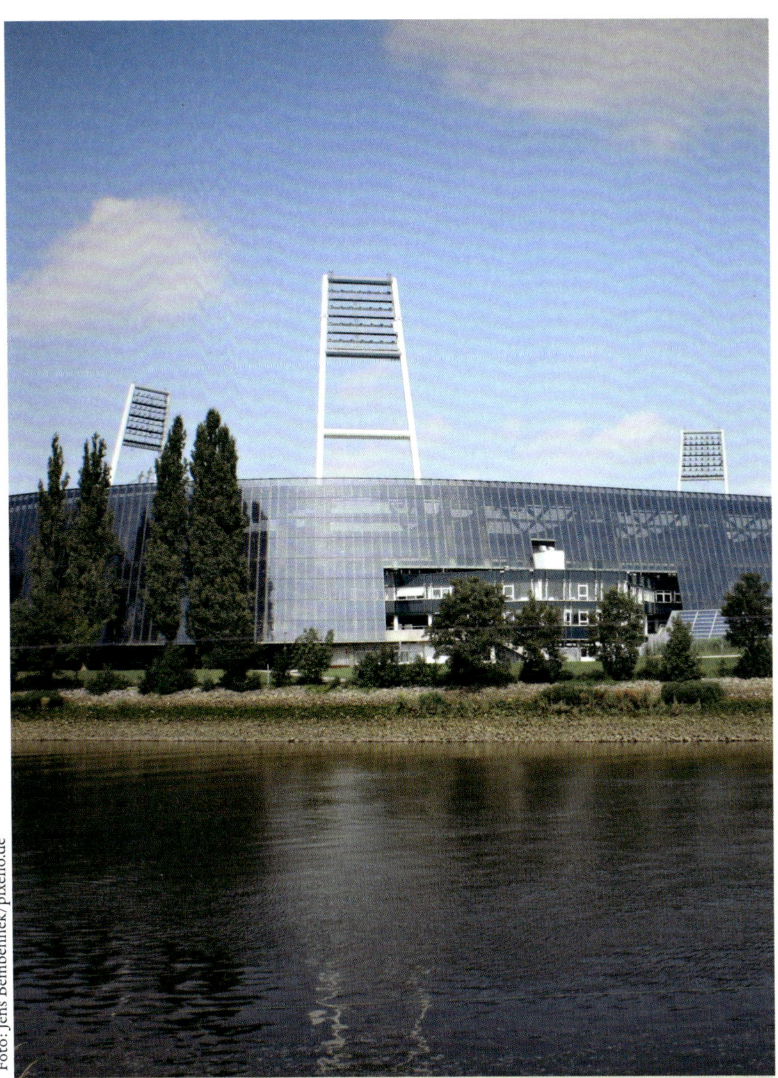

Foto: Jens Bembennek/pixelio.de

HARTE 4 FAKTEN

Adresse: Franz-Böhmert-Straße 1, 28205 Bremen

Kapazität: 42.100

Verein: SV Werder Bremen

Website: www.werder.de

Panzenbergstadion

Bremens heimlicher Liebling

Das Ambiente ist einzigartig. Eingebettet in einem Kiez voller Charme und Geschichte, eingepfercht zwischen Hochstraße und innenstädtischem Trubel. Eine Lage und Anlage, die dem Bremer SV oft genug Schwierigkeiten bereitete, ihm zugleich aber jenen Standortvorteil verschaffte, den man als Traditionsverein braucht. Der Panzenberg ist Bremens nach dem Weserstadion wichtigster Fußballstandort.

Dabei wird in Utbremen erst seit 1955 gegen den Ball getreten. Zu einer Zeit also, als die große Ära des Bremer SV längst Vergangenheit war. 1920 hatten die Blau-Weißen im Bürgerpark hinter dem Hauptbahnhof eine Spielstätte eröffnet, die den Klub zu einer der erfolgreichsten Adressen im norddeutschen Fußball der 1920er-Jahre aufsteigen ließ. 1933 beanspruchte die neue politische Führung das Areal als Aufmarschgelände. Der BSV wechselte ins Stadion des Westens an die Dedesdorfer Straße in Walle. Dort hatte zuvor ein Arbeitersportverein gespielt, der von den Nazis zerschlagen worden war. Damit kehrte der BSV zwar in sein Stammquartier Walle zurück, wurde aber zugleich zum Stadtteilklub degradiert, der zunehmend in den Schatten des SV Werder geriet.

Als man sich 1947 für die Oberliga Nord qualifizierte, bedeutete dies den Umzug ins Weserstadion, da das Stadion des Westens nur über eine Grandoberfläche verfügte. 1949 wurde der BSV Fünfter im Norden und war damit zum letzten Mal Bremens Nummer 1. Als die Blau-Weißen 1955 aus der Oberliga abstiegen, korrespondierte dies mit der Eröffnung des Panzenbergstadions. Damals gelegen zwischen Güterbahnhof und Europahafen im Stadtteil Utbremen sollte das Gelände den BSV zu altem städtischen Ruhm zurückführen. Doch das klappte nicht, zumal der Gesamtverein an der Dedesdorfer Straße blieb und nur die „Liga" in Utbremen kickte.

Seine letzten großen Jahre erlebte der Panzenberg zwischen 1974 und 1992, als der BSV in der Oberliga Nord vor überschaubaren Kulissen kickte. Seit ein paar Jahren versucht man sich zwar rührig um Wiederbelebung von Verein und Zuschauerkultur, hat den Sprung in die Regionalliga Nord jedoch mehrfach verpasst.

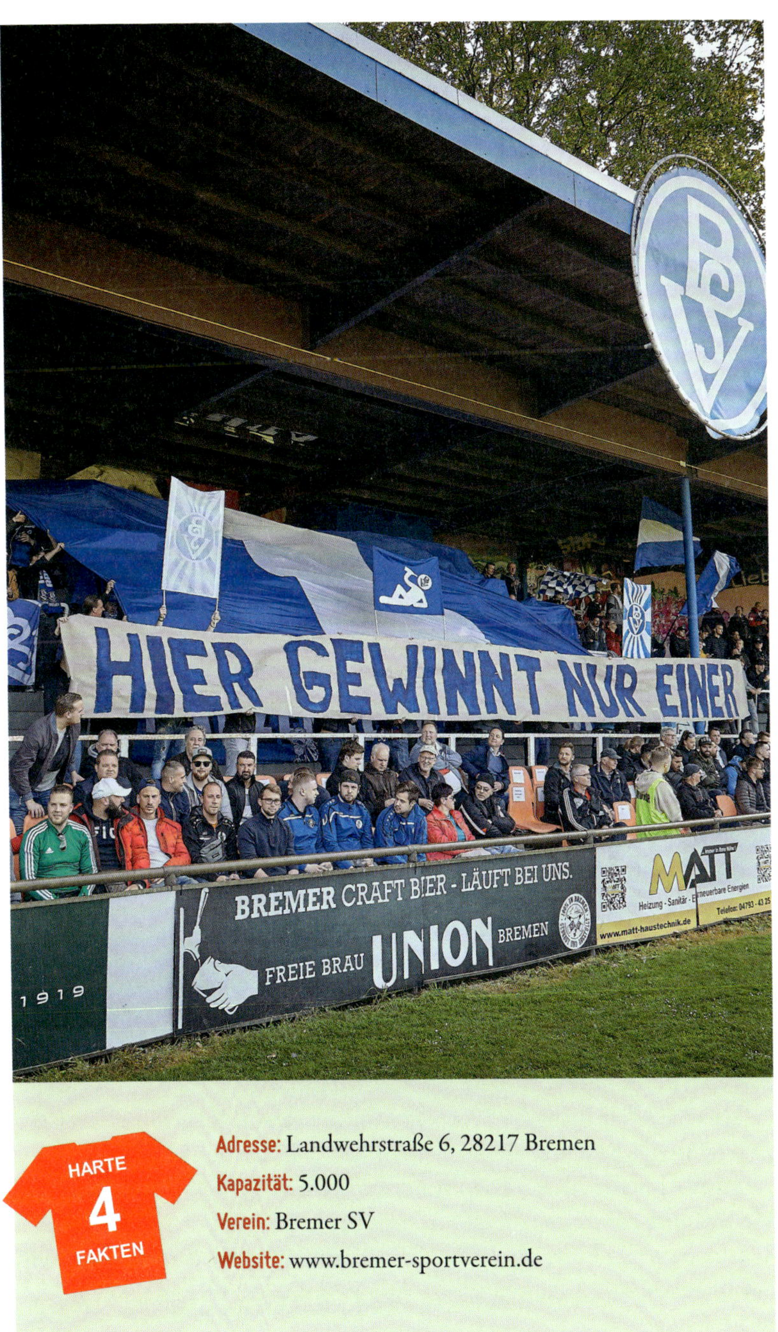

HARTE 4 FAKTEN

Adresse: Landwehrstraße 6, 28217 Bremen

Kapazität: 5.000

Verein: Bremer SV

Website: www.bremer-sportverein.de

TuRa-Vereinszentrum

Ruhm bis nach England

Ein einziger Mann verschafft einem Klub Ruhm und Bekanntheit! Die Geschichte von TuRa Bremen, einem aus dem Arbeiterlager stammenden Verein aus Gröpelingen, ist untrennbar verbunden mit der von Bernd Trautmann. Der stieg 1937 mit der TuRa-Elf in die damalige Gauliga Weser-Ems auf und brachte die Grün-Weißen auf Augenhöhe mit dem SV Werder und dem Bremer SV.

Dann begann der Zweite Weltkrieg, in dem Trautmann zum britischen Gefangenen wurde und auf der Insel weiterspielte. Dort „Bert" genannt, machte er in einer Zeit Karriere, in der Deutsche auf der Insel gemeinhin als „Nazis" bezeichnet wurden und einen schweren Stand hatten. Trautmanns legendäre Stunde schlug 1956 im Endspiel um den FA-Cup, als er mit seinem Team Manchester City als Sieger vom Platz ging und sich im Nachherein herausstellte, dass er die letzten fünfzehn Minuten mit gebrochenem Nackenwirbel gespielt hatte. Trautmanns Beitrag zur deutsch-englischen Verständigung war immens, und 2019 griff sogar Hollywood seine Story auf und brachte sie in die Kinos.

Als Trautmann für die Gröpelinger auflief, waren jene an der Waltjenstraße ansässig und galten als Talentquelle. 1949 verzog der Klub zur Stoteler Straße, wo auf dem Gelände des ehemaligen Fahrradstellplatzes der im Stadtteil alles überragenden Großwerft AG Weser ein schmuckes Areal entstand. Auf der Weserwerft war zuvor die berühmte „Bremen" vom Stapel gelaufen, standen tausende von Menschen in Lohn und Brot. „TuRa – Bremer Hochburg im Westen", schrieb der „Kicker", als die TuRa 1953 und 1954 um die deutsche Amateurmeisterschaft spielte.

Mit dem Niedergang der Werft verwandelte sich der Klub in einen modernen Sport-Dienstleister und kommt heute auf knapp 3.000 Mitglieder. Ansässig ist er seit 1968 auf der Bezirkssportanlage Lissaer Straße im Bremer Westen. Dessen Vorplatz trägt seit dem 11. März 2014 den Namen „Bert-Trautmann-Platz" und erinnert damit an den größten Namen der Klubgeschichte.

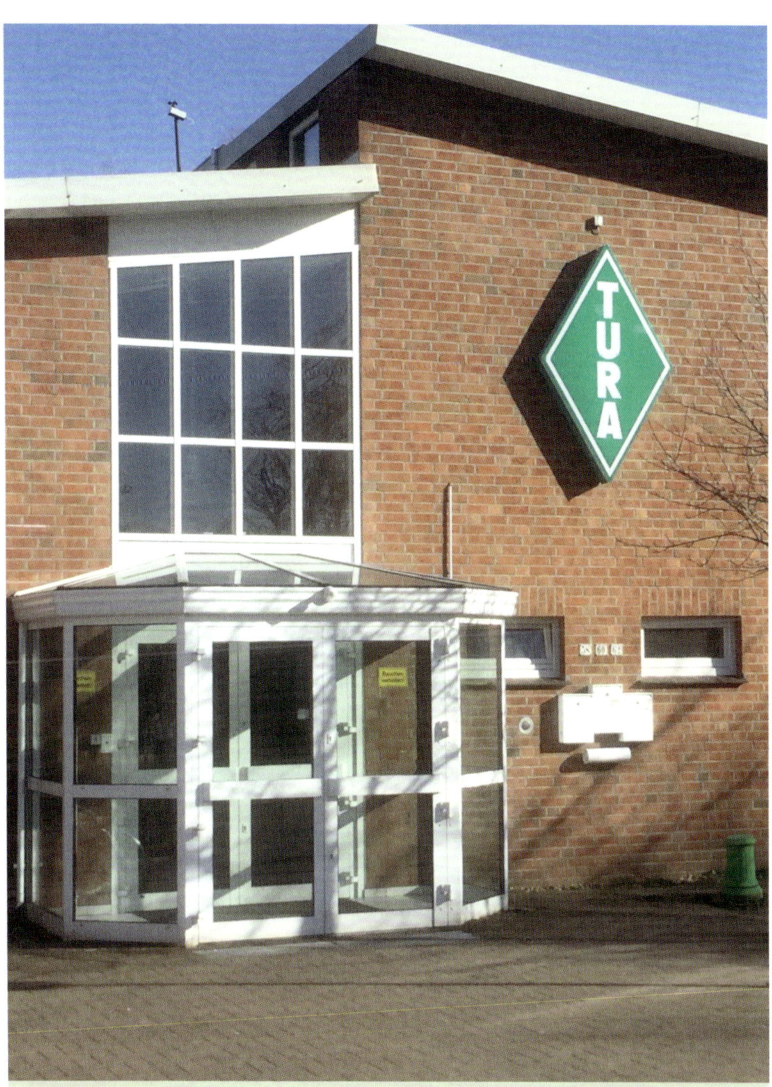

HARTE 4 FAKTEN

Adresse: Lissaer Straße 58, 28237 Bremen

Kapazität: 1.500

Verein: TuRa Bremen

Website: www.tura-bremen.de

Union-Platz Jürgensdeich

Im Schatten der Neuen Vahr

Weit war der Weg nicht für Thomas Schaaf, als er 1972 seinen Stammverein BBV Union verließ, um beim SV Werder Bremen zur Kultgröße aufzusteigen. 1961 in Mannheim geboren, war Schaaf 1965 mit seiner verwitweten Mutter nach Bremen gekommen und dort heimisch geworden. Die Familie lebte am Brommyplatz, in Sichtweite des Weserstadions.

Und des damaligen BBV Union. Einer dieser Bremer Klublegenden, die immer mal wieder „oben" vorbeigeschaut und vor Urzeiten sogar mal mit Werder und dem BSV in der höchsten Liga gekickt hatte. Gegründet 1901 als Bremer Ballspiel-Verein und ab 1923 BBV Union genannt, stiegen die „Jonier" 1924 erstmals ins Oberhaus auf und blieben dort bis zur Gauligareform 1933. Danach im unterklassigen Fußball verschwunden, kehrten die Rot-Weißen erst in den 1960er-Jahren unter dem Ex-Werderaner Kurt Wunderlich ins Rampenlicht zurück und standen 1968 sogar kurz vor dem Aufstieg in den damaligen Bundesligaunterbau Regionalliga Nord.

Dort wäre Union jedoch vermutlich heillos überfordert gewesen, denn längst war der Klub zur Nachwuchshochburg gereift, deren Ligaelf selten mehr als 200 Zuschauer anlockte. Mit Dieter Zemski, Broehl und Behgrens hatte man bereits einige Ausnahmetalente hervorgebracht, als das Führungsteam um Vorstandschef Ernst Ostersehlt in den 1970er-Jahren seinen Blick auf das Neubaugebiet Neue Vahr warf, wo in den Sozialwohnungen zahlreiche Talente vermutet wurden. Union wurde zum sozialen Anker mit Fußballsektion.

Der größte Name aber kam aus der unmittelbaren Nachbarschaft: Thomas Schaaf. Er erfuhr auf dem Jürgensteich des BBV Union, direkt neben Platz 11 des SV Werder gelegen, seine erste fußballerische Ausbildung. 1972 wechselte er zu Werder und machte Karriere. Für Union ging es indes beschaulich weiter. Mehrfach suchte man nach einem Fusionspartner, der 1998 mit den Fußballern des benachbarten Großvereins ATSV 1860 schließlich gefunden wurde. Seitdem spielt man als FC Union 60, kümmert sich noch immer vor allem um den Nachwuchs und blickt stolz auf seine Vergangenheit zurück.

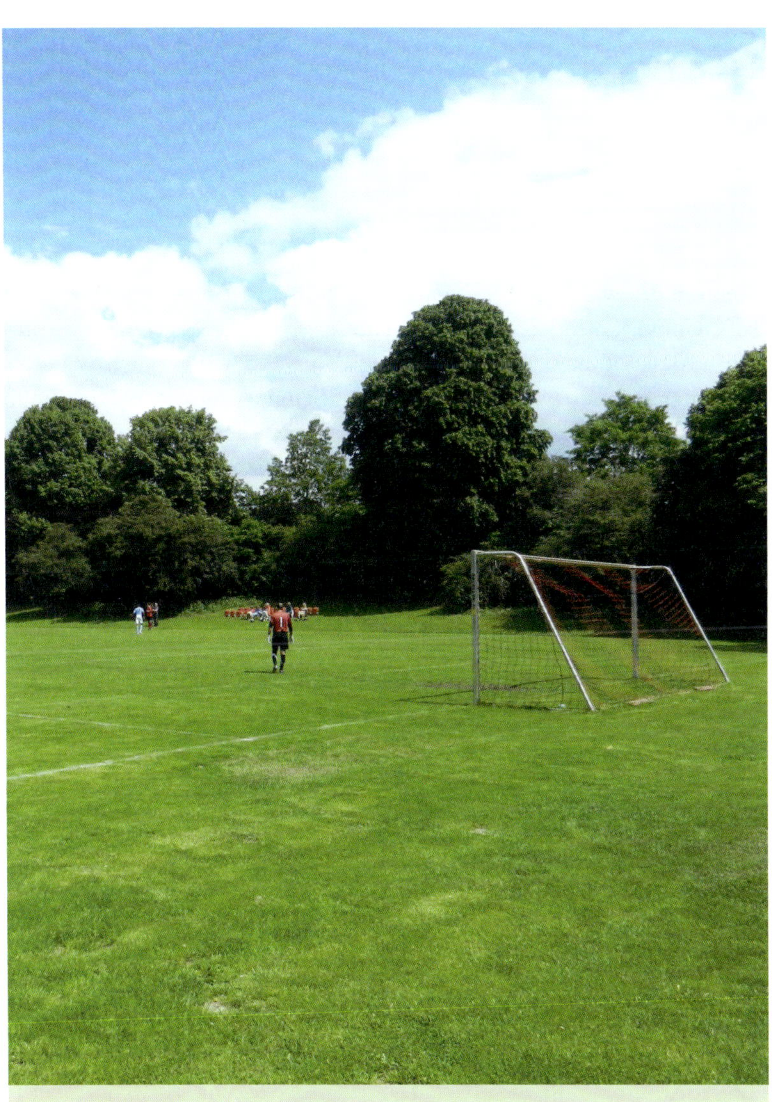

HARTE 4 FAKTEN

Adresse: Jürgensdeich 1, 28205 Bremen

Kapazität: 1.500

Verein: FC Union60 Bremen

Website: www.fcunion60.com

Vinnenpark

Der ungeliebte Spitzenklub

Oberneuland gilt als „Bremens schönstes Dorf" mit entsprechend gut verdienender Einwohnerschaft, unter der auch ein paar der Kicker des SV Werder zu finden sind. Jene werden nur selten im Vinnenpark gesichtet, dem 1999 eingeweihten reinen Fußballstadion am Rande von Oberneuland. Wo die nahe Autobahn ihren Dauerlärm verbreitet, hat Oberneuland wenig Idyllisches, kickt stattdessen ein Klub, der über Jahrzehnte zu den unauffälligen im lokalen Fußball gehörte. Das änderte sich Ende der 1980er-Jahre, als der FCO vor dem Absturz in die Siebtklassigkeit stand. Damals übernahmen Bauunternehmer Albert Holzkamm und der designierte Klubmanager Holger Micheli die Regie und gaben das Motto „Aufschwung" aus. Ziel war nicht etwa die Rückkehr ins Bremer Amateuroberhaus, sondern der Durchmarsch in die Ober- oder Regionalliga. Hinter vorgehaltener Hand sprach man gar von 2. Bundesliga. Jedenfalls wollte der FC Oberneuland Bremens Nummer 2 werden.

Die Heimstatt dazu fehlte. Der am Bahnhof Oberneuland gelegene Grandplatz an der Mühlenfeldstraße war ungeeignet, und als der FCO nach drei Aufstiegen in Folge tatsächlich die Oberliga erreichte, musste er auf die Bezirkssportanlage Blockdiek umziehen – übrigens auch aufgrund von Anwohnerprotesten wegen des Lärms. In Blockdiek trafen die Neureichen – Spötter sprachen von „Oberneureich" – auf ein Sozialmilieu, das keinerlei Interesse an den FCO-Kickern hatte. Zwischenzeitlich realisierte Bauunternehmer Holzkamm auf der gegenüberliegenden Seite der A27 am Vinnenweg den Neubau einer drittligatauglichen Spielstätte, die seit ihrer Eröffnung 1999 diversen Bremer Teams als Ausweichstätte bei DFB-Pokalspielen diente.

Für den FCO endete der Höhenflug nicht so gut. Obwohl sich illustre Namen das rote Trikot überstreiften – darunter der Brasilianer Ailton – verbuchte man kaum Akzeptanz beim Bremer Publikum. 2003 zog sich Macher Holzkamm zurück, und zehn Jahre später musste der FCO nach einem Insolvenzverfahren in der Landesliga neu anfangen.

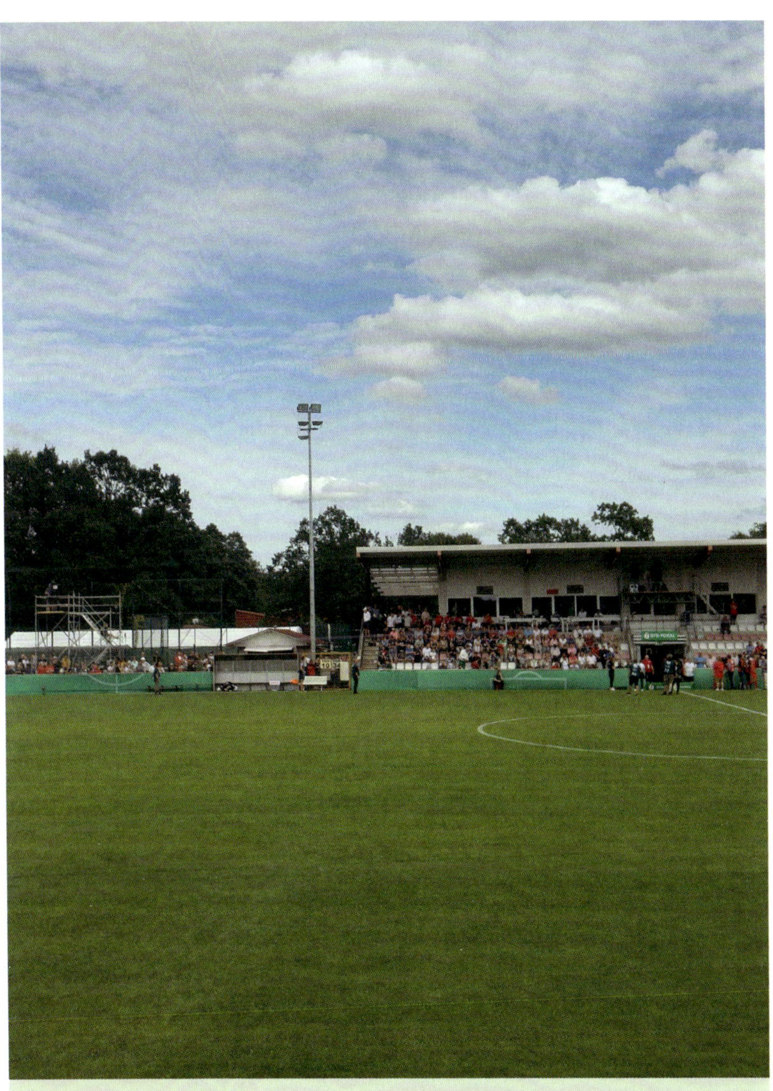

HARTE 4 FAKTEN

Adresse: Vinnenweg 100, 28355 Bremen

Kapazität: 5.050

Verein: FC Oberneuland

Website: www.fcoberneuland.de

Huckelriede

Werders erstes Stadion

Werder wird zwar mit dem Weserstadion assoziiert, doch die Grün-Weißen spielen erst seit 1930 dort. Ihre frühere Heimat ist die Huckelriede, ein zur Neustadt gehörendes Gebiet auf der dem Weserstadion gegenüberliegenden Flussseite, das 1988 in die Schlagzeilen geriet, als bewaffnete Gangster einen Linienbus mitsamt Passagieren kidnappten. Drei Menschen kamen beim „Gladbecker Geiseldrama" ums Leben; am Busbahnhof Huckelriede erinnert heute eine Stele an sie.

Als der FV Werder 1899 entstand kickte er zunächst auf einer Wiese vor dem Ausflugslokal „Zum Kuhhirten", dessen Pächter Mitgründer Hermann Kassens war. Den Vereinsnamen bezog man vom „Stadtwerder", einem Schwemmland auf dem linken Außendeichgelände der Weser. Später auf eine Brachfläche im Neuenlander Feld gewechselt (dort befindet sich heute u. a. der Bremer Flughafen), kassierte man am 24. April 1900 anlässlich des Gastspiels von OVC Rotterdam erstmals Eintritt von seinen Zuschauern. 1906 schließlich erfolgte der Umzug auf eine Brachfläche nördlich des Buntentordeiches und damit in die Huckelriede. In unmittelbarer Nachbarschaft zum Gelände des VfB Komet entstand ein modernes Sportareal, das 1913 eine überdachte Tribüne erhielt. 1913/14 begrüßte man dort seine Gäste in der innovativen Norddeutschen Verbandsliga.

Nach dem Ersten Weltkrieg kurz in einer Fusion mit BSC 1891-Nachfolger ABTS, erfuhr Werder spielstarke Konkurrenz durch den Waller BSV sowie Nachbar VfB Komet und büßte seine lokale Führungsrolle ein. In der zweiten Hälfte der 1920er-Jahre, die Huckelriede war schon längst kein zeitgemäßer Sportplatz mehr, drohte weiteres Unbill: Ex-Fusionspartner ABTS hatte mit dem Weserstadion die langersehnte Großarena geschaffen und wollte durchstarten. Doch der ABTS übernahm sich finanziell beim Bau und ging pleite. Werders legendärer Manager Albert „Abbi" Drewes erkannte die Gunst der Stunde und sorgte für den Wechsel in die neue Großarena auf die andere Weserseite. Ein paar Jahre lang kickten noch die grünweißen Jugendmannschaften auf der Huckelriede, ehe der Sportplatz überbaut wurde, weil die Wehrmacht das Gelände für Kasernen reklamierte.

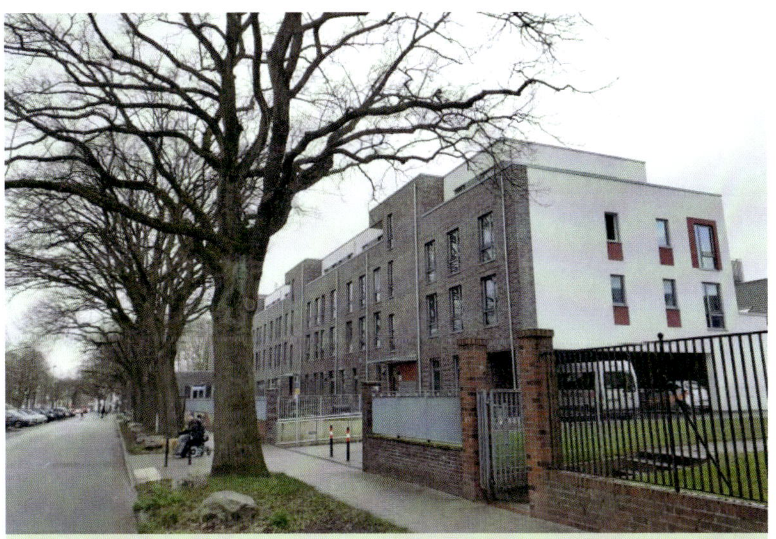

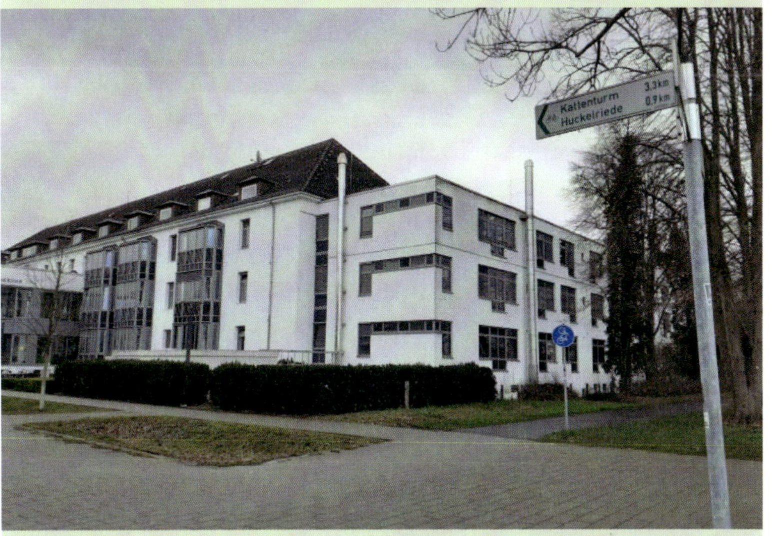

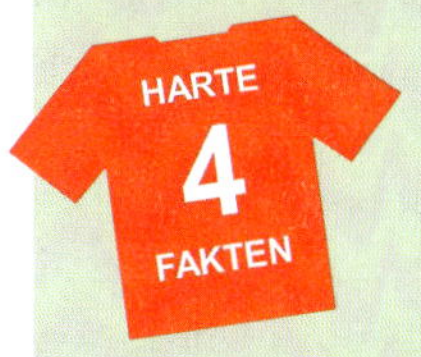

Adresse: Ecke Niedersachsendamm/Buntentorteich
Kapazität: Einweihung 12. Oktober 1913
Verein: FV bzw. SV Werder Bremen
Spätere Nutzung: Kasernen

Burgwallstadion

Das Schalke des Nordens

Alles ist vergänglich. Selbst Ruhm. Sprechen wir über den Blumenthaler SV. Fußballerisches Aushängeschild im Bremer Norden. Elffacher Bremer Landesmeister, dereinst kurz vor der damals noch erstklassigen Oberliga Nord stehend, Ausbilder zahlreicher renommierter Fußballer, die es bis in die Bundesliga schafften.

Vorab ein paar Worte zu Blumenthal, einer einst von Landwirtschaft geprägten Auenlandschaft, die sich vor dem Ersten Weltkrieg in eine dampfende und stinkende Industrielandschaft verwandelte. Vor allem die „Bremer Vulkan" und die „Bremer Wollkämmerei" sorgten für Arbeit und bescheidenen Wohlstand. Aus dem Dorf Blumenthal wurde die proletarische Hochburg Blumenthal, viele Vulkanesen kamen zudem aus dem angrenzenden Vegesack. Mitten drin ein Fußballverein, der sich 1919 aufspaltete. Während die bürgerlichen Mitglieder in der heutigen SG Aumund-Vegesack aufgingen, riefen die Proletarier den Blumenthaler SV ins Leben, der sich auf dem Sportplatz Forsthaus niederließ. Dort fanden sich regelmäßig 5.000 und mehr Fans ein, um ein Team zu feiern, in dem Spieler mit vielsagenden Namen wie Marciniak, Konowalczek, Kolessa, Dybiec oder Ukrow standen. Blumenthal war das Schalke des Nordens. 1932 erreichte man seinen Höhepunkt und wurde deutscher Vizemeister im Arbeiterfußball (1:4-Finalniederlage gegen TSV Nürnberg-Ost).

Unter den Nazis verboten, lebte das Blumenthaler Fußball-Kollektiv ab 1933 als ASV Blumenthal weiter und schaffte es in die Gauliga. Nach dem Zweiten Weltkrieg kam man – nun wieder als BSV – zwar nicht mehr über die Landesebene hinaus, der Klub blieb aber Anker im Sozialleben Blumenthals. Seinen Sportplatz am Forsthaus musste er jedoch aufgeben. Im September 1951 eröffnete in einem Waldgebiet unweit der heutigen A270 das Burgwallstadion, das zum neuen Pilgerort der Blumenthaler Fußballgemeinde wurde. 1974/75 zahlten in der Oberliga Nord durchschnittlich 2.500 Zuschauer ihren Obolus. Der wirtschaftliche Umbruch und das Ende der Schwerindustrie trafen den BSV jedoch schwer, und 1994 fand man sich nach dem Aus der „Vulkan" sogar in der Bezirksliga wieder.

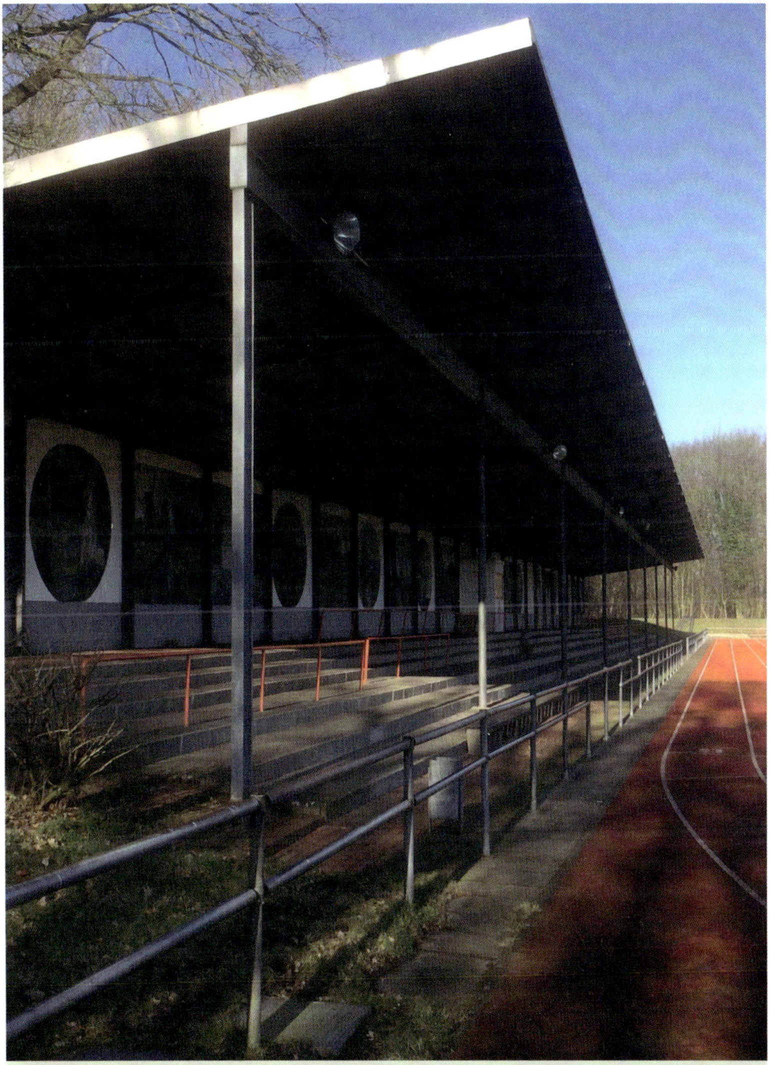

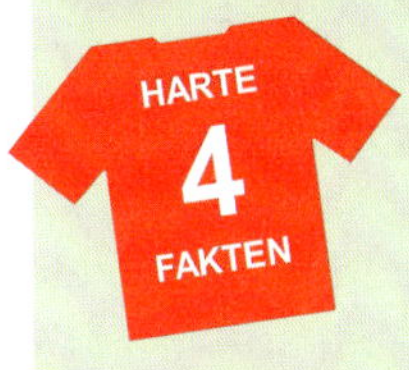

Adresse: Burgwall 2, 28779 Bremen

Kapazität: 5.000 Plätze

Vereine: Blumenthaler SV, SV Türksport Bremen-Nord, DJK Germania Blumenthal

Website: www.blumenthalersv.de

Zollinlandstadion

Bremerhavens Fußball-Wunde

Das alte Umkleidegebäude steht noch, doch es wirkt seltsam deplatziert in einem Park, der Gemütlichkeit und Romantik assoziieren soll, tatsächlich aber nur die harsche Alltagsrealität Bremerhavens widerspiegelt. Eine Stadt, die schwer von Industrie- und Werftenkrise getroffen wurde und immer dann in den Schlagzeilen auftaucht, wenn es um „soziale Brennpunkte" geht.

Hier am legendären „Zolli" schlug einst Bremerhavens Fußballherz. 1955 wohnten 13.000 Zuschauer einem 2:2 zwischen Bremerhaven 93 und dem Hamburger SV bei, mit dem die Weinroten ihre Teilnahme an der Endrunde um die „Deutsche" sicherten. „Zolli", das steht für „Zollinlandsbahnhof" und damit ein Herzstück der lokalen Industrie- und Migrationsgeschichte. Ab 1926 wurde dort gekickt – sowohl von den bürgerlichen Klubs SC Sparta und ATSB als auch von den proletarischen 93ern. Als die Nazis an die Macht kamen, wurde aus dem proletarischen ATV 93 der „bürgerliche" TuS 93, der nach dem Zweiten Weltkrieg stark vom Aufschwung der Hafenstadt Bremerhaven profitierte. Mit dem Aufstieg in die Oberliga 1948 wurde der Zolli-Sportplatz ausgebaut auf 15.000 Plätze, entstand eine hölzerne Sitzplatztribüne und drückte ganz Bremerhaven den Weinroten die Daumen. Zolli und 93, das war so etwas wie eine heile Welt. Viele Kleinsponsoren, ein enormer Zusammenhalt und attraktive Arbeitsplätze im Hafen verschmolzen zur Erfolgsgeschichte.

1955 dann die Vizemeisterschaft und Qualifikation zur Endrunde. Legendär! Weil der Zolli dafür nicht tauglich war, schüttete man binnen acht Tagen am LTS-Platz in Speckenbüttel Stehwälle auf, lieh sich Nottribünen bei den amerikanischen Besatzern. Doch der DFB sagte Nein, und für die Endrunde musste 93 nach Bremen ausweichen. Fortan stand die Stadionfrage im Zentrum. Die hölzerne Tribüne wich unterdessen einer Straßenerweiterung, Geld für dringend notwendige Renovierungsarbeiten gab es nicht. 1977 hinterließ der Anschluss des TuS 93 an den im neuen Nordseestadion spielenden OSC eine Vakanz, die der aus dem VfB Lehe hervorgegangene FC Bremerhaven füllte. Nach dessen Aus wurde der inzwischen völlig marode „Zolli" 2013 denaturiert und zum heutigen Park.

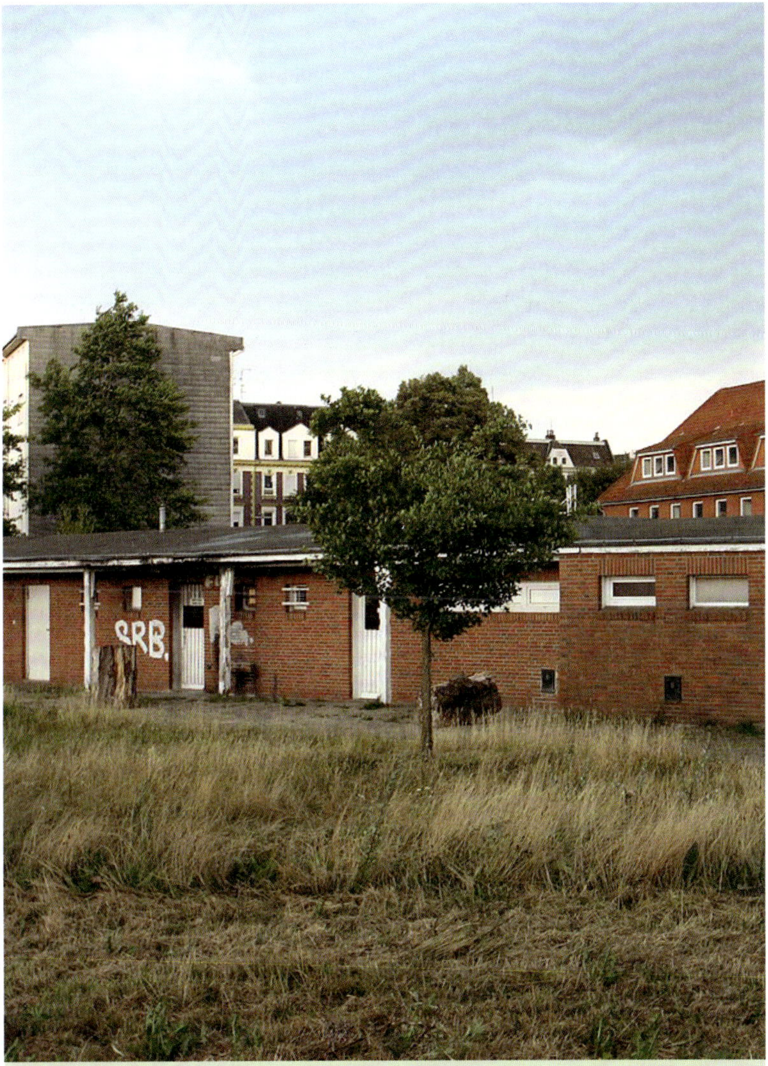

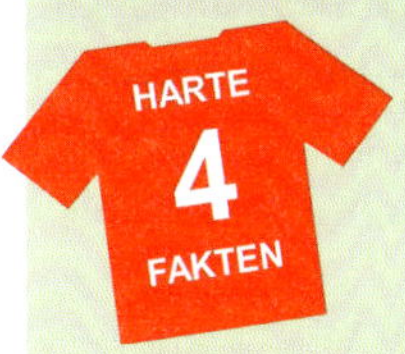

Adresse: Pestalozzistraße, 27658 Bremerhaven

Kapazität: seit 2013 zum Park denaturiert

Verein: Bremerhaven 93, FC Bremerhaven

Erbaut: 1926 von den Arbeitersportlern Bremerhavens

Nordseestadion

Der geplatzte Fußballtraum

„Es wäre doch ein Jammer, wenn in einem solch schönen Stadion nur unterklassige Spiele stattfinden würden“, sagte Kurt Fahlbusch, Geschäftsführer des OSC Bremerhaven, anno 1975. 25 Millionen DM hatte die Stadt Bremerhaven in die Hand genommen, um das seit Ewigkeiten geforderte moderne Sportstadion zu errichten. Nun war das Nordseestadion fertig und die 10.000 Plätze harrten der Dinge. Tatsächlich schaffte es der OSC zwei Jahre später ins Profilager, zahlten 7.200 Neugierige beim ersten OSC-Zweitligakick gegen Arminia Bielefeld ihren Obolus. Alles richtig gemacht?

Nicht wirklich, denn dies ist bis heute die Fußball-Rekordkulisse im Nordseestadion, und inzwischen ist der OSC schon froh, wenn die Besucherzahl mal dreistellig ist. Im Grunde genommen ist Bremerhaven ein Beispiel dafür, wie man es nicht machen sollte. Da ist das Konstrukt OSC. 1972 gegründet durch Fusion von Polizei SV und ATSB (kein Arbeiterverein, ein alter bürgerlicher Turnverein), hatte sich 1974 das hochverschuldete fußballerische Aushängeschild TuS 93 angeschlossen, das allerdings noch bis 1977 unter seinem alten Namen weiterspielte. Damit verschenkte man fahrlässig Werbepotenzial, denn die Außenwirkung der 93er konnte der OSC niemals erreichen. Zumal er als Breitensportverein konzipiert war und der Leistungsfußball nur nebenbei lief. Und auch noch im Schatten des damals aufstrebenden RSC-Eishockeyteams (heute Fischtown Pinguins) stand.

Dann das Nordseestadion. Eine Multifunktionsarena, fernab des alten 93-Kiezes im Leher Ortsteil Eckernfeld gelegen und für Fußballatmosphäre gänzlich ungeeignet. Der Wechsel vom rumpeligen Zolli in den kalten Betonbau, in dessen Sitzplatztribüne ein Hallenbad betrieben wird (weshalb es auf den Rängen öfter mal nach Chlor riecht), passte überhaupt nicht. Bremerhaven verlor also seinen Traditionsnamen, seine Heimat und seinen Charme. Als der OSC 1985 in der Viertklassigkeit verschwand, war Bremerhavens große Fußballzeit vorbei. Und einer der Grabsteine war ausgerechnet das städtische finanzierte Großstadion.

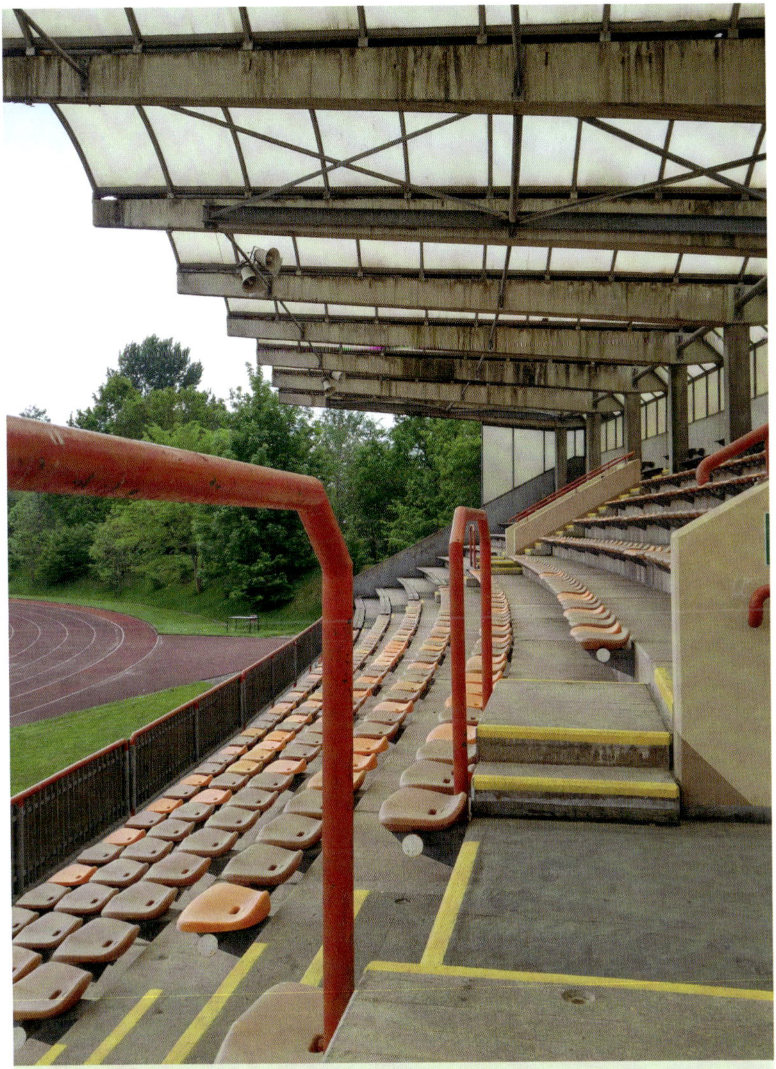

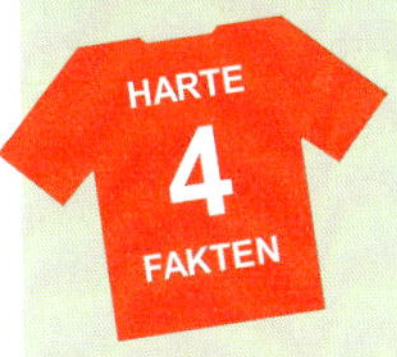

Adresse: Am Stadion 10, 27580 Bremerhaven

Kapazität: 10.000

Verein: OSC Bremerhaven

Website: www.osc-bremerhaven.de

Sportplatz Brochthausen

Das Fußballdorf im Eichsfeld

Versteckt im östlichen Eichsfeld liegt das 600-Seelen-Dörfchen Brochthausen, das sich auf den ersten Blick nicht von seinen Nachbardörfern Fuhrbach, Langenhagen oder Zwinge unterscheidet. Und doch ein ganz besonderer Ort in der niedersächsischen Fußball-Landschaft ist. Denn Brochthausen stand dereinst vor dem Sprung in die höchste Spielklasse, wo man auf Klubs wie Werder Bremen, Hannover 96 oder Eintracht Braunschweig getroffen wäre!

Es war das Jahr 1936/37. Seit zehn Jahren war der FC 1920 Brochthausen Hecht im Karpfenteich der Region und bewährte sich tapfer im Wettstreit mit der Konkurrenz aus Göttingen, Northeim oder Duderstadt. Das Rezept: Einheimische reisten unter der Woche ins Ruhrgebiet, wo es gutes Geld für schwere Arbeit zu verdienen gab. Nebenbei wurden sie von Ruhrpottcracks mit den Knicks und Kniffen des modernen Fußballs vertraut gemacht. Am Wochenende ging es per Bahn flugs zum anstehenden Ligaspiel zurück in die Heimat. 1934 erreichte das Team die damals zweithöchste Bezirksliga, deren Meister man 1937 wurde.

Plötzlich stand der kleine Dorfklub in der Aufstiegsrunde zur Gauliga Niedersachsen. Brochthausen stand Kopf, zumal der Auftakt mit einem 2:2 gegen Germania Wolfenbüttel glückte. Doch dann kam die Gausportführung und verhängte eine Sperre, weil der Sportplatz angeblich nicht ordnungsgemäß abgesperrt gewesen sei. Linden 07 erhielt kampflos die Punkte, Brochthausen verlor seinen Erstligatraum. Noch Jahrzehnte später wetterte man, die Oberen hätten Brochthausen nicht im Oberhaus haben wollen. 1939 stieg der FCB aus der zweiten Liga ab und kehrte nie wieder zurück.

Das alles geschah auf einem nicht mehr existenten Sportplatz, der am heutigen Dorfeingang (aus Richtung Fuhrbach) rechter Hand lag. Mit etwas Fantasie kann man noch die Außengrenzen erahnen. Auf seinem heutigen Platz, der linker Hand im Dorfzentrum liegt und in den Berg gehauen werden musste, kickt man seit 2012 als Spielgemeinschaft Bergdörfer mit den Nachbargemeinden Langenhagen und Fuhrbach. In der Region ist Brochthausen aber noch immer das „Fußballdorf".

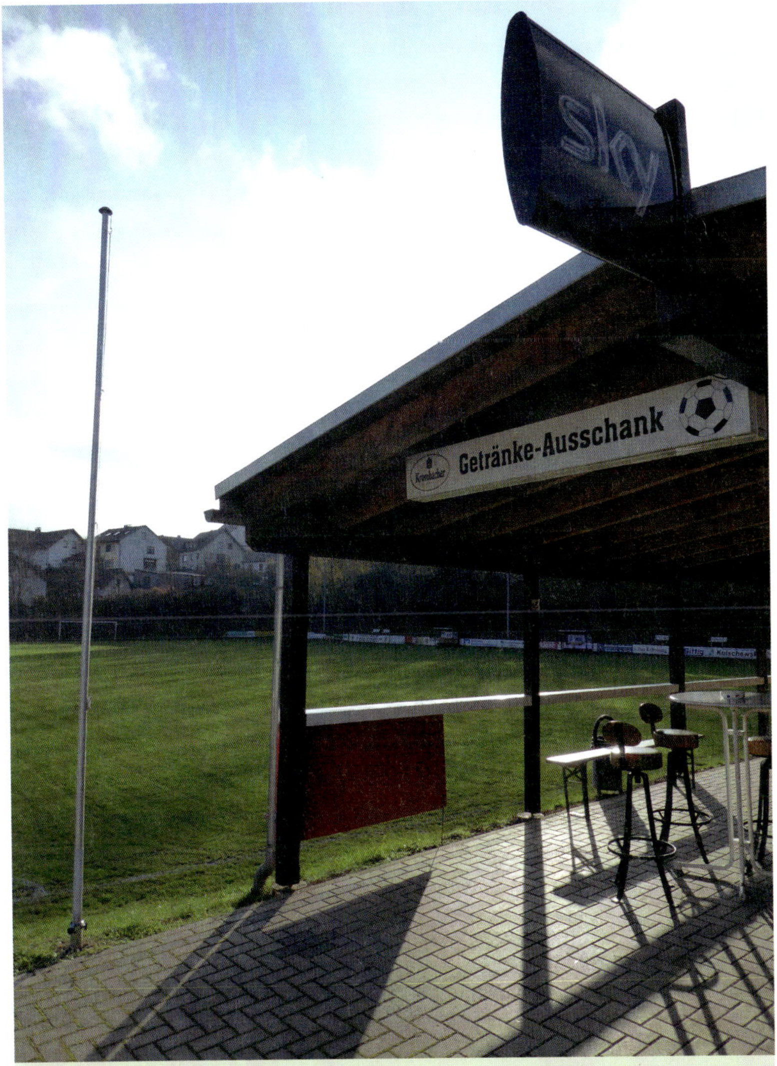

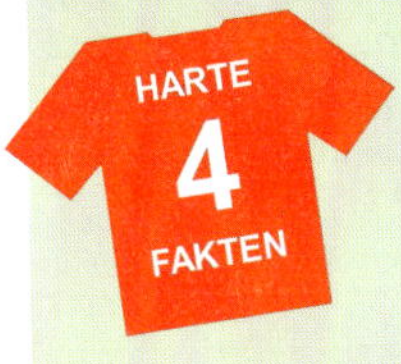

Adresse: Panzerweg 4, 37115 Duderstadt

Kapazität: 1.500

Verein: SG Bergdörfer (FC Brochthausen)

Historischer Platz: Dorfeingang, rechte Seite (von Fuhrbach kommend)

Bückeburg 026

Jahnstadion

Als die Bückeburger Jäger Furore machten

Bückeburg ist eine Perle der Baukunst. Die ehemalige Residenzstadt der Grafen und Fürsten von Schaumburg-Lippe wird auch als „Klein-Versailles" bezeichnet und erfreut sich eines kontinuierlichen touristischen Zulaufs.

Der ortsansässige Verein für Leibesübungen kümmert sich lieber um die Zukunft. Nachwuchsarbeit wird bei den Grün-Weißen traditionell groß geschrieben. 1988 beispielsweise feierte man in Bückeburg den Gewinn der B-Jugendmeisterschaft von Niedersachsen.

Die 1. Herren rangierten im Jahnstadion zwar nie an vorderster Stelle der Prioritätenliste, profitierten aber immer wieder von der Nachwuchsarbeit und spielten sich regelmäßig ins Blickfeld. So 1953, als der VfL mit einem 2:1-Sieg in der Aufstiegsrunde über Union Salzgitter den Sprung in die damals zweitklassige Amateuroberliga West perfekt machte.

Seine größte Zeit hatte Bückeburgs Fußball allerdings 20 Jahre zuvor erlebt. Als 1935 die Nazis die Wehrpflicht wieder einführten, entstand im Bückeburger Jägerbataillon eine Mannschaft unter dem Namen Militärsportverein Jäger 7, die landesweit nur „Bückeburger Jäger" genannt wurde. Nach einem spektakulären Freundschaftsspielsieg über den großen FC Schalke 04 erreichte sie 1938 mit der Gauliga Niedersachsen die höchste Spielklasse. Dort bezwang das Team um Nationalspieler Heinz Ditgens und dessen Bruder Hermann den SV Werder Bremen gleich mit 6:2 und die Braunschweiger Eintracht mit 2:1.

Der 1947 gebildete Großverein VfL hielt sich nach seinem Aufstieg in die Amateuroberliga West vier Spielzeiten im niedersächsischen Oberhaus und verschwand Ende der 1950er-Jahre auf Bezirksebene. Mit dem Bau eines Kunstrasenplatzes im Jahnstadion 1980 rückte die Jugendarbeit vollends ins Blickfeld, und in den 1990er-Jahren schaffte es dann auch die Seniorenelf des VfL wieder in höhere Spielklassen und kickte eine Zeitlang in der Oberliga Niedersachsen mit.

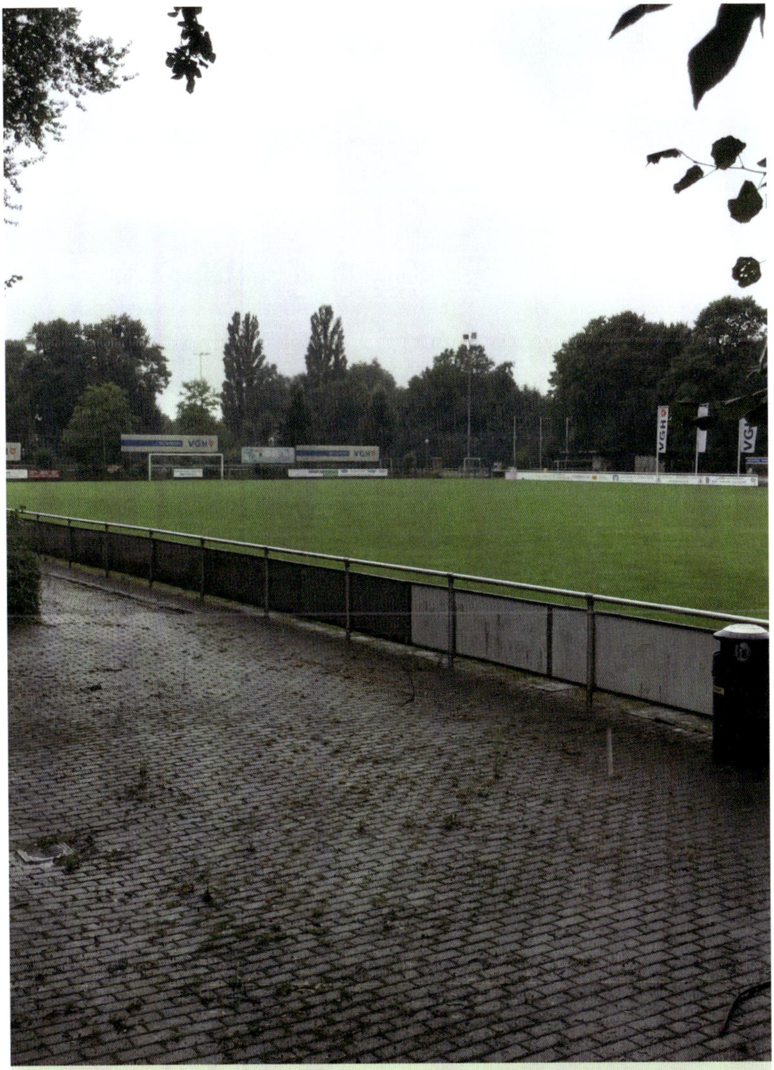

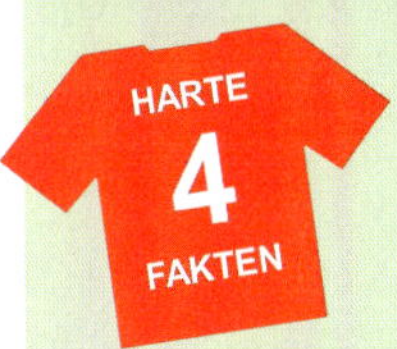

Adresse: Graf-Wilhelm-Straße 13a, 31665 Bückeburg
Zuschauerkapazität: 3.000
Verein: VfL Bückeburg
Webseite: www.vfl-bueckeburg.de

Günther-Volker-Stadion

Wo der Fußballgott weint

Wer genau hinhört, kann den Celler Fußballgott in den Katakomben des Günther-Volker-Stadions an der Nienburger Straße leise weinen hören. Wo ist die Hoffnung, wo ist der Glanz, wo ist die Zukunft? In Celle nicht mehr vorhanden. Da hilft nur der Blick in die Vergangenheit, und dass der ruhmreich ausfällt, lässt die Gegenwart in der Kreisliga umso schlimmer erscheinen.

Die Turn- und Spielvereinigung Celle – eigentlich also DIE TuS – entstand 1945 als Konglomerat mehrerer bürgerlicher und proletarischer Vereine. 1951 wurde im 1923 von Arbeitersportlern errichteten heutigen Stadion die erste Tribüne eröffnet, 1968 folgte eine überdachte Sitzplatztribüne neben dem Vereinsheim. Die TuS begeisterte damals die ganze Stadt. Schon in den 1950er-Jahren kamen oft 5.000 und mehr Zuschauer, obwohl der Traum vom Aufstieg in die Oberliga immer wieder zerplatzte. In den 1960er-Jahren dann der nächste Höhenflug. Ein vor allem aus eigenen Nachwuchskräften bestehendes Team um Klemens Heyduck, „Siggi" Bronnert und Amateurnationalspieler Rüdiger Halbe erreichte die Regionalliga und damit den Unterbau zur Bundesliga. 11.000 Zahlende gegen den VfB Lübeck sorgten 1969 für eine Rekordkulisse.

1972 als Geheimfavorit auf die Teilnahme an der Bundesliga-Aufstiegsrunde gehandelt versagte das Team und stieg 1973, im Jahr vor Einführung der 2. Bundesliga, sogar ab. Die 2. Liga war fortan Traumziel, das nie erreicht wurde. Stattdessen reihten sich sportliche und wirtschaftliche Desaster aneinander, wurde die immer wieder aufflammende Fußballbegeisterung oft rüde erstickt. Immerhin: 1991 investierte die Stadt 2,5 Millionen DM und zauberte die heutige Fußballarena aus dem Hut. 1992 erhielt sie Flutlicht, 1996 wurde dank Zusatztribünen mit 15.000 Zahlenden beim Gastspiel des FC Bayern ein neuer Rekord notiert.

Nach langem Taumeln begann dann 2014 der brutale Absturz der TuS FC, der sich dramatisch verschärfte, als man 2015 einer Fusion mit dem aufstrebenden Nachbar MTV Eintracht eine Absage erteilte. Heute kickt der einstige Zweitligist in der Kreisliga und blickt voller Sorge in die Zukunft.

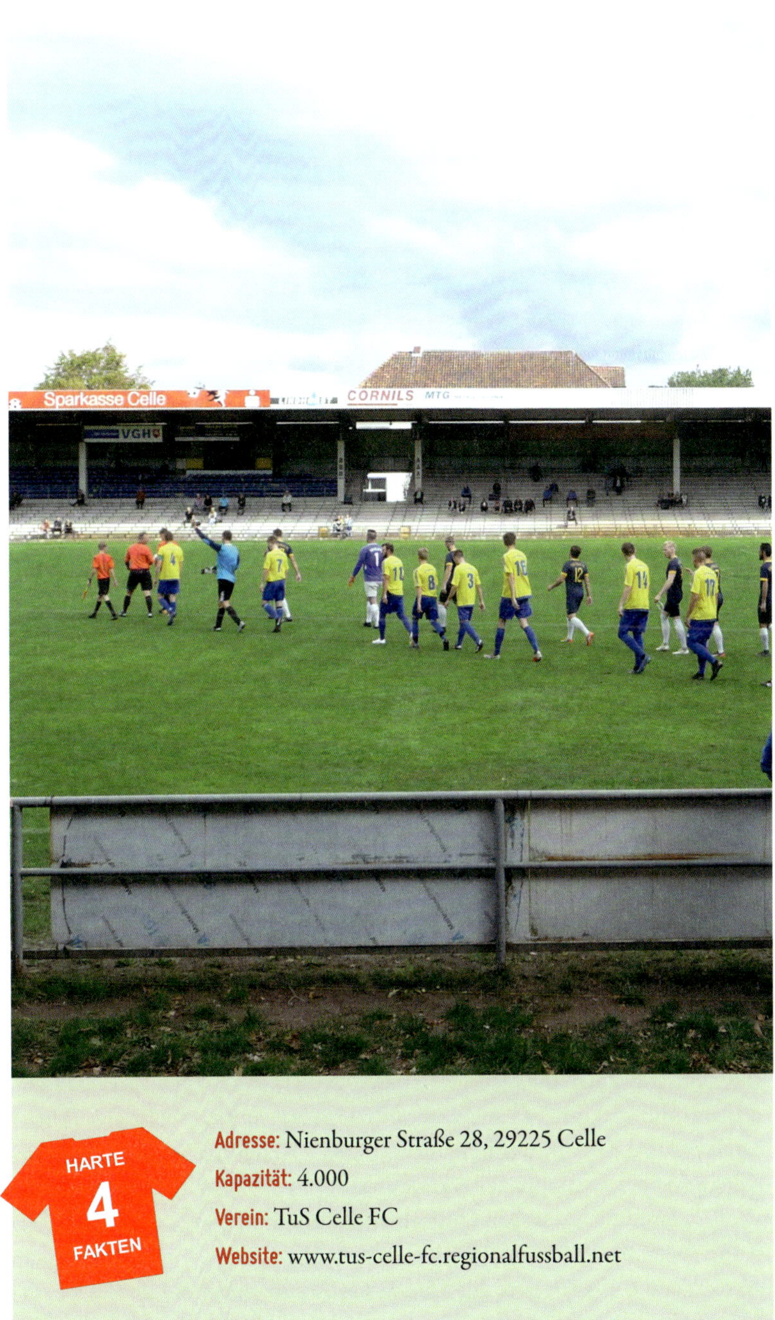

HARTE 4 FAKTEN

Adresse: Nienburger Straße 28, 29225 Celle

Kapazität: 4.000

Verein: TuS Celle FC

Website: www.tus-celle-fc.regionalfussball.net

Cloppenburg 028

Stadion an der Friesoyther Straße

Zebras auf der Grasbahn

Das Stadion zu finden ist auf den ersten Blick gar nicht so einfach. Denn es liegt scheinbar verloren inmitten eines von Graswellen umgebenen gewaltigen Runds, in dem der MSC Cloppenburg einst Motorrad-Grasbahnrennen austrug. Die lärmenden Zuschauervergnügen finden seit 2005 nicht mehr statt, und inzwischen hat sich das rund 100.000 qm große Areal in eine gewaltige Fußball-Landschaft mitsamt Mehrgenerationenpark verwandelt.

Am westlichen Rand befindet sich das eigentliche Stadion. 2006 entstand dort eine Tribüne für 1.080 Zuschauer, die zwei aus unterschiedlichen Epochen stammende Vorgänger, die für die Sandbahnrennen gebaut worden waren, ablöste. In ihren Katakomben findet man alles, was zu höherklassigem Sport nötig ist, weshalb der lange gefürchtete weite Anmarsch der Spieler vom Klubheim zum Platz entfällt.

Eine echte Gegengerade mit Stehtraversen gibt es erst seit den späten 1990er-Jahren, und während die Südkurve gegenwärtig gesperrt und mit Werbebannern bepflastert ist kann man in der Nordkurve inzwischen ebenfalls stehen. Zum ausgedehnten Areal gehören außerdem eine Sporthalle, eine 400-m-Rundbahn um das Fußballfeld, fünf weitere Spielfelder, der erwähnte Mehrgenerationenpark sowie das Vereinsheim des BVC. Damit steht in Cloppenburg der größte Fußballpark im Oldenburger Münsterland, der seit 2019 auch über Flutlicht verfügt.

Die fußballerischen Geschicke der aus dem Jahre 1919 stammenden „Zebras" waren nicht immer von Glücksgöttin Fortuna flankiert. Oft fehlte das Geld, gaben sich vermögende, aber ungeduldige Geschäftsleute viel zu schnell die Klinke in die Hände. So platzten die Träume vom Sprung in den „großen" Fußball, ging es stattdessen 2019 hinab in die Landesliga. Unter den ständigen Turbulenzen litten auch die vorzügliche Nachwuchsarbeit des Klubs sowie die Cloppenburger Fußballfrauen, die im Stadion immerhin schon 2.-Bundesliga-Fußball dargeboten haben.

Speedway bzw. Grasbahnrennen finden an der Friesoyther Straße übrigens keine mehr statt. Seit 2013 ist der MSC Cloppenburg an der Boschstraße angesiedelt.

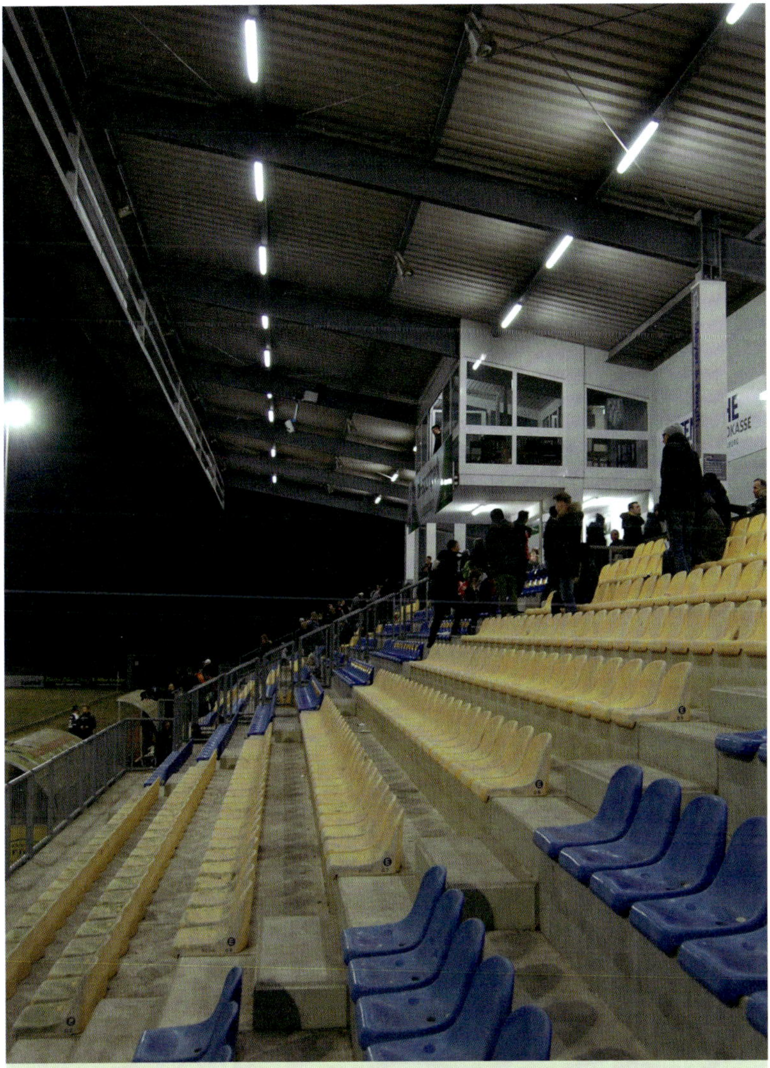

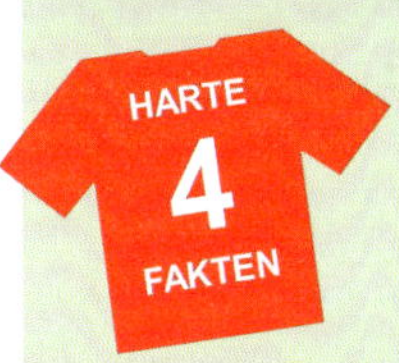

Adresse: Friesoyther Straße 8, 49661 Cloppenburg

Kapazität: 5.001

Verein: BV Cloppenburg

Website: www.bvcloppenburg.de

Cuxhaven 029

Kampfbahn

Postkartenidyll im hohen Norden

Wer hochklassigen Fußball sucht, wird wohl kaum den Weg nach Cuxhaven finden. Und die nördlichste Stadt Niedersachsens hat auch keine schillernde Fußballgeschichte aufzuweisen. Der alte CSV, 1911 gegründet und seit 1990 in Fusion mit dem Brockeswalder SV und dem ESV Eintracht im SV Rot-Weiß, war zwar lange in der viertklassigen Verbandsliga am Ball, von glorreichen Zeiten kann man aber nicht sprechen.

Wer allerdings auf der Suche nach Zeitzeugen der Fußballvergangenheit ist, der sollte mal an der Hermann-Allmers-Straße im Stadtteil Döse vorbeischauen. Dort steht eine Kampfbahn mit herrlicher Holztribüne, die sich dank liebevoller Pflege in exzellentem Zustand befindet. So alt, wie sie aussieht, ist sie allerdings gar nicht. Als der damalige Cuxhavener SV nach dem Zweiten Weltkrieg seine Stammheimat in Brockeswalde verlassen musste, siedelte er auf dem Gelände des ehemaligen Marinesportplatzes. 1947 begann der Bau der heutigen Kampfbahn, wozu eigens Erdmaterial aus Hamburg angekarrt wurde. 150.000 Reichsmark verschlang die Angelegenheit, bei der auch die Holztribüne entstand. Zur Eröffnung traf der CSV im Mai 1950 auf den Schweizer Klub FC Olten und spielte 1951/52, verstärkt durch in Bremerhaven 93 ausgemusterte Akteure wie Friedel Naused und Wilfried Schlüter, kurz mal um den Aufstieg in die Oberliga Nord mit.

Der Zuschauerzuspruch war zwar passabel, doch der Rekord wurde erst am 23. Juli 1977 registriert, als der HSV zu seinem Intertotocupspiel gegen Grasshoppers Zürich 6.000 Zahlende nach Döse lockte. Heute wirkt die Tribüne wie ein begehbares Freilichtmuseum. Angestrichen in den Klubfarben Rot-Weiß kann man sich ein Gefühl davon verschaffen, wie Fußball in den 1950er-Jahren funktionierte. Die harten Holzbänke, die sichtstörenden Tribünenständer, der polternde Holzboden. Leider sind es nur wenige Unverdrossene, die den Weg in diese Perle der niedersächsischen Stadionlandschaft finden. Dafür tauchen aber regelmäßig Groundhopper auf, die den Fußball von früher mal anfassen wollen. Denn in Cuxhaven geht das noch!

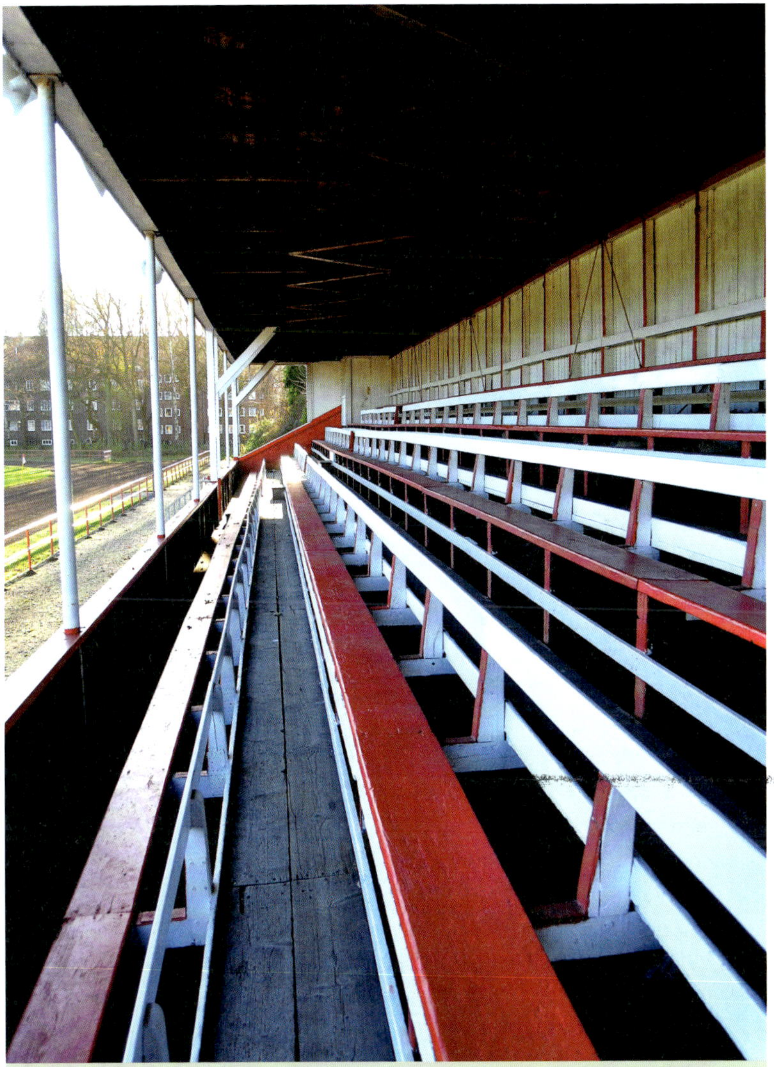

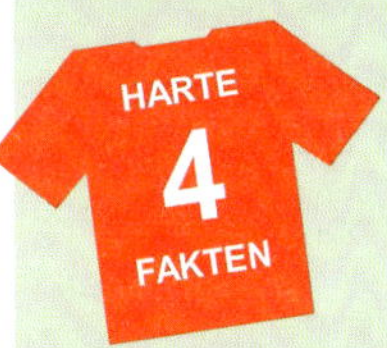

Adresse: Hermann-Allmers-Straße, 27472 Cuxhaven

Kapazität: 4.000

Verein: Rot-Weiß Cuxhaven

Website: www.rot-weiss-cuxhaven.de

Delmenhorst 030

Stadion an der Düsternortstraße

Auf und Ab mit Atlas

Fußball ist tief verankert in der Geschichte von Delmenhorst, einer ehemaligen Industriestadt zwischen Bremen und Oldenburg. Einst brachten dort die „Nordwolle" und „Deutsche Linoleum-Werke" Tausende in Lohn und Brot, während die den Werken nahestehenden Klubs FC Roland und SSV die lokale Fußballgemeinde spalteten.

Dann kamen Industrie- und Fußballkrise, die Delmenhorst mit voller Wucht erwischten. 1973 bündelte man fußballerisch die Kräfte, und weil der örtliche Baumaschinenhersteller Weyhausen die ganze Sache finanziell wohlwollend begleitete, erhielt der gemeinsame Verein den Namen SV Atlas – „Atlas" war eines der beliebtesten Produkte der Baggerfirma Weyhausen. Verstärkt mit diversen Ex-Profis aus Bremen ging es bis in die drittklassige Oberliga Nord, wo der anstrebte Durchmarsch in die 2. Liga zwar missglückte, die Blau-Gelben aber einen Zuschauerrekord nach dem anderen brachen und 1975/76 auf einen Schnitt von 4.000 Zahlenden kamen.

Gespielt wurde im Städtischen Stadion an der Düsternortstraße im gleichnamigen Stadtteil. Das existiert bereits seit 1930, ist aber erst seit 1950 auch ein Stadion. Ab 1953 spielte der SSV dort, nachdem er sich mit dem Besitzer seines alten Platzes „Hinter dem Anker" verkracht hatte. 1962 kamen 7.000 zum Aufstiegsspiel in die Oberliga und sahen ein spektakuläres 2:5 gegen Arminia Hannover. Mit dem Aufschwung des SV Atlas rollten die Bagger an. 1976 entstand die Haupttribüne mit 900 überdachten Sitzplätzen, und 1986/87 gab es eine Generalüberholung. Da waren die Atlas-Fußballer aber schon wieder abgestürzt und verschwanden schließlich völlig von der Bildfläche.

Erst seit 2012 gibt es wieder einen SV Atlas, der es inzwischen erneut in die Oberliga geschafft hat und abermals als Publikumsmagnet an der Düsternortstraße fungiert. Kurios übrigens das Gebäude auf der Gegengerade, das nicht nur das Sprecherhäuschen beherbergt, sondern auch eine reichhaltige Geschichte aufweist. Es war sogar schon Krankenhaus und Jugendherberge! Das Atlas-Vereinsheim „Jan Harpstedt" befindet sich indes am Stadioneingang.

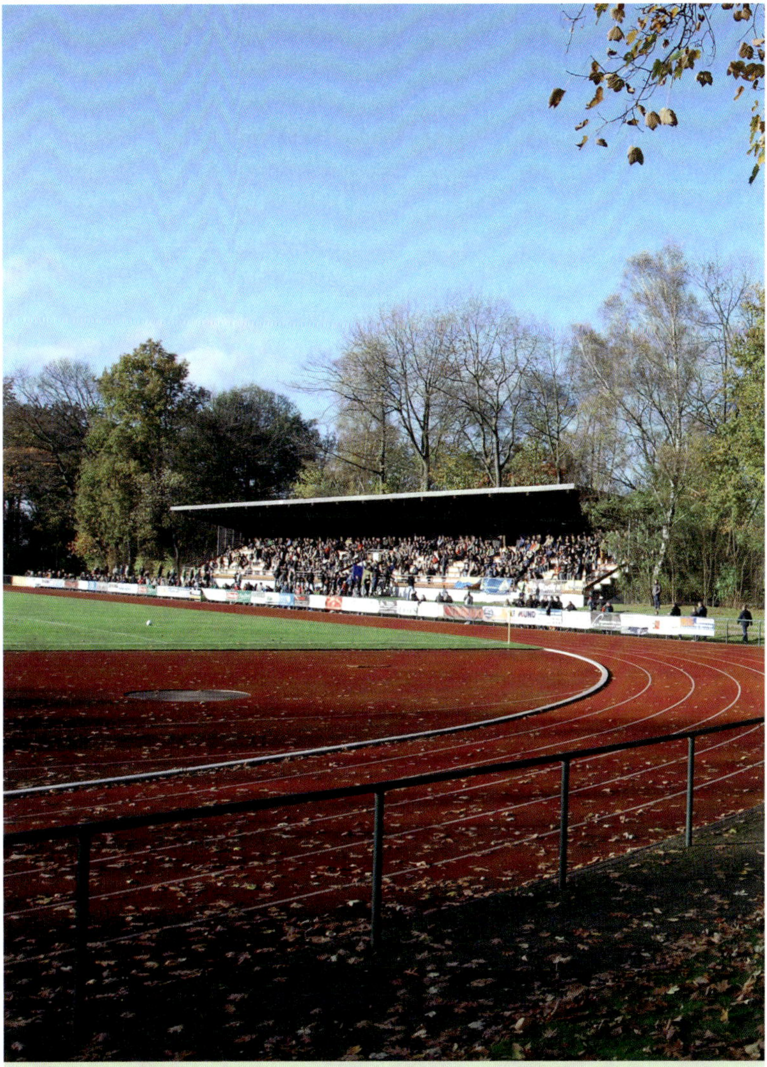

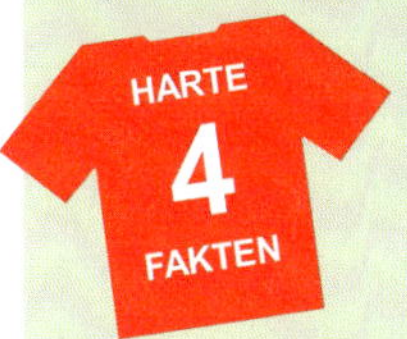

Adresse: Düsternortstraße

Kapazität: 6.000

Verein: SV Atlas Delmenhorst

Website: www.svatlas.de

Drochtersen/Assel 031

Kehdinger Stadion

Die Bayern im Alten Land

Solide wirtschaften und dennoch Erfolge feiern, das kann funktionieren! Fragen Sie mal in der Doppelgemeinde Drochtersen/Assel im Alten Land nach. Seit 2015 spielt man dort in der Regionalliga Nord und hat diverse legendäre Auftritte im DFB-Pokal gefeiert. Zuletzt war 2018 der FC Bayern München im Kehdinger Stadion, das bei der Gelegenheit mit 7.800 Zuschauern, die auch auf Zusatztribünen untergebracht worden waren, rappelvoll war. Umzuziehen in eines der benachbarten Profifußballstadien kam für die Rot-Blauen übrigens nicht in Frage. Ein Heimspiel ist ein Heimspiel, da ist Drochtersen/Assel wohltuend bodenständig. Die Bayern mühten sich übrigens zu einem schmeichelhaften 1:0-Sieg.

Der Erfolg geht nicht zuletzt auf Rigo Gooßen zurück, Präsident seit gefühlten Ewigkeiten und ein Mann, der mit Weit- wie Umsicht arbeitet. Die Erfolgsgeschichte von D/A beginnt 1974. Aufgrund von Nachwuchsmangel bildeten der VTV Assel und der TV Germania Drochtersen eine Jugendspielgemeinschaft, die 1977 zur Fusion der beiden Vereine führte. 1985 ging es in die Bezirksliga, 1987 in die damalige Bezirksoberliga und 1990 in die Landesliga. 2008 schließlich kickte man erstmals in der Oberliga Niedersachsen, waren die Rot-Blauen aus dem Kehdinger Land plötzlich Nummer 1 im Landkreis Stade.

Kurzzeitig geriet der Aufschwung 2009 wegen nicht gezahlter Sozialversicherungsbeiträge zwar ins Wanken, doch Mäzen und Präsident Gooßen meisterte die Krise, und seit 2015 gehört D/A nun zur Crème de la Crème im norddeutschen Fußball. Und hat sich überall Sympathien erworben, denn der Klub ist kein abgehobener Emporkömmling, sondern legt großen Wert auf Verbundenheit mit der eigenen Region.

Großer Stolz ist das Kehdinger Stadion in Drochtersen, das im Normalbetrieb 3.000 Plätze bietet und neben einer überdachten Sitzplatztribüne für 500 Besucher teilweise überdachte Stehtraversen sowie einen regionalligatauglichen Gästeblock besitzt. Dort lockt man durchaus erkleckliche Kulissen an – in der Regionalliga-Saison 2017/18 kamen immerhin 706 Zahlende pro Spiel.

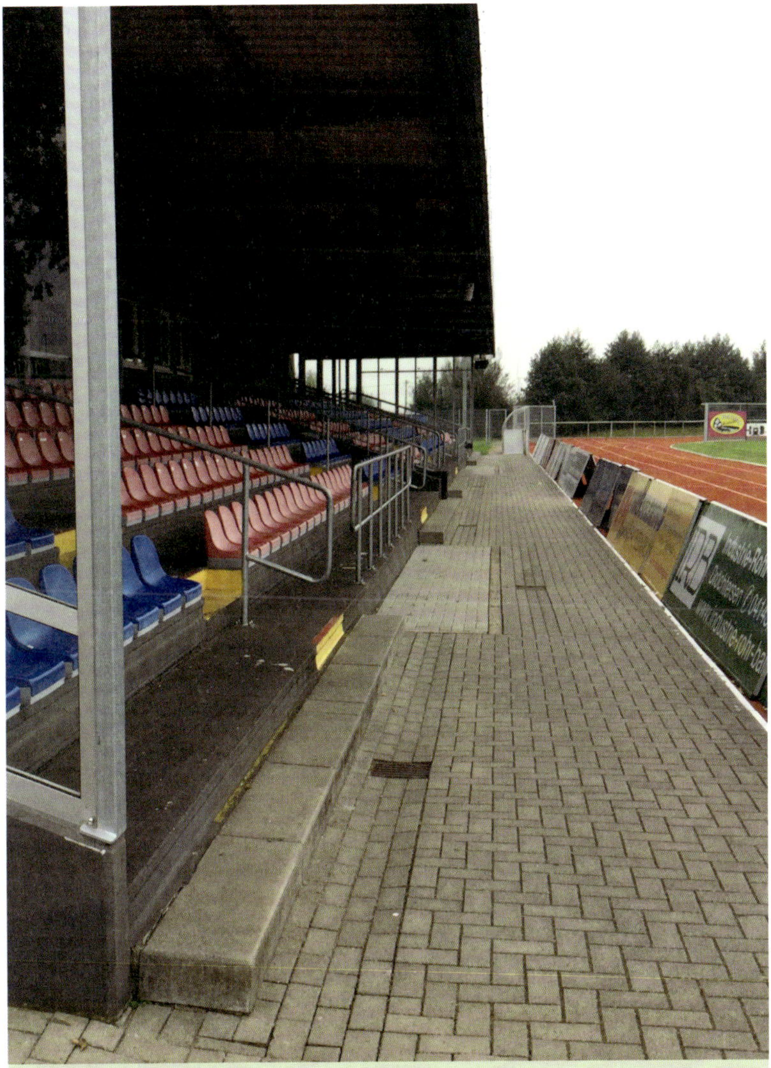

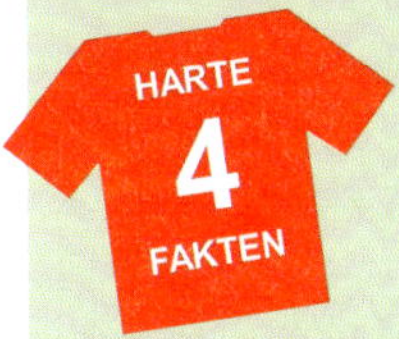

Adresse: Am Sportplatz 19, 21706 Drochtersen

Kapazität: 3.000

Verein: SV Drochtersen/Assel

Website: www.sv-drochtersen-assel.com

Egestorf-Langreder 032

Stadion an der Ammerke

Umstrittener Emporkömmling

Dass ein aufstrebender Landverein in den Fokus der bundesweiten Presse rückt, geschieht nicht alle Tage. Sogar das renommierte Nachrichtenmagazin „Der Spiegel" beschäftigte sich 2017 mit dem 1. FC Germania Egestorf-Langreder, der im Vorjahr in die Regionalliga-Nord aufgestiegen war und sich dort bestens etablierte. Der Vorwurf, der den Schwarz-Weiß-Roten aus den beiden Stadtteilen von Barsinghausen vom Nachrichtenmagazin gemacht wurde: Zu große personelle Nähe zum Niedersächsischen Fußball-Verband.

Dazu ein Rückblick. Der 1. FC Germania entstand 2001, als die Fußballsektionen des TSV Egestorf und des TSV Langreder die Kräfte bündelten. Für den TSV Langreder spielte und wirkte lange Karl Rothmund, langjähriger Fußballverbandspräsident Niedersachsens und überhaupt einer der renommiertesten Fußballfunktionäre des Landes. Mit der Fusion begann ein imponierender sportlicher Aufstieg, der den 1. FC Germania 2003 in die Bezirksoberliga und 2012 in die Oberliga Niedersachsen führte. Nebenbei zimmerte man im Stadion an der Ammerke eine kleine Tribüne mit 162 Sitzplätzen und bereitete das nahe des Egestorfer Bahnhofs gelegene Areal sukzessive auf hochklassigen Fußball vor. 2016 schließlich wurde in einem spektakulären Aufstiegsspiel gegen Altona 93 der Sprung ins norddeutsche Fußball-Oberhaus perfekt gemacht.

Die Kritik an den Strukturen des Vereins war zu jenem Zeitpunkt schon bundesweit zu vernehmen. Vorgeworfen wurden dem 1. FC Germania – und dem NFV – vor allem „Interessenkonflikte". So war der stellvertretende Direktor des NFV gleichzeitig Manager und Spieler bei Germania, fungierte Egestorfs Pressesprecher auch als der des NFV, erhielten diverse Spieler nach ihrem Wechsel ins Stadion an der Ammerke Arbeitsplätze beim NFV oder einer dessen Tochterfirmen. Klub und Verband wiesen zwar alle Vorwürfe zurück, in gewissen Kreisen in Niedersachsens Fußball sprach man dennoch von der „BSG NFV Egestorf". Inzwischen sind die meisten der personellen Verbindungen nach dem Wechsel an der NFV-Spitze von Karl Rothmund zu Günter Distelrath übrigens gekappt.

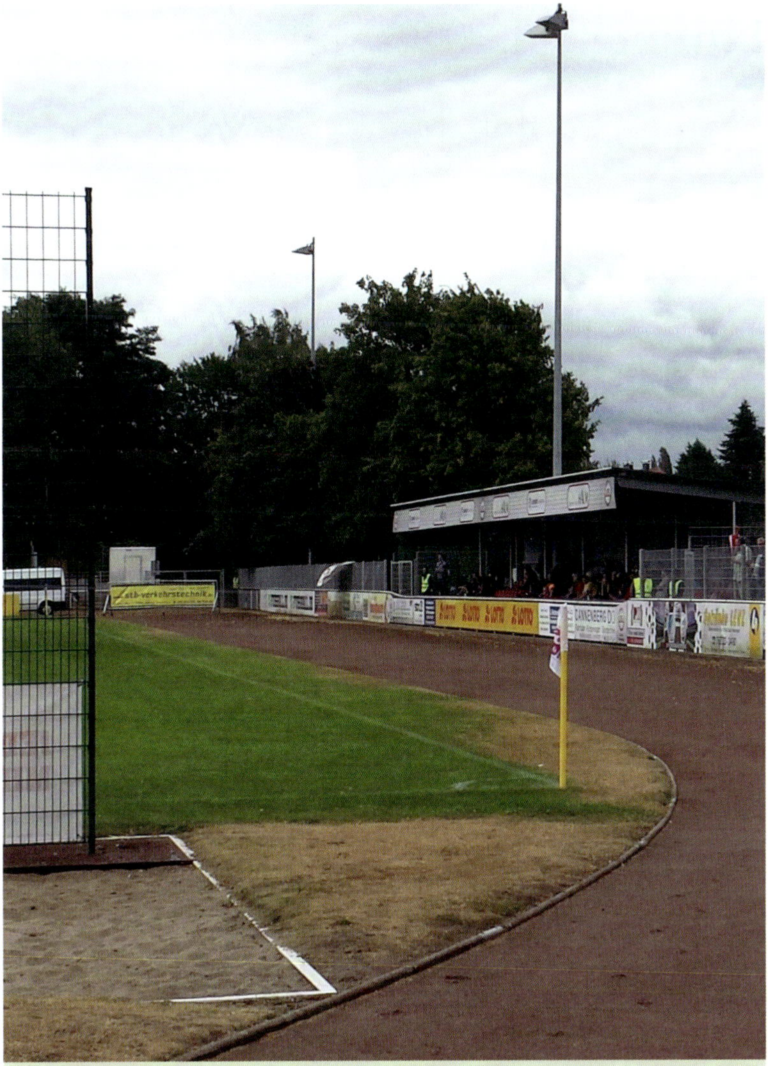

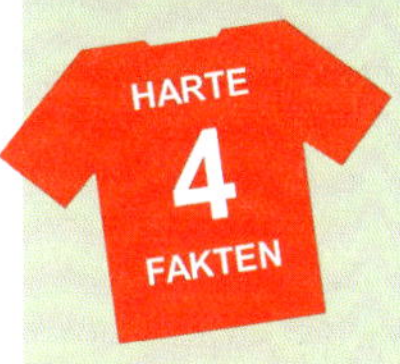

Adresse: An der Ammerke 3, 30890 Barsinghausen-Egestorf
Kapazität: 4.000
Verein: 1. FC Germania Egestorf-Langreder
Website: www.1fc-germania.de

Stadion an der Schützenstraße

Die schlafende Fußballstadt

Einbeck ist eine niedliche Fachwerkstatt mit großer Industrietradition. Bestes Terrain für lokale Fußballfolklore, und die hat Einbeck zu bieten. Neben Göttingen war die Stadt zweite Geburtsstätte des Fußballs im südlichen Niedersachsen, und wie in Göttingen trug der Liebling der Herzen lange das Kürzel „05“ für das Gründungsjahr 1905.

Gegründet von Mitarbeitern des Versandhauses Stukenbrok kickte der Einbecker SV 05 1926 erstmals erstklassig und reiste fortan zu Ligaspielen bis nach Kassel. Gespielt wurde am innenstadtnahen Sülbecksweg, wo 1921 eine heute legendär-verklärte Sportstätte ihre Pforten geöffnet hatte. In den 1950er-Jahren strömten oft tausende von 05-Fans zu den Spielen, umgab das vom Straßenbauunternehmen Schramm unterstützte Team regionale Strahlkraft. Größter Tag war der 5. April 1953, als man Oberligaabsteiger Eintracht Braunschweig am Sülbecksweg am Rande einer Niederlage hatte, am Ende aber doch verlor.

Dann wurde es still um die 05er, die 1979 mit dem proletarischen Stadtrivalen Eintracht zur SVG Einbeck verschmolzen. Gemeinsam wollte man im 1955 geschaffenen Stadion an der Schützenstraße an alte Erfolge anknüpfen. Und das klappte! Angeführt von Ex-Profi Peter Lübeke eilten die Blau-Gelben von Sieg zu Sieg, lockten Kulissen von bis zu 5.000 Fans an und setzten dabei vor allem auf den eigenen Nachwuchs, dem Lieblingskind von Noch-immer-Geldgeber Schramm. Doch der erhoffte Durchmarsch ins norddeutsche Oberhaus blieb aus. Zwar setzte sich die SVG 1982/83 in einem packenden Titelduell gegen Nachbar und Erzrivale SuS Northeim durch, in der Drittklassigkeit kam man aber nie an.

Das letzte Hoch gab es 1998/99, als abermals Drittligaträume reiften und man einen historischen 5:0 Sieg bei Göttingen 05 feierte. Dann kam die Regionalligareform, die SVG stürzte in die Landesliga, zog sich aus wirtschaftlichen Gründen auf Kreisebene zurück und lag am Boden. Heute nennt man sich zwar wieder „05“ (SVG 05), kickt aber vor ungleich geringeren Kulissen als einst und ist froh, überhaupt noch zu existieren.

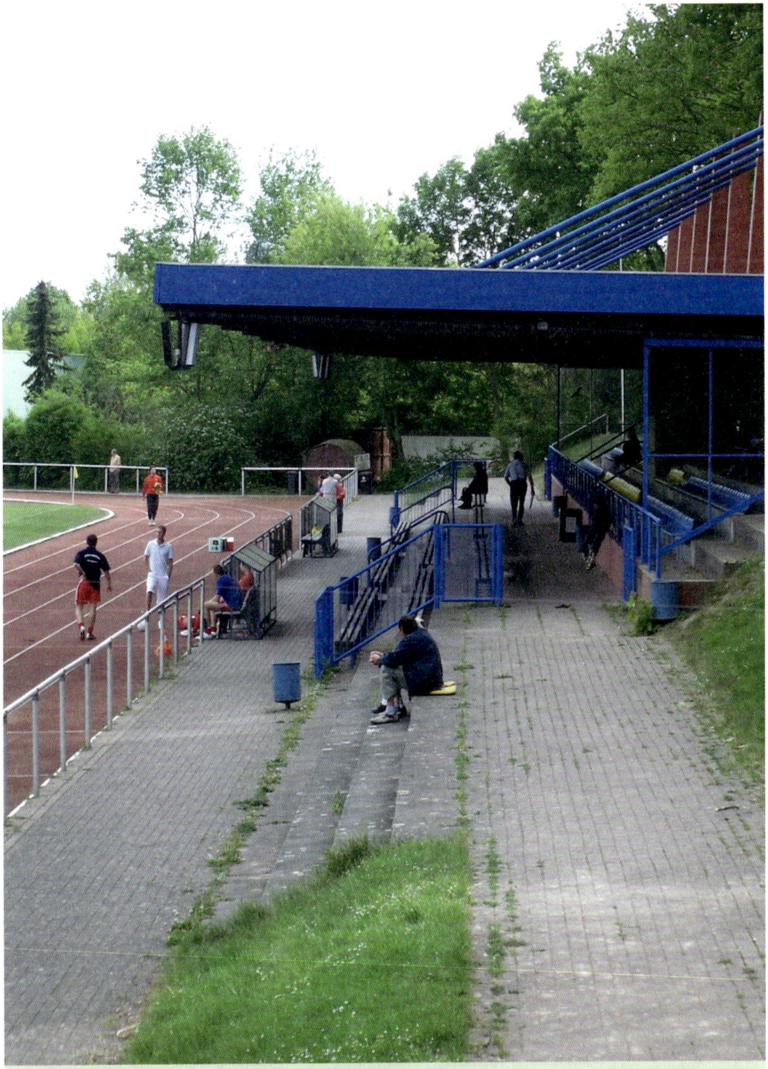

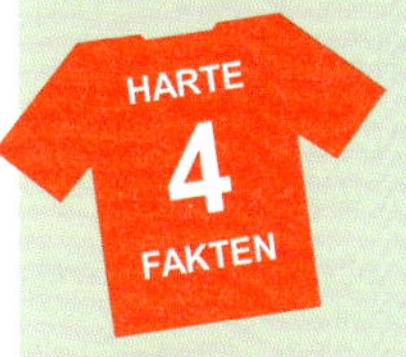

Adresse: Schützenstraße

Kapazität: 5.000

Verein: SVG Einbeck 05

Website: www.svgeinbeck05.de

Emden 034

Ostfrieslandstadion

Freitagabend. Kickers. Seewind.

Was hier mal los war! Dritte Liga, großer Fußball, riesige Kulissen, gelebte Fankultur, Stolz des Nordens. Über viele Jahre war Emden eine der Hochburgen des Spitzenfußballs in Niedersachsen. Wenn in den 1990er-Jahren am Freitagabend die Flutlichter im damaligen Dr.-Helmut-Riedl-Stadion angingen, strömten sie aus ganz Ostfriesland herbei, um ihre „Kickers" in den blauen Jerseys nach vorne zu peitschen. Gerne mit Unterstützung der an der Nordsee irgendwie immer vorhandenen Seebrise. Das örtliche Volkswagenwerk unterstützte wirtschaftlich, der Klub erfreute sich großer Beliebtheit und erstaunlicher Zuschauerzahlen, und der legendäre Ruf Emdens, nicht zuletzt bundesweit befördert vom örtlichen Komiker Otto Waalkes, glitt auf die Emder Fußballprofis über. Emden war heile Fußballwelt.

2007 verpasste der BSV Kickers nur knapp die 2. Bundesliga und qualifizierte sich 2008 für die neue eingleisige 3. Liga. Erstmals spielte man damit bundesweit. Ein Riesenerfolg für die kleine und so fußballbegeisterte Stadt, und das 1950 eingeweihte schnuckelige Stadion im Stadtteil Früchteburg mit seinen 7.200 Plätzen war oft zum Bersten gefüllt. Doch der Jubel währte nur ein Jahr. Trotz sportlichem Klassenerhalt zogen sich die Kickers nach Ende der Saison 2008/09 aus dem Profifußball zurück und übersprangen sogar die Regionalliga, um in der fünfthöchsten Spielklasse weiterzumachen. Ein Schock mit Langzeitwirkung.

Die Euphorie um die Kickers brach zusammen, der Niedergang war nicht mehr aufzuhalten. Am 24. November 2011 wurde bekanntgegeben, dass der mit über drei Millionen Euro verschuldete BSV Kickers Emden einen Insolvenzantrag stellen musste und mit sofortiger Wirkung aus dem Spielbetrieb ausscheiden würde.

Anschließend ging es in der Landesliga Weser-Ems weiter. Zuletzt hat man sich etwas erholt und schaffte 2019 den Aufstieg in die Oberliga, wo mit der Verpflichtung von Ex-Profis Stefan Emmerling früherer Drittliga-Glanz zurückkehrte. Emmerling hatte Kickers bereits von 2007 bis 2009 trainiert. Können die Emder womöglich noch einmal an die alten Zeiten anknüpfen?

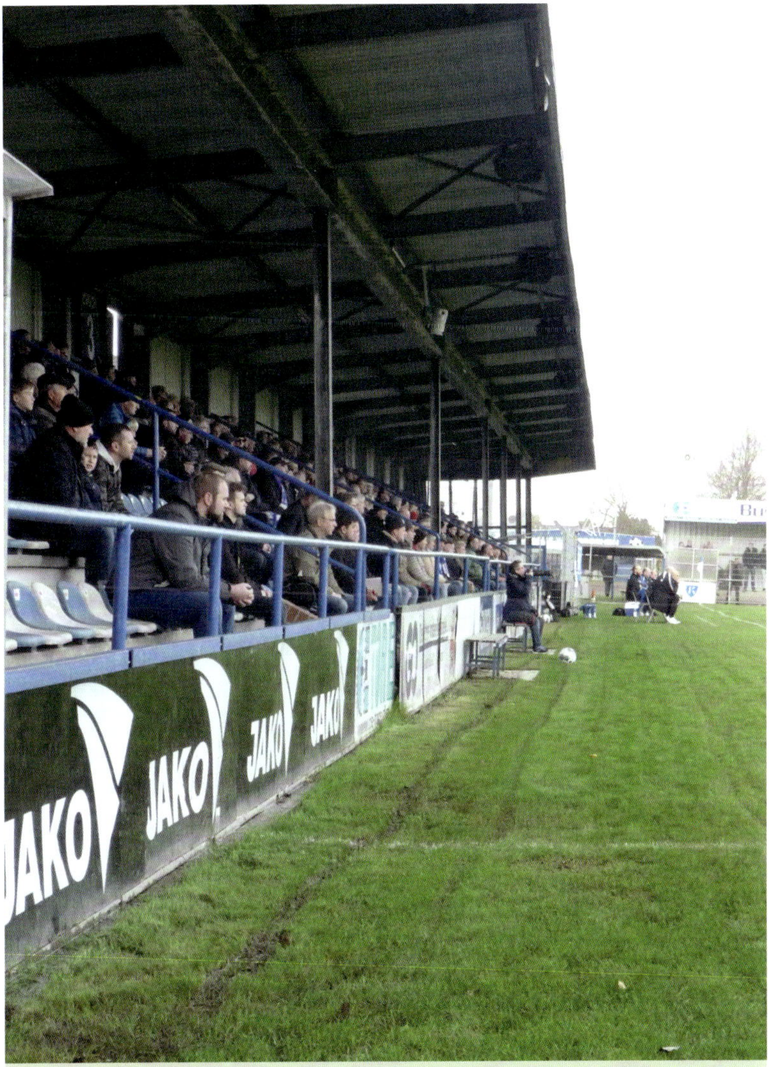

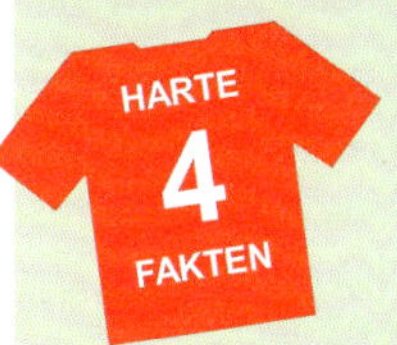

Adresse: Sielweg 10, 26721 Emden

Kapazität: 7.200

Verein: BSV Kickers Emden

Website: www.bsv-kickers-emden.de

Stadion Flutmulde

Heidjesche Nachwuchsquelle

Mit seinem Gründungsjahr 1861 gehört der MTV Gifhorn zu den ältesten Klubs in Niedersachsen. Doch die Jahreszahl darf nicht verwirren, denn Fußball gespielt wird bei den Männerturnern aus der Heidestadt erst seit 1911. Bis in die 1960er-Jahre standen die Schwarz-Gelben sogar im Schatten des erfolgreicheren Lokalrivalen SVG Gifhorn.

1964 stürmte man erstmals in die Kreisliga und brachte mit Wolfgang Simon einen ersten MTVler im Profifußball unter (Eintracht Braunschweig) – es sollte nicht der letzte sein. Unter Trainer „Heini" Wolpers, einst Legende bei Stadtrivale SVG, schafften es die auf eigene Nachwuchsarbeit setzenden Männerturner anschließend bis in die höchste Landesklasse von Niedersachsen und weckten das Interesse des lokalen Publikums. Gespielt wurde damals an der Bleiche, einer nüchternen Sportanlage mit Laufbahn, die atmosphärisch wenig bot.

1976 kam der ehemalige Wolfsburger Regionalligaspieler Wolf-Rüdiger Krause nach Gifhorn. Er war das fehlende Bindeglied zwischen exzellenter Nachwuchsarbeit und Erfolgen im Seniorenbereich. 1978 wurde man Niedersachsenpokalsieger, ging es 1979 hinauf in die Oberliga Nord, hatte man mit Klaus Gahr einen Olympiaauswahlspieler in eigenen Reihen, trugen mit Heinz-Wilhelm Fesser, Sigi Otto, Matthias Ruländer, Frank Plagge, Bernd Buchheister und Heiner Pahl designierte Profis das gelbe MTV-Trikot. Höhepunkt war der 31. Oktober 1982, als 4.300 Fans einen 1:0-Derbysieg über den VfL Wolfsburg sahen und ganz Gifhorn von der 2. Bundesliga träumte.

Der Verlust seiner Talente, die infrastrukturellen Rückstände und das wenig zahlungskräftige Umfeld stoppten den Höhenflug, und 1986 musste der MTV die Oberliga wieder verlassen. Als man 1998 zurückkehrte, wurde bereits im hochmodernen Stadion Flutmulde gespielt, das eine überdachte Tribüne aufweist und seit 2015 als DFB-Stützpunkt dient. Denn eines ist geblieben beim MTV: der Fokus auf die eigene Nachwuchsarbeit.

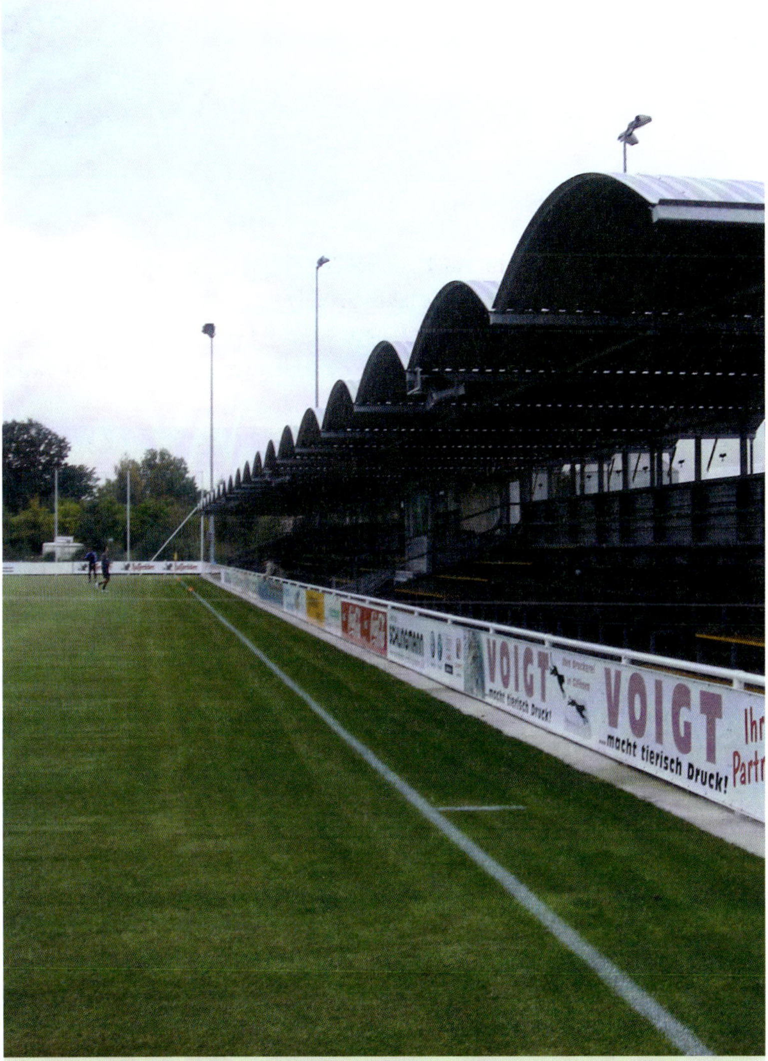

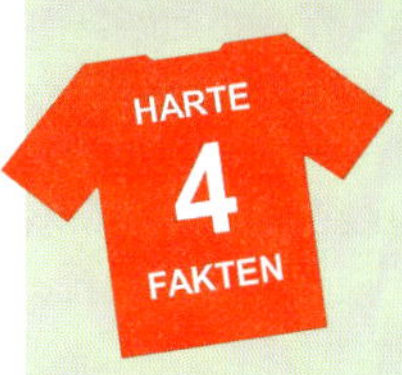

Adresse: Winkeler Straße 2, 38518 Gifhorn
Kapazität: 3.000
Verein: MTV Gifhorn
Website: www.mtv-gifhorn.de

Osterfeldstadion

Das verspätete Stadion

Erst eine unendliche Geschichte, dann ein unendlicher Absturz: Goslars jüngere Fußballhistorie darf man durchaus als tragisch bezeichnen. Viele Jahre auf Bezirksebene abgetaucht, stieg Goslar 08 2008 in die Oberliga Niedersachsen Ost auf und setzte sich 2009 im Rennen um den Aufstieg in die Regionalliga gegen den VfB Oldenburg durch. Zwar gleich wieder abgestiegen, ging es schon 2012 zurück in Liga 4, und 2013/14 hoffte die alte Kaiserstadt sogar auf den Sprung in Liga 3.

Ewiges Problem: die Stadionfrage. Goslars Osterfeldstadion war zwar traditionsgeladen und steckte voller Charakter, es war aber untauglich für höherklassigen Fußball. Deshalb hatte 08 2009/10 im ersten Regionalligajahr im Braunschweiger Eintrachtstadion spielen müssen und dabei recht spärliche Kulissen angelockt. Unterdessen begann der Bau eines neuen Stadions, das sich etwas oberhalb der alten Spielstätte befindet. Eigentlich hätte es im Februar 2010 eingeweiht werden sollen, was sich durch einen schneereichen Winter jedoch verzögerte. Als es endlich weitergehen konnte, musste der Bau aufgrund einer Nachbarschaftsklage wegen befürchteter Lärmbelästigung erneut ruhen. Erst Ende März 2010 kehrten die Bagger zurück, und am 15. April kam es beim Regionalligaspiel gegen Türkiyemspor Berlin schließlich zur ersten Nutzung. Die inoffizielle Einweihung erfolgte zwei Monate später mit einem Freundschaftsspiel gegen das Profiteam von Eintracht Braunschweig.

Es gab jedoch eine Reihe von Auflagen wie das Verbot von Lärminstrumenten bei mehr als 2.500 Zuschauern. Unterdessen sank der Stern der Harzer steil hinab. Finanziell ausgeblutet, nachdem Geldgeber Folkert Bruns den Verein verlassen hatte, stiegen sie 2016 aus der Regionalliga ab. Und weil die Klubführung aus wirtschaftlichen Gründen nicht für die Oberliga meldete, musste man 2016/17 in der sechstklassigen Landesliga weiterkicken, aus der die Harzer drei Jahre später ebenfalls abstiegen. Nun steht zwar ein profifußballtaugliches Stadion in Goslar, gespielt wird aber wieder nur auf Bezirksebene. Dumm gelaufen.

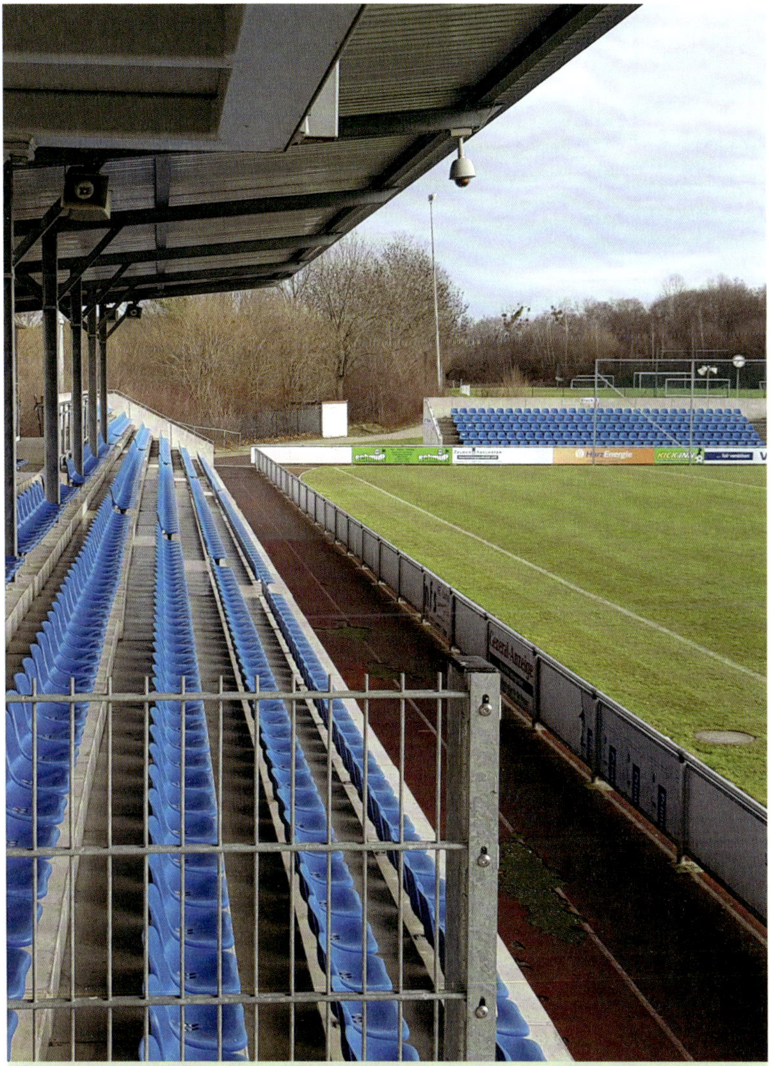

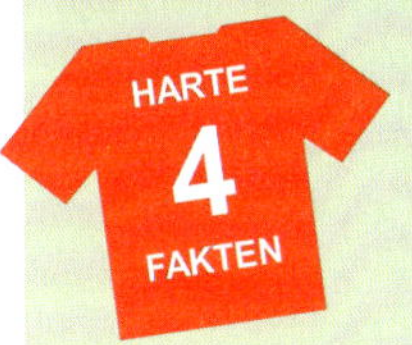

Adresse: S-Arena

Kapazität: 5.001

Verein: Goslar 08

Website: www.gsc08.de

Sportplatz Benzstraße

Gestörter Sonntagsfrieden

Als der insolvente 1. SC 05 Göttingen am 18. September 2003 nach einem negativen Votum der Gläubigerversammlung aus dem Vereinsregister gestrichen wurde, endeten 98 Jahre Göttinger Fußballgeschichte, die Stadt und Region viele große Momente beschert hatte. Das ewige Flaggschiff des lokalen Fußballs war ausgelaugt, ausgeblutet, ausgelöscht. Ein Anknüpfen an „alte Zeiten“ war nicht möglich und auch nicht gewollt. Stattdessen vereinten sich der aus der 05-Jugendabteilung entstandene Nachfolgeverein 1. FC Göttingen 05 und Stadtteilklub RSV Geismar, seit vielen Jahren Jugendkooperationspartner des verblichenen 1. SC 05, zum RSV Göttingen 05, der sich via Satzung untersagte, Schulden machen zu dürfen. Gebranntes Kind ...

Gespielt wurde auf dem traditionsreichen RSV-Platz an der Benzstraße in Geismar-Treuenhagen, der zur neuen Heimat für die über alle Turbulenzen hinweg den 05ern treu gebliebenen Fans wurde. Und zum Glücksfall, denn an der Benzstraße entwickelte sich ein Zusammengehörigkeitsgefühl, das den RSV 05 sportlich wie wirtschaftlich rasch auf die Beine brachte. Alle packten mit an. Die Vereinskneipe ging in Fanhände, aus einem Grashügel wurde mit tatkräftiger Fanhilfe und Materialspenden diverser Unternehmer eine Stehplatztribüne errichtet, das Stadionprogramm übernahmen Fans und eine Abteilung aktiver Fans entstand. Bis zu 2.500 Zuschauer füllten das enge Areal, auf dem zuvor bestenfalls Bezirksliga gespielt worden war.

Bemerkenswert auch die gelungene Melange zwischen einem Verein, der einst ans Tor zur Bundesliga geklopft hatte (05), und einem Klub, der stets für einen besonderen Geist stand und vom Ehrenamt lebte (Geismar). Anwohner waren indes weniger glücklich über die Erfolgsgeschichte und beklagten sich über Lärmbelästigung und zugeparkte Gehwege. So kam, was kommen musste. Als 05 2011 in die Oberliga aufstieg, zog man um ins Jahnstadion, und die Benzstraße wurde zum Mythos. Zwei Jahre später wechselten die Leistungsfußballer zum neugegründeten I. SC 05, zerbrach die einzigartige Melange unter dem Namen RSV 05.

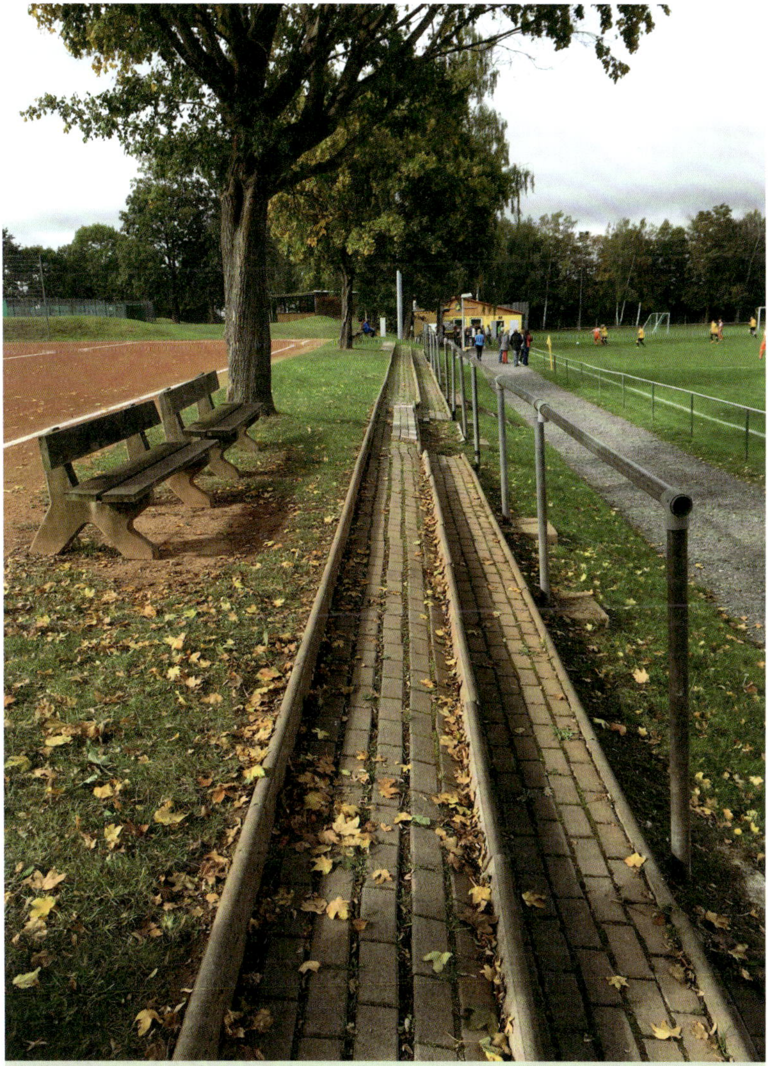

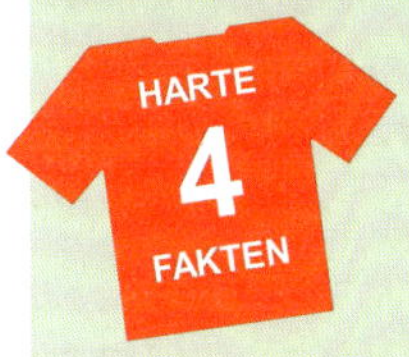

Adresse: Benzstraße

Kapazität: 2.500

Verein: RSV Göttingen 05

Website: www.rsv05.de

Göttingen 038

Jahnstadion

Stadiondenkmal ohne Zuschauer

So kann es laufen: Über Jahrzehnte stritt man sich in Göttingen über den Bau eines profifußballtauglichen Stadions. Als es dann endlich soweit war, hatte man in Sachen großer Fußball längst den Anschluss verpasst und kam über gelegentliche Trainingslagergastspiele von Bundesligisten oder der mexikanischen Nationalmannschaft bei der WM 2006 nicht mehr hinaus.

Nun ist das inmitten eines Naherholungsgebietes gelegene Jahnstadion ohnehin keine klassische Fußballarena, und das zeigt ein weiteres Problem: Es ist angelegt für Leichtathletik. Zu erkennen u.a. daran, dass der Sprecherturm auf Höhe der 100-Meter-Linie liegt und eben nicht auf der Mittellinie des Fußballfeldes.

1913 wurde das Areal auf einer ehemaligen Müllhalde errichtet und war zunächst Heimstätte unterklassiger Vereine. 1955 wurde es zum Stadion, indem Zuschauerränge aufgeschüttet wurden, die aber lediglich eine Grünbepflanzung erhielten. Als Göttingen 05 in den 1960er-Jahren mehrfach ans Tor zur 1. Bundesliga klopfte, trug der Klub seine Aufstiegsrundenspiele im Jahnstadion aus, doch der Komfort war gering. Bundesligatauglich wäre die Arena damals nicht gewesen.

1968 musste 05 seine traditionsreiche Heimstatt Maschpark verlassen und zog bis zum versprochenen Neubau an anderer Stelle im Jahnstadion ein. Die Stadt baute Toilettenanlagen, ein paar Steinstufen wurden für die Zuschauer eingezogen, Holzbänke als „Sitzplatztribüne" aufgestellt. Eine Überdachung gab es nicht. Erst 1986 kam die heutige Tribüne, vor der 05 1989 und 1991 noch zweimal ans Tor zur 2. Bundesliga klopfte, ehe der Verein 2003 Konkurs ging und verschwand.

Nachfolger RSV 05 bzw. der I. SC 05 kickte nach seinem Aufstieg in die Oberliga zwei Jahre in der viel zu großen Arena, ehe letzterer in den neuen Maschpark wechselte und das Jahnstadion zum inzwischen vom Breitensport eingenommenen Stadiondenkmal wurde.

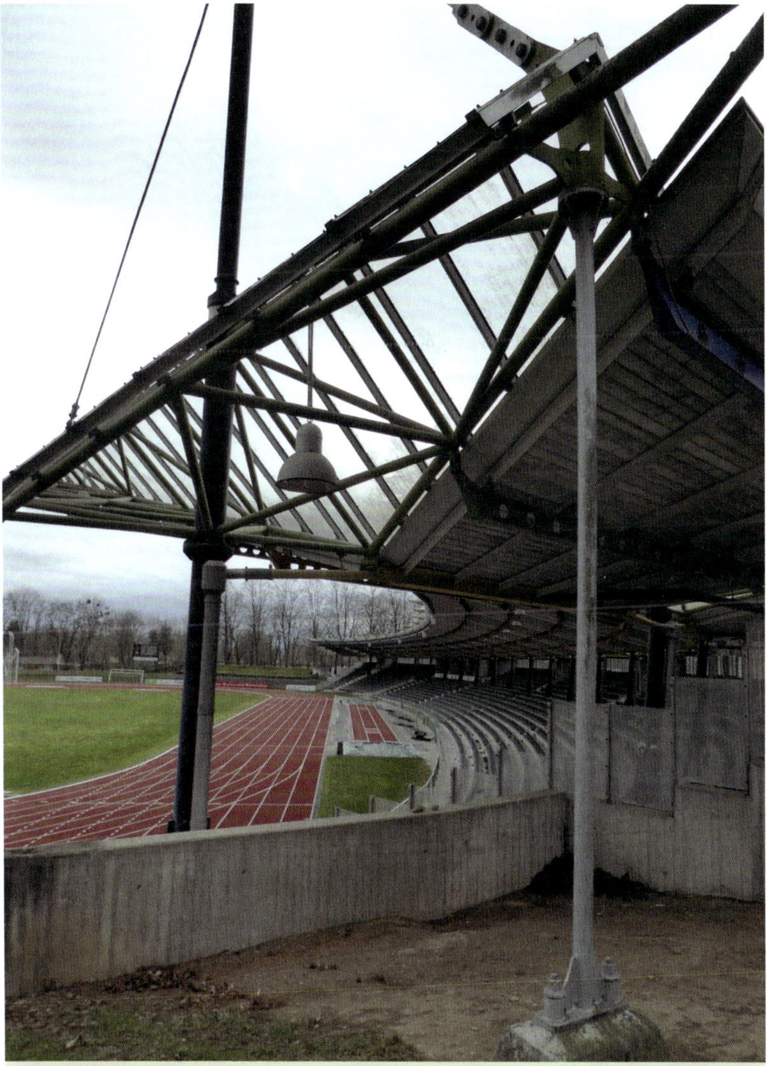

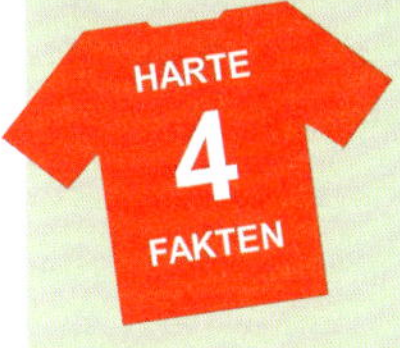

Adresse: Sandweg 7, 37083 Göttingen

Kapazität: 17.000

Rekordkulisse: 23.650 beim Pokalspiel gegen den HSV (1982)

Nutzer: Schulen, Leichtathletikvereine

Alter Maschpark

Begrabene Tradition

Ein kühler Betonbau steht dort, wo einst Göttingens heißes Fußballherz schlug. Der Maschpark, eine Legende in der lokalen Fußballfolklore. Seit Anfang der 1970er-Jahre liegt er begraben unter dem Neubau der Berufsbildenden Schulen II. Wo einst bis zu 22.000 Menschen die Schwarz-Gelben anfeuerten hocken nun vornehmlich junge Männer über ihren Büchern und verbringen die Pause zwischen zwei Doppelstunden auf dem Schulhof. Dass dieser auf sporthistorischem Gelände liegt, weiß kaum jemand. Denn es gibt ja noch ein „Maschpark"-Stadion. Das aber liegt einen knappen halben Kilometer entfernt und eröffnete erst 1971 seine Pforten, als auf dem alten Maschpark längst die Bagger wüteten.

Die Geschichte des doppelten Maschparks ist die große Tragödie im Göttinger Fußball und namentlich in der Historie von Göttingen 05. 1907 wurde an der heutigen Godehardstraße zum ersten Mal gekickt. Damals hieß das Gelände „Schützenwiese" (das Schützenhaus war gleich nebenan) und lag ideal zwischen Hauptbahnhof und Lokhalle, seinerzeit einer der wichtigsten Arbeitgeber der Stadt. Zu Fuß brauchte man von der Innenstadt keine zehn Minuten. 1926 baute Göttingen 05 auf dem von der Stadt in Erbpacht zur Verfügung gestellten Gelände einen zweiten Platz, der bereits in Stadionform angelegt war. Während die alte „Schützenwiese" nun zum B-Platz wurde, erhielt Göttingen endlich ein richtiges Fußballstadion. Das war nach dem Zweiten Weltkrieg Magnet für Zehntausende von Fußballfans. Denn in Göttingen ließen sich viele Ostflüchtlinge nieder, und Fußball war ihre Eintrittskarte in die neue Heimat. Am 15. Oktober 1950 sahen 22.000 ein 2:0 über den Hamburger SV – lokaler Rekord bis 1984.

1968 das Aus. Die Godehardstraße sollte verbreitert werden, und der Maschpark war im Weg. Der B-Platz war schon abgerissen, als 05 am 12. Mai mit einem 7:0 über Sperber Hamburg in seinem letzten Pflichtspiel auf dem historischem Terrain die Aufstiegsrunde zur Bundesliga erreichte und dem Maschpark adieu sagte. Während 05 vorübergehend im Jahnstadion spielte, entstand der neue Maschpark, dessen Geschichte ebenfalls nicht frei von Tragik ist.

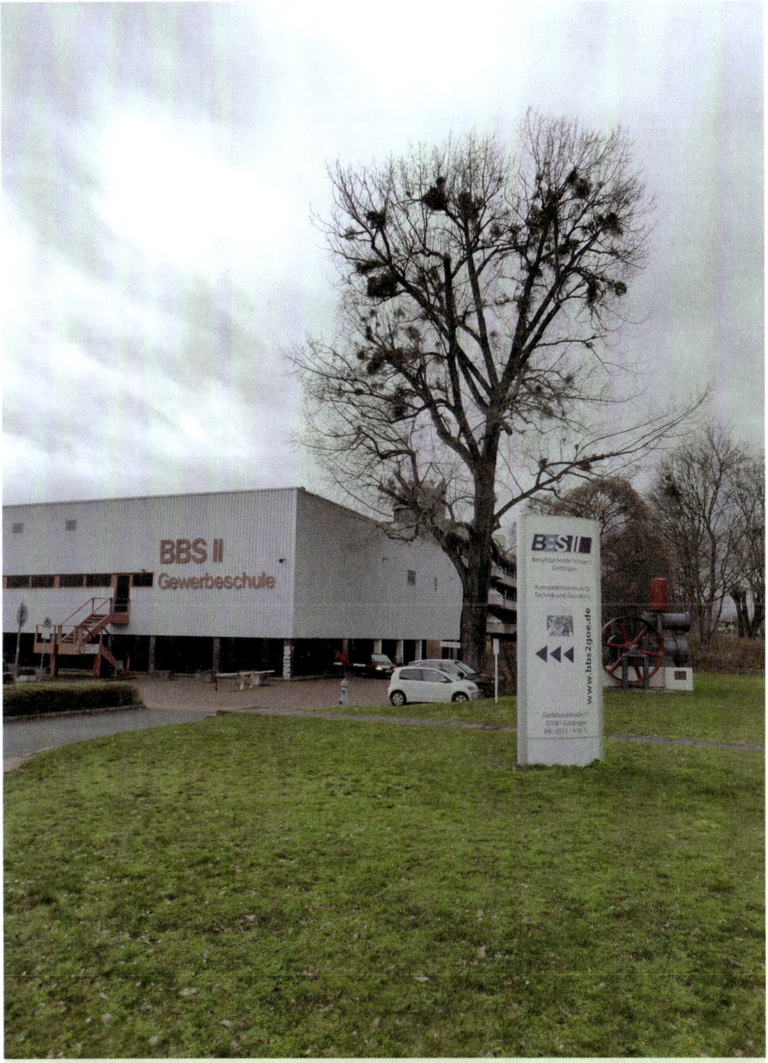

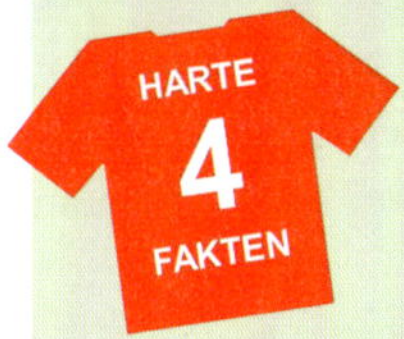

Adresse: Godehardstraße 11, 37081 Göttingen
Kapazität: einstmals 22.000
Verein: 1. SC Göttingen 05
Heutiger Nutzer: BBS II

Göttingen 040

Neuer Maschpark

Unvollendete Heimat

Immerhin: Er ist noch da. Das war in den letzten Jahren keineswegs sicher. Immer wieder hieß es, die Stadt wolle das Gelände verkaufen, um es als Gewerbegebiet auszuweisen. Es wäre das Ende einer Spielstätte gewesen, die Bauherr und Hauptnutzer Göttingen 05 in seinen knapp 50 Jahren seit der Einweihung 1971 mehr Ärger als Freude bereitet hat.

Als die Schwarz-Gelben 1968 den Alten Maschpark verließen, weil jener Straßenbaumaßnahmen sowie den Berufsbildenden Schulen II weichen musste, hatte man das Versprechen der Stadt Göttingen in der Tasche, einen knappen halben Kilometer entfernt ein neues Domizil zu bekommen. Nur deshalb hatte 05 dem Umzug überhaupt zugestimmt. Während im neuen Maschpark auf einer Brachfläche gebaut wurde, wich 05 ins Jahnstadion aus und erreichte 1968 um ein Haar die 1. Bundesliga. Doch die Stadt verzettelte sich. Sie investierte gleichzeitig in Jahnstadion und Maschpark, was ein bisschen wie das berüchtigte Gießkannenprinzip wirkte. Weder das eine noch das andere Areal wurde fertig.

Im Maschpark konzentrierte sich die Stadt auf B- und C-Platz, während der A-Platz, eigentlich als profifußballtaugliches Areal geplant und auch versprochen, lange brach lag. Schließlich kümmerte sich der Verein selbst darum und verschuldete sich dabei so sehr, dass er 1973 fast Pleite gegangen wäre.

05 – synonym für Göttingens Spitzenfußball – steckte fest. Und der Maschpark sollte auch nie fertig werden. Auf der Gegengerade wurden zwar Fundamente für eine Sitzplatztribüne eingebaut, die aber nie errichtet wurde, die Kurven erhielten Rosenbüsche statt Stehtraversen und die Hauptgerade zerfiel im Laufe der Jahrzehnte, während 05 je nach Spielklasse zwischen Jahnstadion und Maschpark pendelte. Heute befindet sich der Maschpark in einem derart beklagenswerten Zustand, dass eigentlich nur noch ein kompletter Neubau in Frage kommt. Immerhin wird er inzwischen wieder bespielt vom Nachfolger des alten 1. SC 05, der sich im Gegensatz zum Ur-Verein allerdings mit einer römischen „I." schreibt.

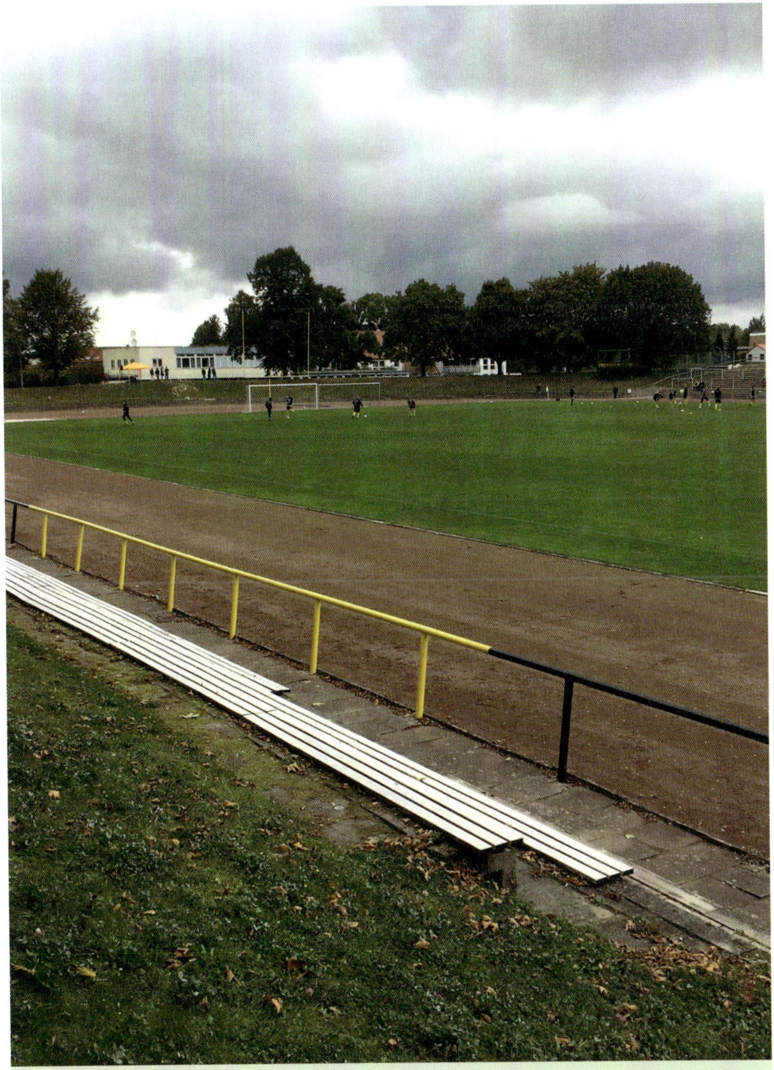

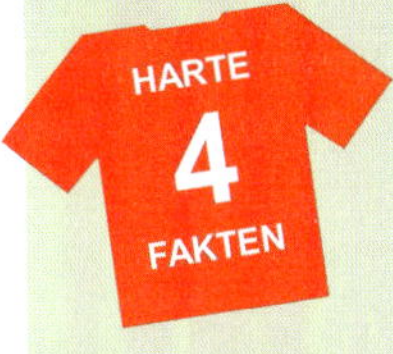

Adresse: Schützenanger 1, 37081 Göttingen

Kapazität: heute 2.500

Verein: I. SC Göttingen 05

Website: www.sc-goettingen05.de

Stadion am Sandweg

Fußball im Mekka des Radsports

Fußball und Radsport bildeten in den 1950er-Jahren vielerorts eine starke Einheit. Überall entstanden kombinierte Sportanlagen mit umherlaufender Radrennbahn, die sowohl bei Fußballspielen als auch bei Radrennen große Kulissen anlockten. So auch in Göttingen, wo sich im Naherholungsgebiet Sandweg in unmittelbarer Nachbarschaft zum städtischen Jahnstadion eine echte Perle des Sportstättenbaus befindet.

Das SVG-Stadion entstand 1926, als die aus der Facharbeiterschaft stammende Spiel-Vereinigung Göttingen in, wie es in zeitgenössischen Quellen heißt, „8.000 freiwilligen Arbeitsstunden" eine von Gräben und Löchern durchzogene Brachfläche in ein schmuckes Sportareal verwandelte. Bis dahin hatten die Schwarz-Weißen auf der Colosseums-Wiese an der Wiesenstraße gespielt. Weil dort jedoch regelmäßig Volksfeste stattfanden und Zirkuszelte aufgebaut wurden, wollten die SVG-Fußballer umziehen.

Zumeist im Schatten des bürgerlichen Stadtrivalen 1. SC von 1905 stehend, kickte man während des Zweiten Weltkriegs kurz mal erstklassig und rang in den 1950er-Jahren abermals – und erneut vergeblich – mit den Schwarz-Gelben um die lokale Führungsrolle. Unterdessen avancierte das SVG-Stadion zum Mekka des Göttinger Radsports. Nachdem 1952 ein B-Platz für die Fußballer entstanden war, umringte man den A-Platz mit einer betonierten Radrennbahn, die 1954 eingeweiht wurde. Anschließend fanden dort populäre Profirennen statt, war das Stadion Zielort einer Radrundfahrt und lockten vor allem die beliebten Steherrennen gewaltige Kulissen an.

Doch die Pflege von Sportplatz und Radrennbahn forderte dem ehrenamtlich geführten Klub viele Opfer ab. Als die marode Radrennbahn 1990 gesperrt wurde, löste sich die Radsportabteilung auf. 2011 kam es zu einem Deal mit der Radsportabteilung des Tuspo Weende, der die Rundstrecke übernahm und in Eigenregie renovierte. Seitdem kurbeln die Pedaleure wieder am Sandweg, freut sich die SVG über den Zuwachs an Sportbegeisterten auf seiner Anlage, die bei Fußballauftritten der Gastgeber nur selten größere Kulissen begrüßt.

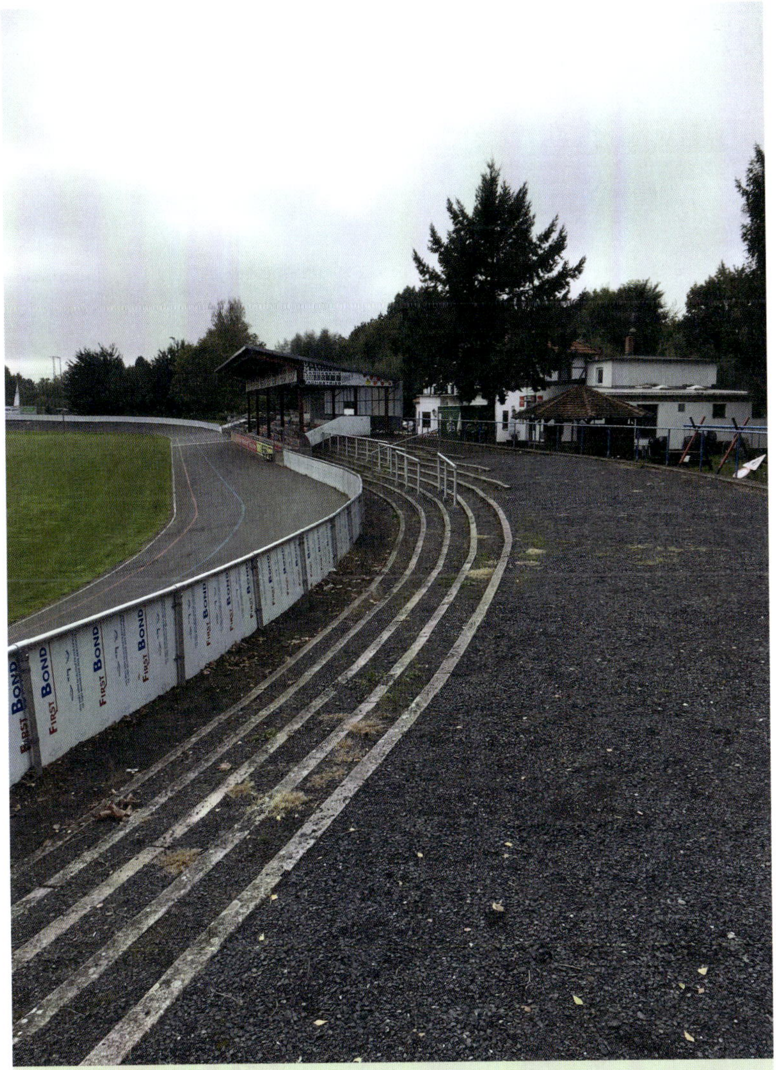

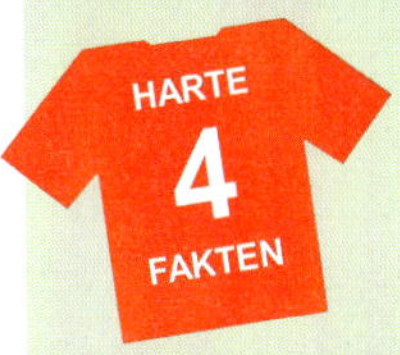

Adresse: Sandweg 3, 37083 Göttingen

Kapazität: 4.000

Verein: SVG Göttingen 07

Website: www.svg-goettingen.de

Göttingen

Sportplatz Rehbach

Der Geist von Grone

Das ewige Rauschen der A7 übertönt das typische Geräusch, wenn ein Fußballstiefel einen Ball trifft. Überall wuseln Spieler umher und toben sich fröhlich aus. Der Sportplatz des FC Grone ist ein Hort des Vergnügens, ein Ort, an dem Fußball noch immer so ist, wie er einmal war: mitten in der Gesellschaft, unaufgeregt und für die Menschen da. Das skizziert zudem die Philosophie des FC Grone, 1910 gegründeter Stadtteilverein, der seit fast 100 Jahren zur Elite des südniedersächsischen Fußballs gehört. Zentrale Elemente in der Erfolgsstory: Lokalpatriotismus – obwohl Grone seit 1964 zu Göttingen gehört, wird kein Groner sagen, er käme aus Göttingen – sowie die Kunst, mit wenig Großes zu erreichen.

Nach dem Zweiten Weltkrieg wurde auf dem ausbaulosen Rehbach sogar Zweitligafußball dargeboten, maß man sich mit Größen wie VfL Wolfsburg und Stadtrivale Göttingen 05. Regelmäßig begrüßte der FCG Kulissen von 1.500 und mehr Zahlenden (Grone kam damals auf ganze 4.000 Einwohner) und verteidigte den Ligastatus durch eine gefürchtete Heimstärke. Am Rehbach waren die Grün-Weißen im wahrsten Sinne des Wortes bissig, und wenn das nicht reichte, stand da immer noch ein Publikum, das eine furchteinflößende Kulisse bilden konnte.

Es gab ein nahezu perfektes Scouting talentierter Kicker über die lokale Universität: Kamen die Erstsemester, umwarb man sie unter dem Motto „Betreut und bekocht wie bei Muttern" mit billigen Zimmern. Außerdem gab es einen ganzen Stab von Geschäftsleuten, die mit Benzinzuschüssen und handfesten Dingen wie Mettwurst und dem einen oder anderen Kasten Bier für gute Stimmung sorgten. Grone war ein Fußballidyll.

Sein letztes Hoch erreichte man in den 1980ern, als der Rehbach noch einmal Woche für Woche gefüllt war. 1981 traf man im DFB-Pokal auf Bundesligist Borussia Dortmund, wobei diese Partie im Göttinger Jahnstadion ausgespielt wurde. Durch den gesellschaftlichen Wandel hat sich das Dorfleben auch in Grone seitdem zwar verändert, der FC steht aber noch immer zu seinen Werten und ist weiterhin Ausbildungs- und Integrationsverein. Nur das Publikum strömt nicht mehr wie einst.

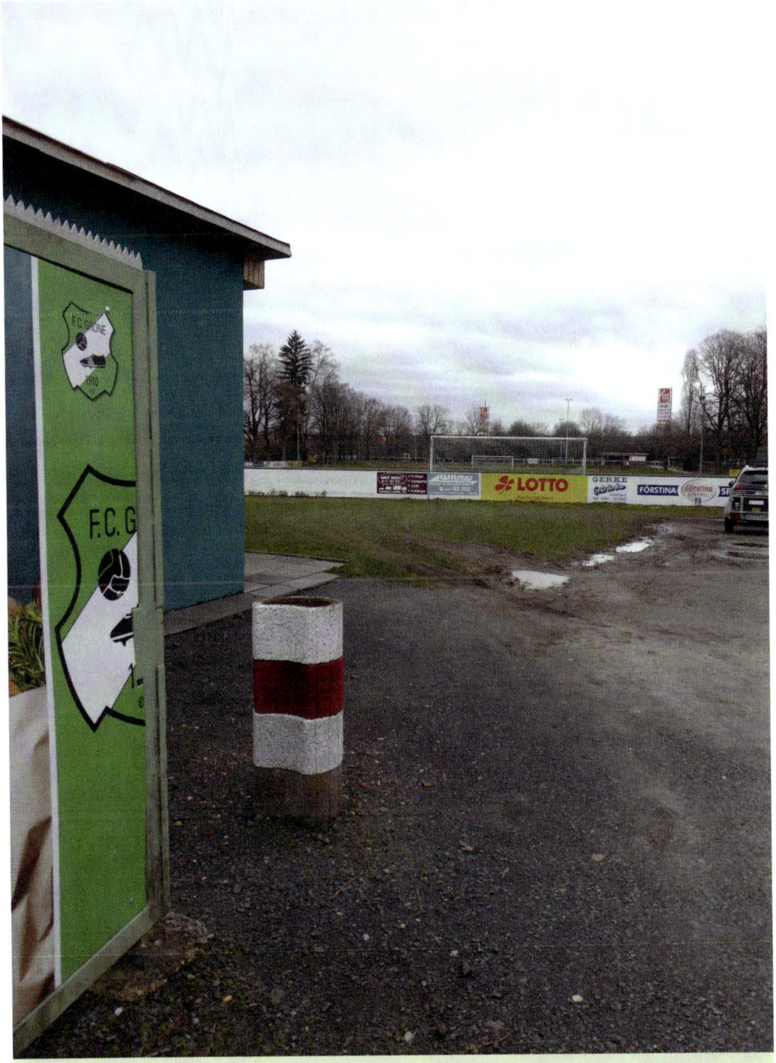

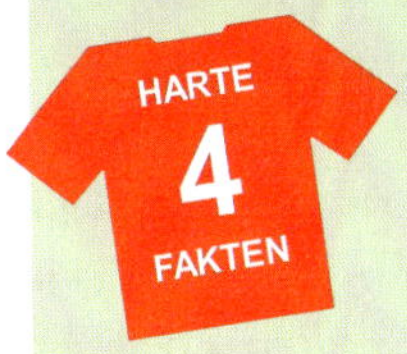

Adresse: Siekweg 26, 37081 Göttingen

Kapazität: 2.500

Verein: FC Grone

Website: www.fcgrone.de

Weserberglandstadion

Große Vergangenheit

Hameln gilt als Handballstadt, in der dem einst in der Bundesliga auflaufenden VfL Hameln trotz Absturz in die Oberliga traditionsgemäß die meisten Sympathien zufliegen. Auch im Fußball hat die Rattenfängerstadt jedoch ihre Highlights erlebt und durfte sogar von Profifußball träumen! Und wann immer die ortsansässige SpVgg Preußen 07 mit erfolgreichem Ballspiel aufwarten konnte, strömten die Fans aus dem ganzen Weserbergland ins schmucke Weserberglandstadion. 1977 stellten dort 8.000 Zahlende im Drittligaspiel gegen Holstein Kiel sogar einen neuen Ligarekord auf.

Aber Hamelns Fußballgeschichte ist auch gespickt mit tragischen Momenten. Kurz nach Ende des Zweiten Weltkriegs trugen Männer wie Ludwig Pöhler, der spätere Essener Meisterspieler Berni Termath und der aus Kattowitz stammende Wandervogel Ernst Willimowski das Trikot der Preußen, die kraftvoll in die Oberliga Nord strebten. Zweimal klopfte man dort in den frühen 1950er-Jahren an, doch niemand machte auf, und so kamen die Preußen über das niedersächsische Amateuroberhaus nicht hinaus.

Mitte der 1970er-Jahre dann der nächste Höhenflug. Heinz Mensink, lokaler Hotelier, der 1963 die Präsidentschaft übernommen hatte, legte gemeinsam mit Zeitungsverleger Günther Niemeyer die wirtschaftliche Erfolgsgrundlage. Rolf „Zato" Paetz formte als Trainer unterdessen ein Team, das 1974 zu den Gründungsmitgliedern der Oberliga Nord gehörte und dort Furore machte. 1977 verpassten die Preußen unter Johannes Hein gegen den SVA Gütersloh nur unglücklich die Teilnahme an der Aufstiegsrunde zur 2. Bundesliga. Damals war die Rattenfängerstadt pulsierende Fußballhochburg, strömten regelmäßig mehrere tausend Fans hinaus zum Weserberglandstadion.

Interne Zerwürfnisse stoppten den Aufschwung 1981 abrupt, und auch das nächste Hoch 1993/94, als die Fans abermals in Scharen strömten, zerschellte an vereinsinternen Zwistigkeiten. Danach wurde es trist, und 2010 verschwand die SpVgg Preußen 07 sogar von der Bildfläche. Nachfolger FC Preußen kickt derzeit in der Kreisliga, während Vorstadtklub Schwalbe Tündern 2019/20 ein paar Auftritte ins Weserberglandstadion verlegte.

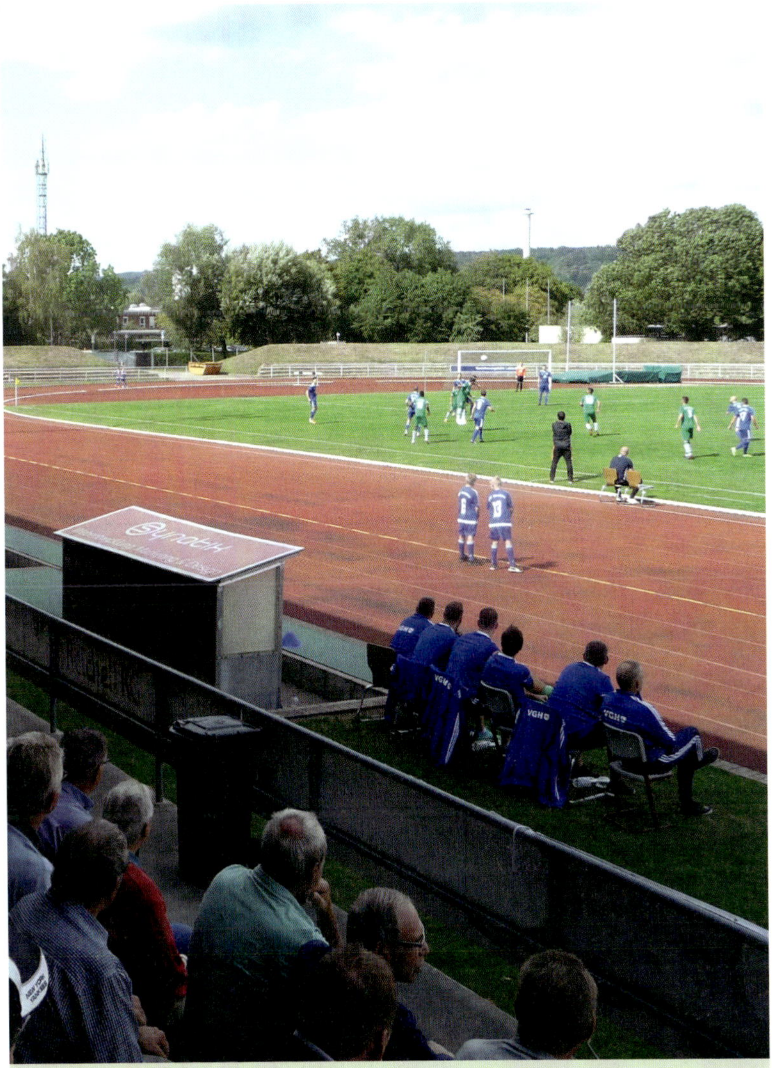

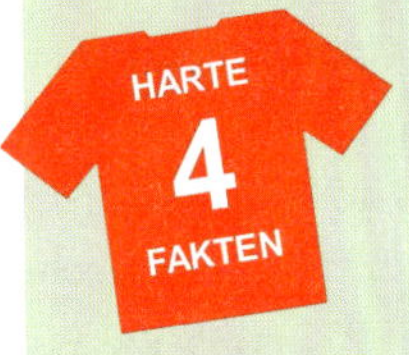

Adresse: Kuhlmannstraße 11, 31785 Hameln

Kapazität: 14.000

Verein: FC Preußen 07 Hameln

Website: www.fcpreussen07.de

Hänigser Stadion

Die Bayern verdrehten alle Köpfe

Es gab Zeiten, da durften auch winzige Amateurvereine im DFB-Pokal damit rechnen, auf eigenem Platz spielen zu dürfen – selbst wenn der Gegner FC Bayern München hieß. Heute nur noch schwer vorstellbar, gastierte der Rekordmeister anno 1984 in der kleinen Gemeinde Hänigsen zwischen Hannover und Celle und löste dort ein nie zuvor erlebtes Fußballfieber aus. 16.000 Zahlende säumten die Ränge des mittels Stahlrohrtribünen aufgepumpten heimischen Sportplatzes und sahen einen standesgemäßen 8:0-Sieg der Münchner Bayern.

Für die Friesen, die ihren Namen übrigens von Turnvater Friesen bekamen und nicht etwa vom Volksstamm der Friesen, der Höhepunkt ihrer Historie und zugleich der Beginn eines gnadenlosen Absturzes. 1981 war man unter Trainer Fredi Rotermund, einst beim VfL Wolfsburg in der Regionalliga am Ball, in die höchste Landesklasse aufgestiegen. Finanziert worden war das durch eine schlaue Auflage: Jedes Mitglied der Fußballabteilung des TSV Friesen zahlte zusätzlich 10 Mark und bekam dafür freien Eintritt bei den Heimspielen.

Nach dem Pokalspiel gegen die Bayern wollte man jedoch mehr vom großen Fußball. Legionäre aus allen Teilen Niedersachsens wurden angeheuert, der Aufstieg in die Oberliga Nord auf die Fahnen geschrieben. Doch das sensible Erfolgskonstrukt trug die Ambitionen nicht. Schlimmer noch: Das Vereinsleben wurde durch die Legionäre gestört, das Publikum blieb den Spielen fern und als man die fatale Entwicklung bemerkte, war es längst zu spät. Zwar ging 1991 nach einem 1:0-Finalsieg über den Lüneburger SK noch der Niedersachsenpokal nach Hänigsen, nach dem Abstieg aus der Verbandsliga 1993 wurde aber bereits über einen freiwilligen Rückzug gemunkelt.

Am 12. November 1994 war es soweit. Die Führung des Gesamtvereins hatte den Fußballern zur Auflage gemacht, maximal 5.000 DM pro Monat auszugeben. Damit war eine Fünftligamannschaft nicht zu finanzieren, zumal der Schuldenberg inzwischen 180.000 DM betrug und sämtliche Nachwuchskräfte den Verein verlassen hatten. Wären die Bayern doch bloß nie nach Hänigsen gekommen.

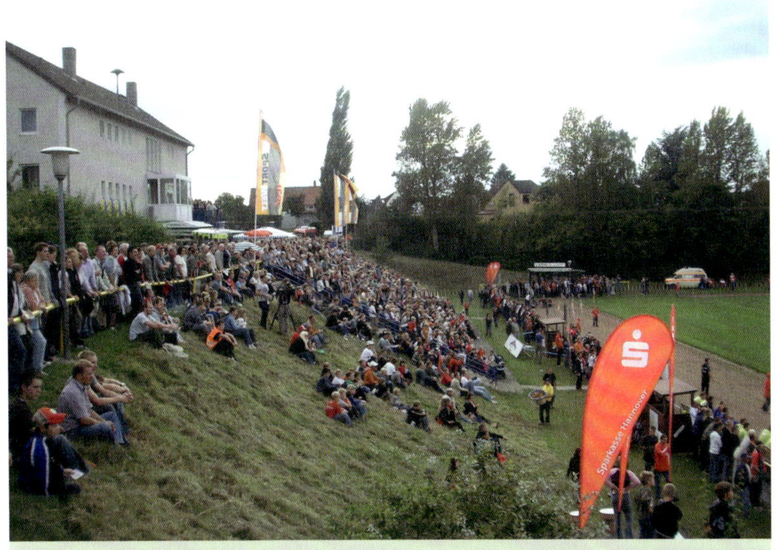

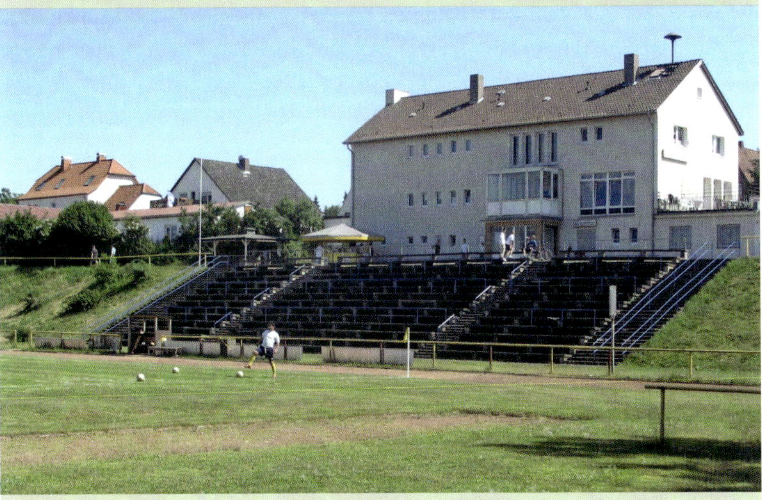

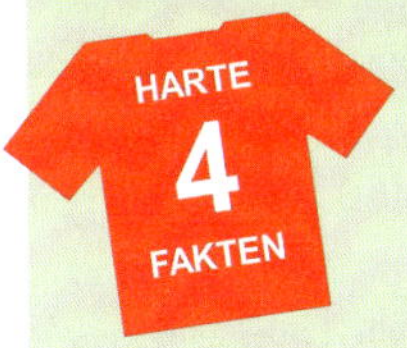

Adresse: Windmühlenstraße 40, 31311 Hänigsen

Kapazität: 6.000

Verein: TSV Friesen Hänigsen

Website: www.tsvfh.de

Stadion am Rattwerder

Die schwimmende Tribüne

Gemütlich seine Bahnen schwimmen und nebenbei Fußball schauen: Das geht in Hannoversch Münden (Volksmund: „Münden"). Eine niedliche Kleinstadt am südlichsten Zipfel von Niedersachsen, die Alexander von Humboldt einst zu den sieben am schönsten gelegenen Städten der Welt zählte. Auch das Stadion am Rattwerder hat seine pittoreske Kulisse. Es liegt direkt an der Werra, die sich ein paar hundert Meter nördlich mit der Fulda „küsst" und zur Weser wird.

Das Besondere am Mündener Stadion: Hinter einem Tor befindet sich das Mündener Hochbad, quasi ein Freibad auf Stelzen. Wenn man dort auf dem Sprungturm steht hat man beste Aussicht auf das Spielfeld im Stadion am Rattwerder. Und für die Fußballzuschauer im Stadion bietet das Hochbad angenehme Abwechslung, wenn die verfolgte Partie mal wieder langweilig wird oder Sprungkünstler im Hochbad ihre Vorführungen abliefern. Sozusagen eine Win-Win-Situation.

In Sachen Fußball ist am Rattwerder allerdings schon lange nichts Spektakuläres mehr passiert. Die traditionsreichen Fußballvereine TSG 1860 und MSV 18 haben zwar wilde Biografien mit gegenseitigen Fusionen und Trennungen, aber nur wenig Erfolge vorzuweisen. Lediglich zwischen 1949 und 1964 zogen die Kicker der TSG 1860 die lokale Fangemeinde mal in ihren Bann, doch als man 1962 den Aufstieg in die zweithöchste Spielklasse verpasste sackte alles wieder in sich zusammen.

Zwei Jahre später übernahm der aus dem benachbarten Kassel stammende (einsatzlose) 1954-Weltmeister Karl-Heinz „Gala" Metzner die Trainingsleitung, ehe man 1977 den völlig missratenen Versuch einer Großfusion zwischen bürgerlicher TSG 1860 und Arbeitersportverein MSV 18 zum SC Weser unternahm, der, um im Hochbadbild zu bleiben, gehörig baden ging.

Heute spielen weder TSG 1860 noch MSV 18 noch um Punkte, tragen stattdessen Vorortklub Tuspo Weser Gimte sowie Türkgücü Münden ihre Spiele im Stadion am Rattwerder aus. Publikum kann man dabei wahrlich per Handschlag begrüßen. Da ist im Hochbad deutlich mehr los.

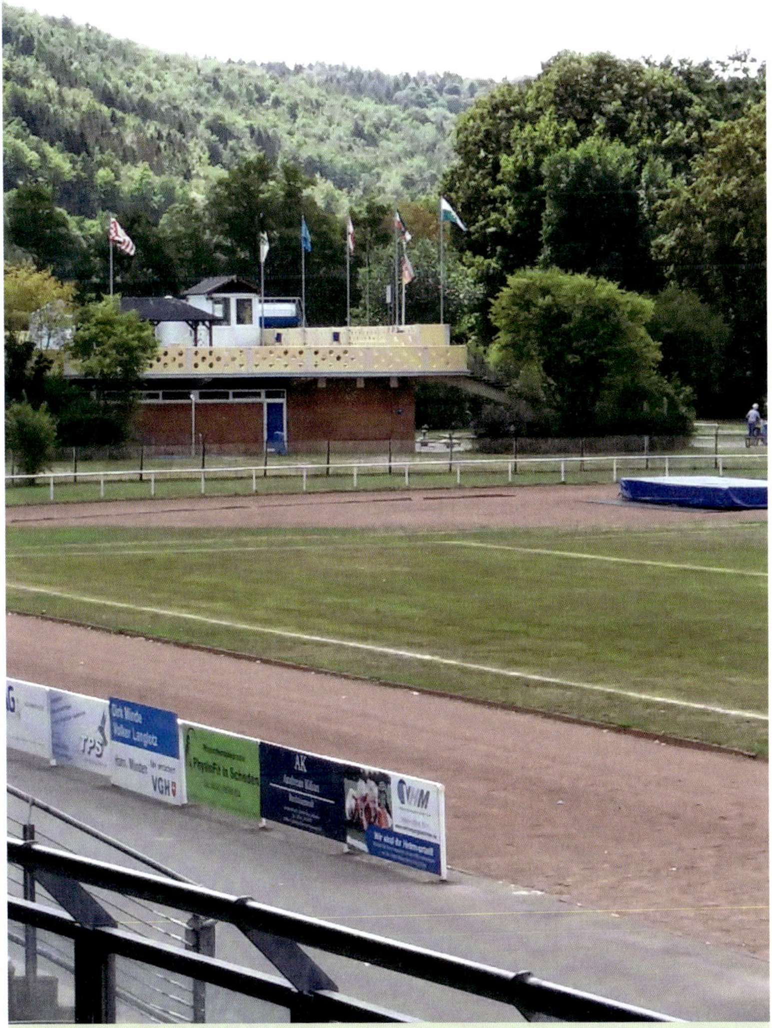

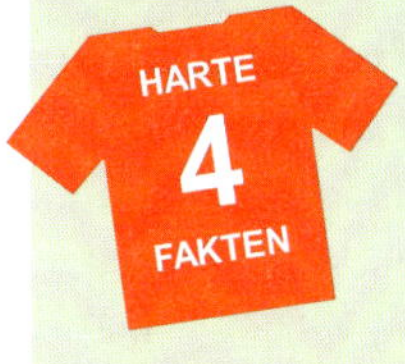

Adresse: Fährweg 28, 34346 Hann. Münden

Kapazität: 4.000

Verein: Türkgücü Münden, Tuspo Weser Gimte

Eintrittspreis Hochbad: 3,40 Euro

Rudolf-Kalweit-Stadion

Wo alles besser ist

Früher war alles besser. Diese Binsenweisheit fällt einem rasch ein, wenn der Weg an den Bischofsholer Damm führt. Seit 1918 residiert der SV Arminia Hannover dort und hat sich eine Heimat geschaffen, die durch einen speziellen Charme überzeugt und einen raren Ausflug in die „gute, alte Zeit" ermöglicht. Das „Glück" des Rudolf-Kalweit-Stadion, wie das Arminia-Stadion seit 2004 offiziell heißt, war das Pech seines Nutzers. Bis in die Landesliga waren die „Blauen" – über Jahrzehnte sportlich auf Augenhöhe mit den „Roten" von 96 – nach einer Beinahe-Insolvenz 2005 abgestürzt. Damit entging das „RKS" jeglichem Modernisierungsdruck und konnte seinen Charakter bewahren.

Heute gehören das Stadion und die besondere Atmosphäre bei den Spielen des norddeutschen Meisters von 1920 zum Werbeportfolio des gegenwärtigen Oberligisten. Die liebevoll gepflegte Tribüne mit ihren Holzbänken ist eine echte Zeitreise: Auf dem „Lahmann-Hügel" hinter dem Tor, benannt nach dem langjährigen Platzobmann Karl Lahmann, versammelt sich die heimische Fanszene und die gewaltige Gegengerade ist ein Klassiker der Stadionarchitektur.

1963 wollte die Stadt das Stadion abreißen, doch die Arminen entschieden sich für Bleiben und nahmen in Kauf, dass der Bischofsholer Damm ihre Heimat seitdem beschneidet. Das Stadion hat zahlreiche legendäre Spiele gesehen – darunter ein 10:2 gegen den Hamburger SV am 20. Februar 1954 – und wurde sukzessive ausgebaut. Als der SVA 1976 in die 2. Liga Nord aufstieg, kaufte man Borussia Dortmund sein altes Tribünendach der Roten Erde ab und verfrachtete es nach Hannover, wo es bis heute dafür sorgt, dass man auf der Sitzplatztribüne trocken sitzt.

Arbeit bereitet das vereinseigene Stadion dem SV Arminia nicht zu knapp. Seit einiger Zeit plant man daher eine Grundrenovierung der Gegengerade, denn tauglich für höherklassigen Fußball oder Rugby-Länderspiele, wie sie bereits mehrfach im RKS stattfanden, ist die Spielstätte nicht mehr. Man darf aber gewiss sein, dass bei den Arminen auch beim Umbau darauf geachtet wird, den Geist des Bischofsholer Damms nicht anzutasten.

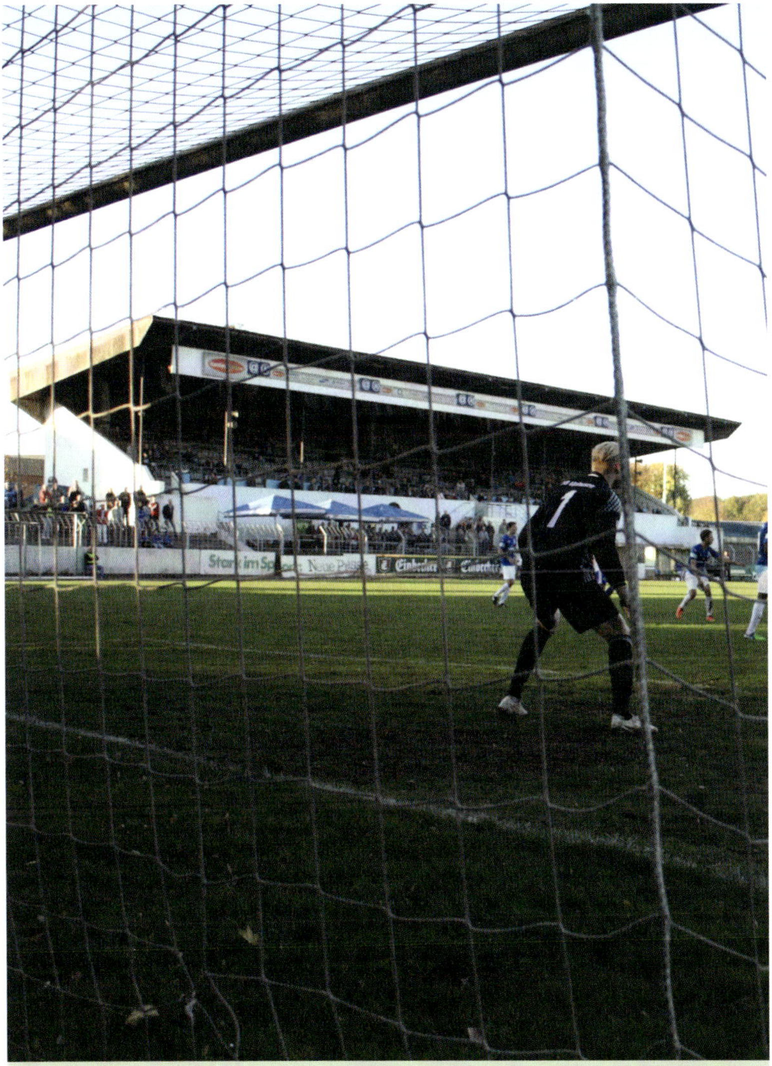

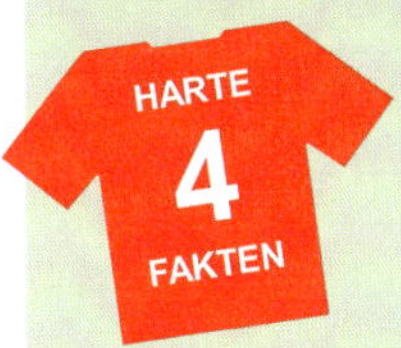

Adresse: Bischofsholer Damm 119, 30173 Hannover

Kapazität: 4.999

Verein: SV Arminia Hannover

Website: www.svarminia.de

Eilenriedestadion

Das Schmuckstück in der grünen Lunge

Die Eilenriede ist Hannovers grüne Lunge. Mitten im Zentrum gelegen verführt Europas größter Stadtwald zu kleinen Auszeiten in der städtischen Hektik und lädt zu entspannenden Spaziergängen ein. Seit 1922 steht dort auch ein Stadion, das damals Hannovers Selbstverständnis als „Sportstadt" manifestieren sollte. Finanziert durch eine Privatspende, hieß es zunächst Hindenburg-Stadion, denn die Namensgebung an den kriegsdekorierten Generalfeldmarschall, damals Hannovers Ehrenbürger, war Bedingung für die Spende.

So richtig glücklich wurde Hannover nicht mit dem Stadion, das 1928 eine überdachte Sitzplatztribüne erhielt. Grund waren Planungsfehler. So entsprach die Leichtathletiklaufbahn mit 500 Metern nicht internationalen Kriterien, war das Spielfeld mit seiner Ost-West-Ausrichtung ausgerechnet auf der Ehrentribüne der Blendwirkung durch die Sonne ausgesetzt. 1931 war das Hindenburg-Stadion dennoch Schauplatz eines Länderspiels, und 1937 konnte beim 1:0 gegen Belgien dank Zusatztribünen mit 60.000 Zuschauern sogar ein neuer Besucherrekord aufgestellt werden.

96 und Arminia spielten gelegentlich in der Eilenriede – 96 1973/74 sogar in der Bundesliga –, aber eigentlich war das nach dem Zweiten Weltkrieg in Eilenriedestadion umbenannte Areal Hannovers ungeliebtes Kind. Inzwischen fixe Heimstätte der 96-Amateure und Jugendmannschaften erhielt es 2008 nicht mal mehr die Zulassung für die viertklassige Regionalliga, obwohl es für die WM 2006 tüchtig auf Vordermann gebracht worden war. 2016 kam es auf Initiative von 96 zum Komplettumbau, bei dem lediglich die denkmalgeschützte Haupttribüne sowie die gleichfalls geschützten Kassenhäuser und ein paar Wälle blieben. Weil das Spielfeld um 90 Grad gedreht wurde, ist die historische Tribüne seitdem Hintertortribüne. Auf beiden Längsseiten befinden sich nun überdachte Sitzplatzränge mit je 1.000 Plätzen, außerdem ist das Eilenriedestadion seitdem eine reine Fußballarena. Genutzt wird sie von Hannover 96 bzw. dessen Amateuren sowie dem Jugendleistungszentrum und ein paar Schulen.

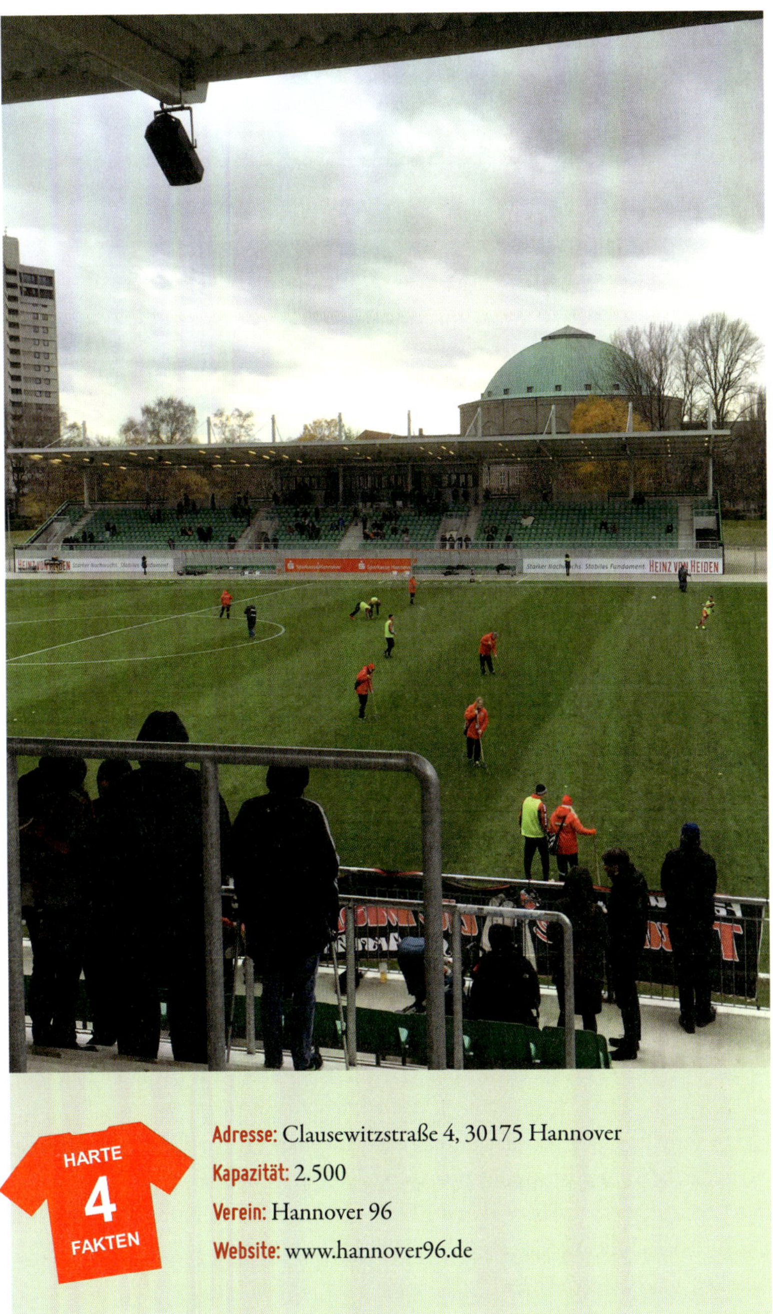

HARTE 4 FAKTEN

Adresse: Clausewitzstraße 4, 30175 Hannover

Kapazität: 2.500

Verein: Hannover 96

Website: www.hannover96.de

HSC-Stadion Constantinstraße

Die Elf vom Gasometer

Jahrzehntelang war es auf der großen Fußballbühne still geworden um den HSC aus Hannovers Stadtteil List. Der zu den renommiertesten und geschichtsträchtigsten Fußballklubs der Landeshauptstadt gehörende Verein konzentrierte sich lieber auf Breitensport und Jugendarbeit, kümmerte sich um sein legendäres Vereinsleben und widerstand den Reizen (und Risiken) des höherklassigen Fußballs.

Seit einigen Jahren ist das wieder anders, strebt der HSC mit Hilfe honoriger Geldgeber nach vorne und stieg zur Nummer 2 im hannoverschen Fußball auf. Das war er schon mal, denn zwischen den beiden Weltkriegen gehörte die damalige Spielvereinigung 97 zu den spielstärksten Teams in Norddeutschland. 1926 qualifizierte man sich erstmals für die Endrunde um die Norddeutsche Meisterschaft und machte mit einem von 6.000 Fans gefeierten 2:1-Sieg über Altona 93 Furore. Damals wurde auf dem alten HSC-Platz an der Deutschen Grammophon gespielt (Podbielskistraße), der 1932 aufgegeben werden musste.

Nach dem Zweiten Weltkrieg fand der Klub an der Constantinstraße eine neue Heimat, die bis heute bespielt wird. Weil dort ein inzwischen abgerissener Gasometer stand, erwarb sich der HSC den Ruf als „Elf vom Gasometer“. Damit einhergegangen war im Übrigen der Zusammenschluss von SpVgg 1897 und Freie Turnerschaft 1893 List zum HSC 1893. Die FT List hatte den Platz an der Constantinstraße einst erbaut und war 1933 von den Nazis zerschlagen worden.

Sportlich mischte man anschließend unter den führenden Teams in Hannover mit und war bisweilen sogar zweitklassig unterwegs. Später pendelte der Klub zwischen Landes- und Verbandsliga und wurde zur Nachwuchswiege. Zur Legende wurde unterdessen das Flair an der Constantinstraße, das HSC-Mittelfeldspieler Thomas Rogalla 1993 so charakterisierte: „Natürlich kann man woanders viel mehr Geld einstreichen. Es ist das Umfeld und das professionelle Management, das den HSC zum Wunschverein macht“.

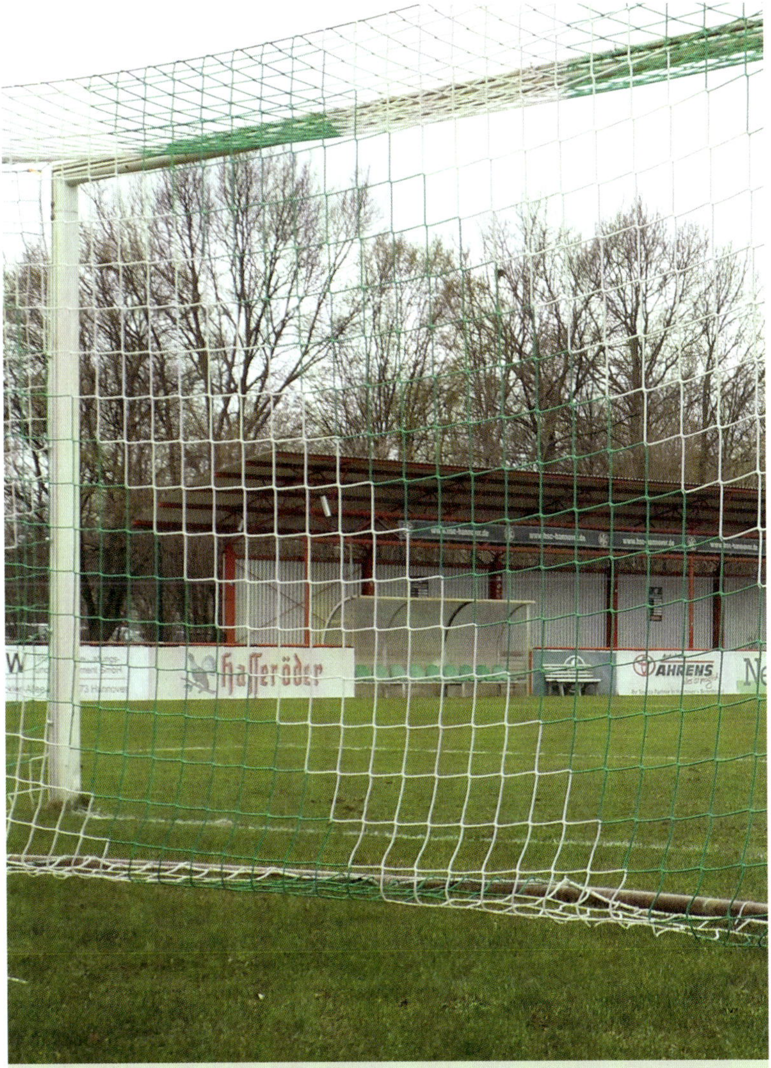

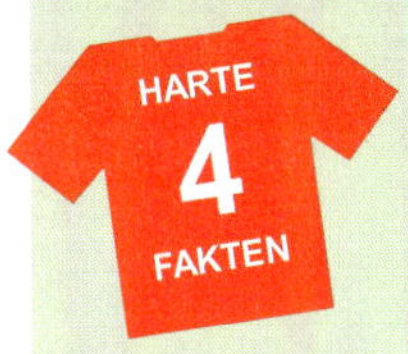

Adresse: Constantinstraße 86, 30177 Hannover

Kapazität: 3.000

Verein: Hannoverscher SC

Website: www.hsc-hannover.de

Lindener Berg

Endlich wieder Leben in der Bude

Es hätte alles ganz anders laufen können in Hannover. 1946/47 lief die Mannschaft des SV Linden 07, zu der ein 18-jähriges Ausnahmetalent namens Jupp Posipal gehörte, als Dritter in der Oberliga Niedersachsen-Süd ein. Gemeinsam mit Eintracht Braunschweig und dem SV Arminia waren die Lila-Weißen damit qualifiziert für die Oberliga Nord, während 96 in die Zweitklassigkeit musste. Dass statt Linden dann doch 96 im neuen norddeutschen Oberhaus antrat, war Folge einer Klagewelle, die von den „Roten" losgetreten wurde und 07 nachträglich Punkte kostete. „07 Linden wird also aus zum Teil formalen Gründen drei Tage vor Beginn der Oberligaspiele ausgeschaltet. Diese Entscheidung ist hart", kommentierte die Lokalpresse.

In Linden war die Stimmung zwar am Boden, man gab aber nicht auf. 1948 qualifizierte sich 07 für die Aufstiegsrunde zur Oberliga, musste allerdings seine Heimspiele am Bischofsholer Damm austragen, weil der NFV den 1923 eingeweihten heimischen Fössesportplatz als nicht tauglich betrachtete. 10.000 kamen zum ersten „Heim"-spiel gegen den SV Hemeligen, sahen, wie Rechtsaußen Linde nach wenigen Minuten schwer verletzt vom Platz getragen werden musste und haderten mit einem 1:1, das vorzeitig alle Hoffnungen zunichtemachte. 1955 stieg Linden 07 aus der Zweitklassigkeit ab, und die große Ära – und damit Chance – war vorbei.

Drei Jahre später der nächste Rückschlag. Der geliebte Fössesportplatz, Garant für Erfolg und Popularität der Mannschaft aus dem Arbeiterquartier im Schatten der Hanomag-Werke, musste aufgegeben werden. Neue Heimstatt wurde das Lindener Stadion, gelegen am Lindener Berg, der für seine Radrennen berühmt war (und ist), doch ein Stadion, in dem sich die 07er lange Zeit nicht wirklich heimisch fühlten. Bei zurückgehendem Zuschauerinteresse und dem umfassenden Strukturwandel im ehemaligen Arbeiterquartier rutschte Linden 07 immer weiter die Ligaleiter hinunter.

Heute spielt man Kreisliga, doch der Kult um den Klub ist neu erwacht. Es gibt eine Fanszene aus dem linksalternativen Spektrum, die die Heimspiele optisch wie akustisch zu Erlebnissen macht. Dass es sich dabei teilweise um abtrünnige 96-Fans handelt, passt zur Geschichte.

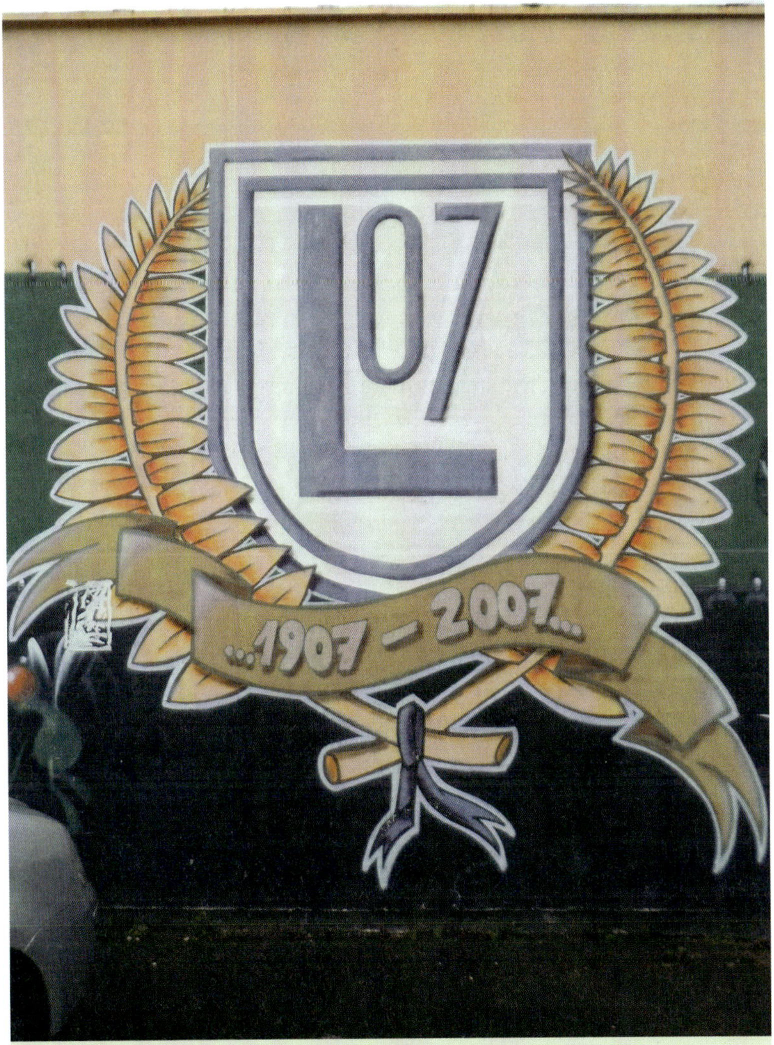

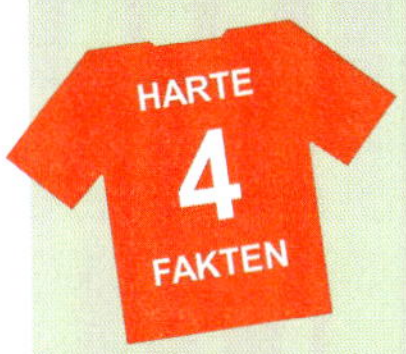

Adresse: Am Spielfelde 11, 30449 Hannover

Kapazität: 7.000

Verein: SV Linden 07

Website: www.svlinden07.de

Oststadtstadion

Hölzernes Zweitligadenkmal

Sportlicher Niedergang hat auch seine Vorteile. Denn er schützt eine Infrastruktur, die bei andauerndem Erfolg als nicht zeitgemäß angesehen und verschwunden wäre. An der Langenforther Straße in Hannovers Oststadt steht eine Tribüne, die aus der Zeit gefallen ist. Weitestgehend aus Holz bestehend, wurde sie 1973 errichtet, als der ortsansässige OSV Hannover unter seinem umtriebigen Geldgeber Wolfgang Zabel große Ziele verfolgte. Profifußball sollte es sein für einen Klub, der 1933 gegründet worden war, weil man nach Verbot und Zerschlagung eines kommunistischen Arbeitersportvereins einen Nachfolger für das brachliegende Sportplatzgelände in Hannover-Bothfeld brauchte.

1962 war Zabel, Unternehmer aus der Elektrobranche, zum OSV gekommen und hatte ihn aus der Beschaulichkeit gerissen. Seine Führungsstrategie war ebenso klar wie dezidiert: „Wir brauchen im OSV keine Vorstandssitzung, denn in diesen Stunden werden die Probleme doch nicht erledigt, sondern nur vor sich hergeschoben." Solange Zabel mit seiner forschen Art Erfolg hatte, war alles gut. Unter Trainer Gerd Bohnsack, Bruder von 96-Profi Klaus, schaffte man binnen sechs Jahren den Aufstieg von der 2. Kreisklasse ins niedersächsische Oberhaus und forderte den kriselnden Stadtnachbarn SV Arminia im Kampf um die Rolle als Hannovers Nummer 2 heraus. Im Hintergrund wirkte mit Erich Riemer ein selbstständiger Spediteur als weiterer Mäzen, der sich rührend um die Nachwuchsarbeit des Vereins kümmerte.

1971 erreichte der OSV die Regionalliga, verpasste jedoch drei Jahre später die neue 2. Bundesliga Nord. Erst 1978 glückte mit einem Team um Torjäger Dieter Schatzschneider der Sprung ins Profilager, wo anfänglich rund 4.000 Fans pro Spiel ihren Obolus an der Langenforther Straße ließen.

Mit dem Abstieg 1981 ging es hinunter bis auf Kreisebene, und nur Riemers Nachwuchsabteilung rettete den OSV vor dem totalen Absturz. Heute ist man immerhin wieder in der Landesliga unterwegs und freut sich über seine geschichtsträchtige Tribünenanlage, die vor einigen Jahren selbst einen Brand glücklicherweise schadlos überstand.

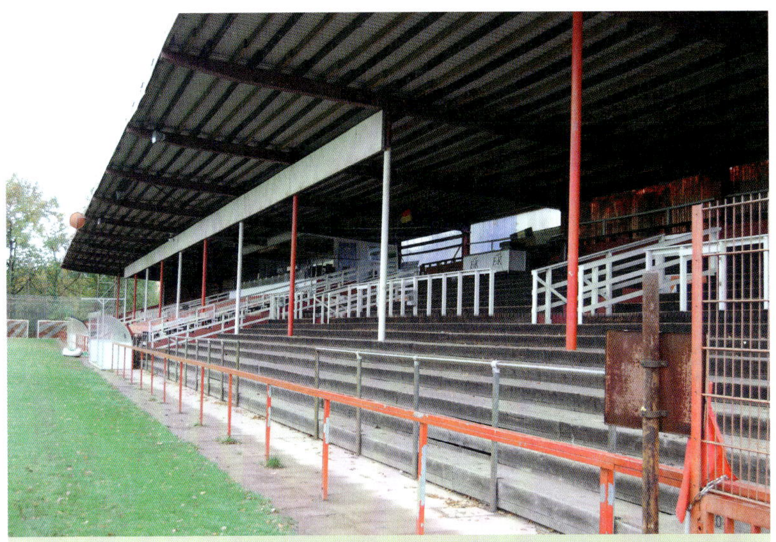

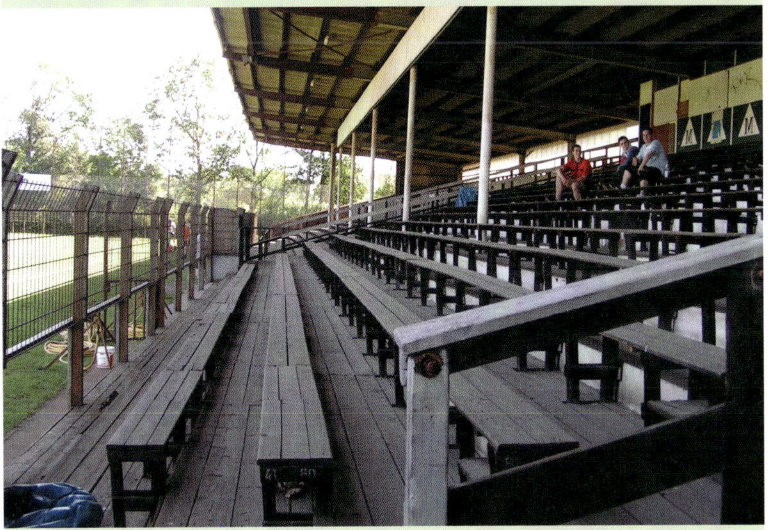

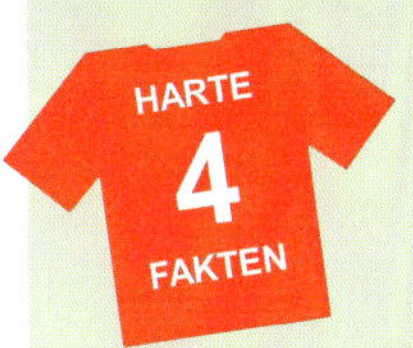

Adresse: Langenforther Straße, 30657 Hannover

Kapazität: 8.000

Verein: OSV Hannover

Website: www.osvhannover.org

Radrennbahn

Das Herz von 96

Mehr als 50 Jahre schlug hier das Herz von Hannover 96. Heute hört man nur noch das Rauschen des Messeschnellwegs, ist die Erinnerung an große Spiele und legendäre Schlachten begraben unter einem nagelneuen Gebäude der Conti.

1886 legte der Hannoversche Bicycle-Club auf der Großen Bult neben dem alten Zentralschlachthof am damaligen Misburger Damm (heute Hans-Böckler-Allee) eine Radrennbahn an. 1903 vom „Verein Sportplatz Hannover" übernommen, wurde sie für 65.000 Reichsmark in ein Stadion verwandelt. Dazu gehörte eine 145 Meter lange hölzerne Sitztribüne, die vor allem bei den beliebten Steherrennen stets gut gefüllt war.

Ab November 1896 wurde dort auch regelmäßig gegen den Ball getreten. Zunächst nur Rugby, denn Unterpächter Hannover 96 begann als Rugbyverein, ab 1901 auch Fußball, nachdem man zum „richtigen" Fußball übergeschwenkt hatte. Für 96 war die Nutzung einer bereits existierenden Anlage ein immenser Standortvorteil gegenüber der lokalen Konkurrenz, und die überdachte Tribüne bescherte dem Verein regelmäßig volle Kassen. Davon konnte man sich die Verpflichtung namhafter Gegner leisten, und noch vor dem Ersten Weltkrieg gaben Teams wie Phönix Karlsruhe (heute KSC) oder Tottenham Hotspurs ihre Visitenkarte ab und lockten bis zu 10.000 Fans in die Radrennbahn am Pferdeturm.

Als 1928 das heutige Eilenriedestadion öffnete, blieb 96 zwar in der Radrennbahn, wich aber zu großen Spielen dorthin aus. Nach dem Zweiten Weltkrieg verfiel die Radrennbahn, über die 1956 zum letzten Mal Radfahrer flitzten. Sieben Jahre später eröffnete in Wülfel eine nagelneue Radrennbahn. 1964 verabschiedete sich 96 endgültig von seinem Traditionsstandort; schon seit 1959 hatte man mit der Ligaelf in der Eilenriede oder der neuen Großarena Niedersachsenstadion gekickt. Unterdessen beschnitt der neue Messeschnellweg den östlichen Teil der nun ungenutzten altehrwürdigen Radrennbahn, die ebenso verfiel wie der danebenliegende und aufgegebene Zentralschlachthof. Zur Expo 2000 wurde das komplette Gelände schließlich überbaut und die Erinnerung an goldene Fußballtage vollends begraben.

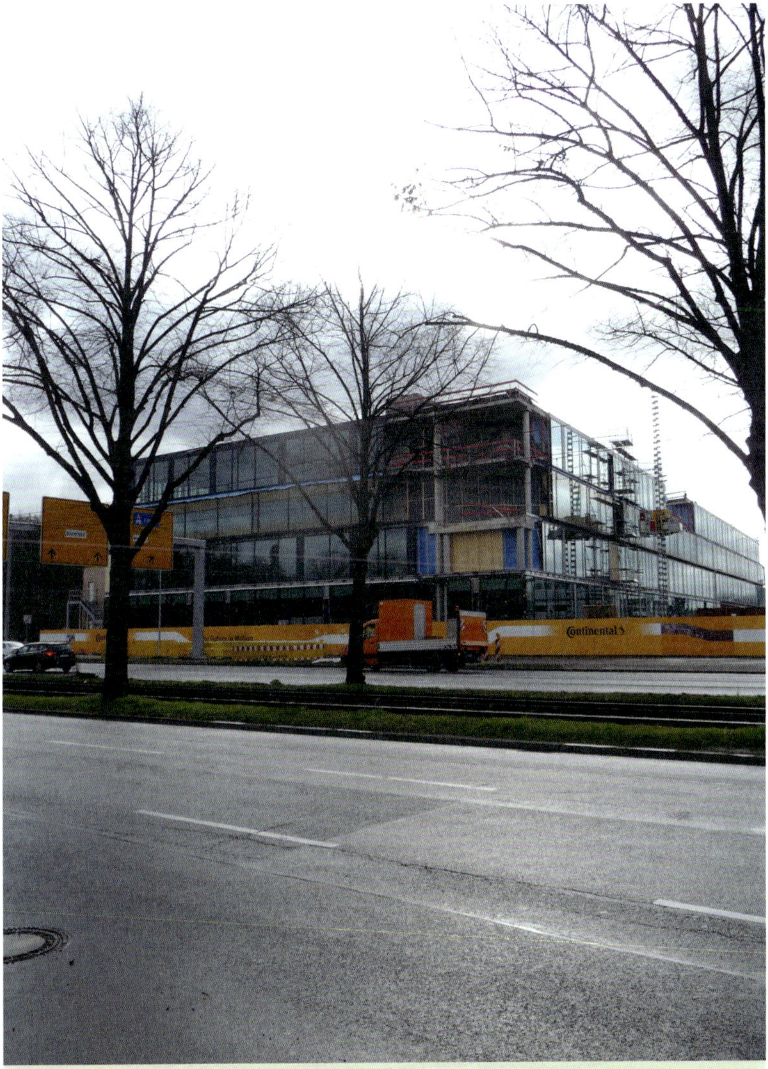

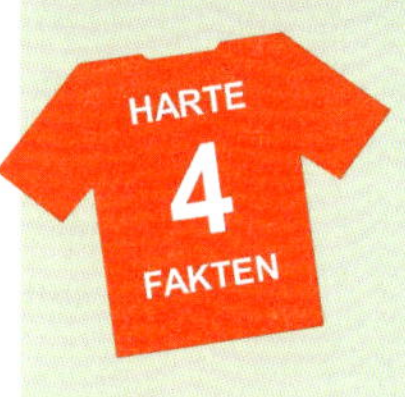

Adresse: damals Misburger Damm 47c, heute Hans-Böckler-Allee, 30173 Hannover

Kapazität 1938: 10.000

ÖPNV: 1938 zu erreichen mit Straßenbahnlinie 5 und ab Hauptbahnhof, Fahrzeit 15 Minuten

Nachbarschaft: Zentralschlachthof

Beekestadion Ricklingen

Der Schatz im Rugbyland

Man kommt nicht an Hannover 96 vorbei, wenn man die Geschichte der Sportfreunde Ricklingen erzählt. Deren größter Erfolg fällt zusammen mit der wohl trübsten Stunde der 96er. 1996 stiegen die Sportfreunde unter Trainer Rainer „Anna" Behrends, einst Kultkicker beim SV Arminia, in die Regionalliga Nord auf, während der zweifache Deutsche Meister aus der 2. Bundesliga abstieg und ebenfalls in der Regionalliga landete. Über Nacht bot sich den Blau-Weißen vom Beekestrand damit die Chance, Hannovers Fußballhierarchie völlig auf den Kopf zu stellen!

Das glückte zwar nicht, denn die ersten Pflichtspielduelle gegen den großen Nachbarn endeten 0:2 und 0:4, mit 23.446 Zuschauern wurde jedoch eine ewige Rekordkulisse verbucht. Die Derbys fanden natürlich nicht im lauschigen Beekestadion statt, gelegen inmitten eines ausgedehnten Sportkomplexes mit allerlei Fußball- und Rugbyfeldern (Ricklingen ist Rugbyhochburg), sondern im nahegelegenen Niedersachsenstadion. Trainer in Ricklingen war inzwischen eine echte 96-Legende: Dieter Schatzschneider. Unter dem früheren Torjäger entwickelten sich die Ricklinger trotz der beiden Derbyniederlagen prächtig, zumal Schatzschneider ein gutes Händchen für den Nachwuchs hatte.

Doch die Liaison hielt nicht lange. Weil sich der eigensinnige Schatzschneider mit Manager Hartmut Hoppe, unter dem der Klub Mitte der 1980er-Jahre aus einer jahrelangen Lethargie geweckt worden war, zerstritt und Hoppe sich daraufhin mit Vereinspräsident Friedel Most überwarf, brach das Ricklinger Erfolgskonstrukt abrupt zusammen. Als Hoppe ging, folgten ihm viele Sponsoren, die Zuschauer blieben weg und 1999 kam der Abstieg aus der Regionalliga.

Am Beekestrand, wo zwischenzeitlich eine schmucke Tribüne entstanden war, wurden fortan wieder kleinere Brötchen gebacken. Bis erneut Hannover 96 kam. Als deren zweite Mannschaft 2012 aus der Eilenriede ausziehen musste, fand man in Ricklingen Unterschlupf. Seit 2017 tragen nun auch American Footballer der Hannover Grizzlies ihre Heimspiele in Ricklingen aus.

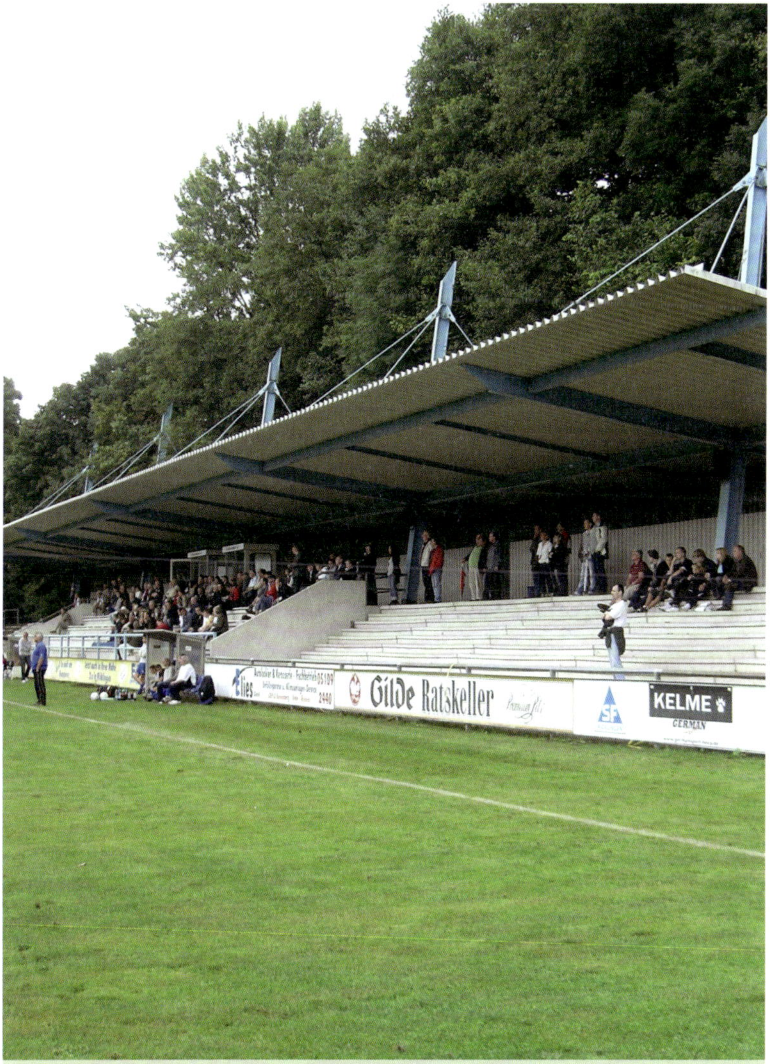

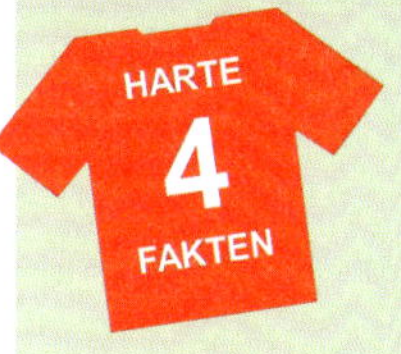

Adresse: Mühlenholzweg 4b, 30459 Hannover

Kapazität: 6.000

Verein: Sportfreunde Ricklingen, Hannover Grizzlies

Website: www.sf-ricklingen.de (Link derzeit tot)

Niedersachsenstadion (HDI-Arena)

Aus den Trümmern auferstanden

WM 1974 und 2006, EM 1988, dazu viele Länderspiele und andere Sportvergleiche – die am Ufer des Maschsees gelegene Arena mit dem Traditionsnamen Niedersachsenstadion hat Hannover viel Renommee eingebracht. Schon vor dem Zweiten Weltkrieg hatte man in der Landeshauptstadt von einem Großstadion geträumt. Als der Krieg vorbei war, bot sich die Gelegenheit, gleich zwei Fliegen mit einer Klappe zu schlagen: den Trümmerschutt aus der massiv bombardierten Innenstadt loszuwerden und eine innenstadtnahe Sportarena zu schaffen.

Im Februar 1951 begannen die Aufschüttarbeiten, am 26. September 1954 wurde Einweihung gefeiert. Drei Wochen später gastierten die „Helden von Bern" in Hannover, waren selbst die 86.656 Plätze angesichts von 500.000 Kartenwünschen viel zu wenige. In der Folge gab es mehrere Endspiele um die Deutsche Meisterschaft bzw. den DFB-Pokal, war Hannover doch aufgrund des gewaltigen Fassungsvermögens eine beliebte Austragungsstätte für Länderspiele.

Mit dem Aufstieg in die Bundesliga 1965 wechselte Hannover 96 von der Eilenriede an den Maschsee, wo auch der SV Arminia in den 1970er-Jahren zeitweise spielte. Für die WM 1974 umgebaut und mit einer Gegentribüne versehen, geriet das aus zwei Stockwerken bestehende Stadion in den 1990er-Jahren ins Hintertreffen. Zu weitläufig, nicht modern genug, hieß das Verdikt. Hannover hatte Handlungsbedarf – und bekam den Zuschlag für die WM 2006. Das gesamte Stadion wurde quasi entkernt und neu aufgebaut zu jener modernen Arena, die es heute ist.

Neben dem Fußball ist das Niedersachsenstadion regelmäßig auch Schauplatz großer Musikveranstaltungen oder anderer Großevents. Die Rolling Stones spielten hier, Pink Floyd und viele andere Superstars. Was das Stadion in der heutigen Arenalandschaft einzigartig macht, ist seine Fußläufigkeit zur Innenstadt. Fünfzehn Minuten entlang von Biergärten und Parks, schon ist man im Zentrum. Empfehlenswert übrigens die Fankneipe „Nordkurve" auf der gegenüberliegenden Straßenseite des Haupteingangs.

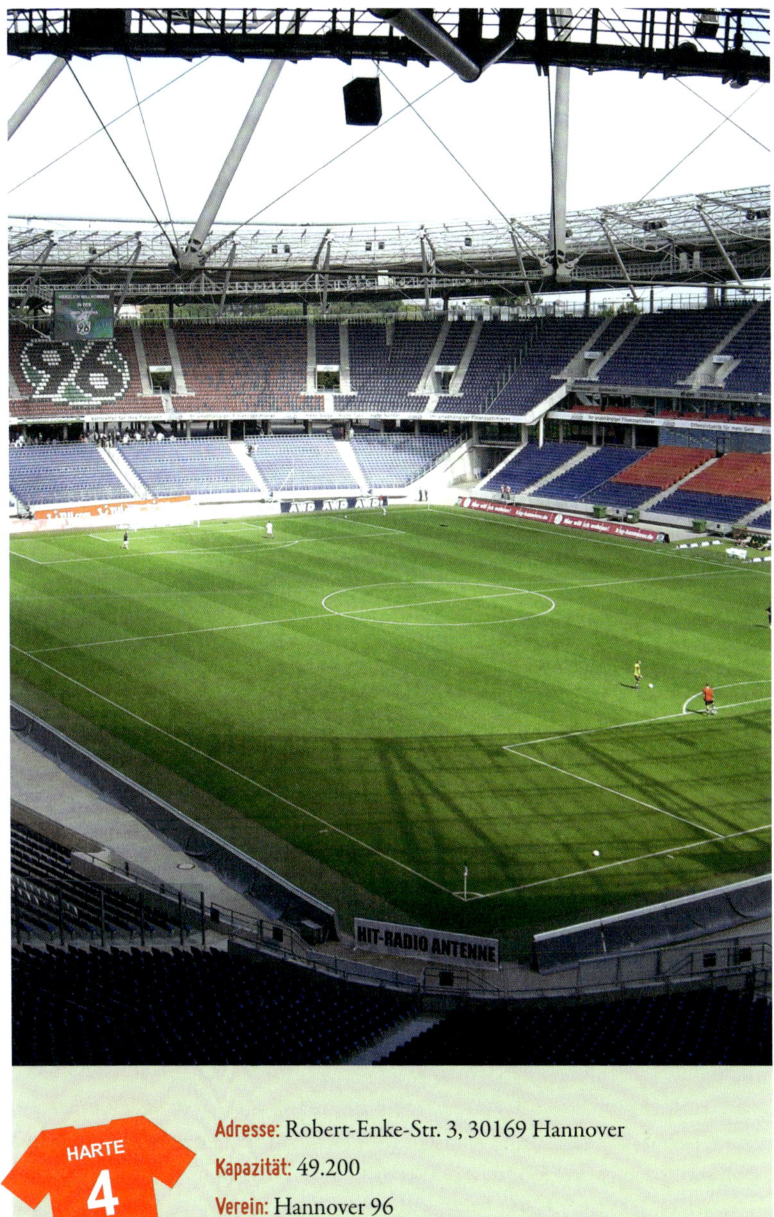

HARTE 4 FAKTEN

Adresse: Robert-Enke-Str. 3, 30169 Hannover

Kapazität: 49.200

Verein: Hannover 96

Website: www.hannover96.de

Sportanlage Förster Straße

„Ein Kaff macht alle baff"

Es als „Dorfverein" zur Bild-Zeitungs-Schlagzeile zu bringen, ist schon eine Erwähnung wert. Man schrieb das Jahr 1992, als das Vier-Buchstaben-Blatt mit der Headline „Harsum: Ein Kaff macht alle baff!" aufmachte. Nun kann man über das „Kaff" ebenso streiten wie über den Begriff „Dorfverein" für eine Gemeinde mit über 11.000 Einwohnern (Kernstadt: ca. 4.000). Verdient hatten sich die Kicker in Schwarz-Weiß-Grün die Aufmerksamkeit aber allemal.

Das „Wunder Harsum" spielte sich im am Ortseingang gelegenen Stadion an der Förster Straße ab, das recht unspektakulär daherkommt. Wie das unweit gelegene Algermissen ist auch Harsum eine traditionsreiche Fußballhochburg. 1943 verlor man gegen Hannover 96 in einem legendären Pokalspiel nur sehr unglücklich 2:3, 1978 lockte eine Bezirksligapartie gegen den FC Alfeld rund 2.300 Zuschauer an.

Was zwischen 1987 und 1996 in Harsum passierte, stellte aber alles in den Schatten. Damals hatte sich ein Quartett um Ex-Torjäger Ernst Probst, Pharma-Referent Karl-Heinz Kleber, Betreuer („Manager") Klaus Ingelmann sowie Geldgeber Dieter Gäbler („Gäbler Hausbau") gebildet, das den kleinen Klub nach oben bringen wollte. Und zwar unter der Devise „rote Zahlen sind verboten"! Trainer Friedel Reinecke formte daraufhin ein Team, das sich durch ausgesprochenen Offensivgeist auszeichnete und mehr als zwei Jahre lang ungeschlagen blieb. Da war dann, wie erwähnt, selbst die „Bild-Zeitung" „baff".

Im Sauseschritt ging es von der Bezirksoberliga in die Oberliga, ließ man selbst den ruhmreichen Nachbarn VfV Hildesheim hinter sich. 1995/96 waren die Harsumer mit Spielern wie „Ente" Erdmann und Ruiz-Macho schließlich drauf und dran, die damals dritthöchste Regionalliga Nord zu erklimmen. Doch trotz nur zwei Saisonniederlagen verpasste man den Klassensprung mit Platz vier, und als Geldgeber Gäbler wenig später plötzlich verstarb, endete das Harsumer Fußballwunder abrupt. Schon 2002/03 war der Klub wieder in der Bezirksliga angekommen.

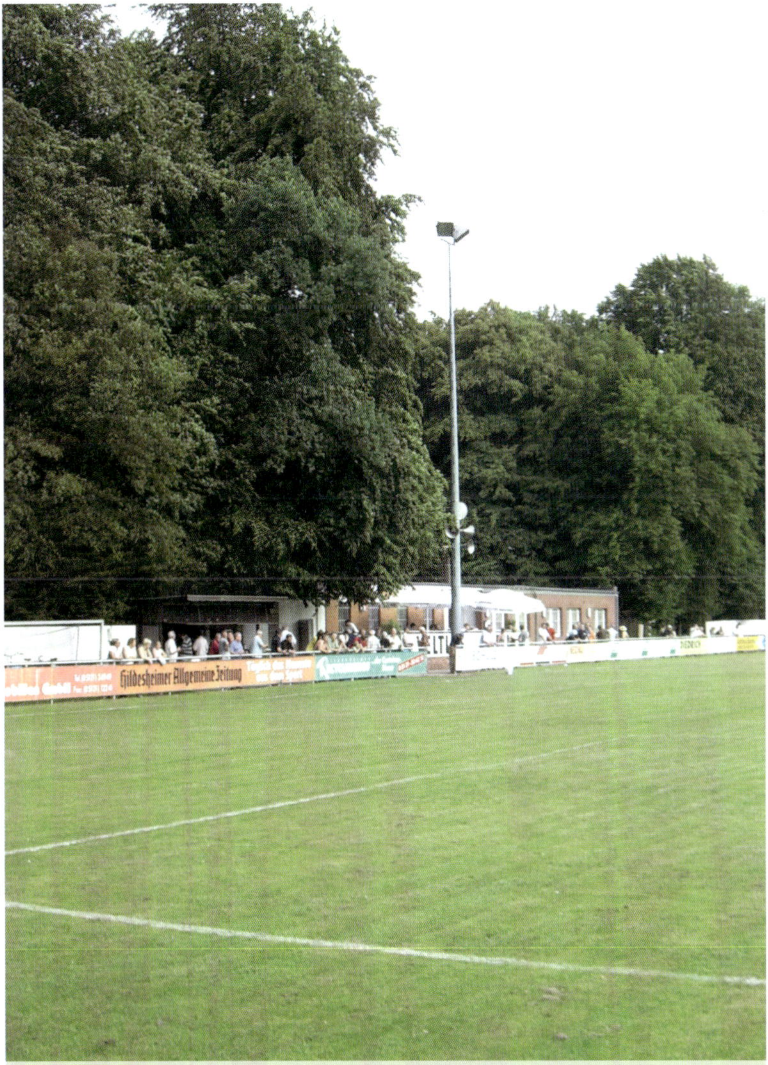

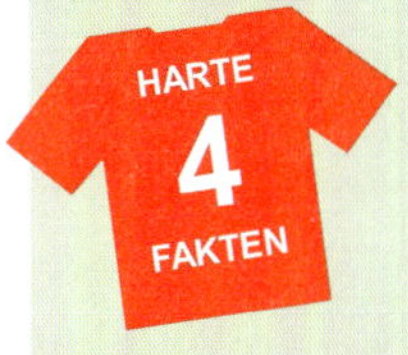

Adresse: Förster Straße, 31177 Harsum

Kapazität: 2.500

Verein: SC Harsum

Website: www.sc-harsum.de

Wilhelm-Langrehr-Stadion

Das Wunder von Havelse

Es war der 14. Juni 1990, als man in der ganzen Republik von der Existenz des Örtchens Havelse erfuhr. 4.500 Einwohner, ein Ortsteil von Garbsen, gelegen im Nordwesten von Hannover. Der dortige TSV wurde trainiert von einem gewissen Volker Finke und hatte gerade mit einem in letzter Sekunde erzielten 3:2-Sieg über den Wuppertaler SV den Aufstieg in die 2. Bundesliga geschafft. 6.000 Fans in der heutigen Wilhelm-Langrehr-Kampfbahn feierten das Wunder und die Tatsache, dass damit Gegner wie Schalke 04 und der große Nachbar Hannover 96 zu Ligaspielen nach Havelse rollen würden. Die Fachpresse war weniger begeistert, denn zum einen hatte niemand eine Ahnung, wo dieser Ort eigentlich liegt, und zum anderen rätselten viele, wie man ihn richtig ausspricht. „Hawell-se", wie es RTL tat, jedenfalls nicht. Richtig ist stattdessen mit betontem „a", weichem „w" und nur dezent gehauchtem „e".

Havelses Fußballwunder war eigentlich kein solches, denn bereits in den 1950er-Jahren wurde in der damals durch Ostflüchtlinge rasant anwachsenden Gemeinde erfolgreich Fußball gespielt. Federführend war seinerzeit Heinz Göing, Chef des Niedersächsischen Fußball-Toto, unter dem es der TSV 1954 schon einmal bis in die zweithöchste Spielklasse geschafft hatte. Später übernahm Großbäcker Wilhelm Langrehr die Rolle des „Machers" und Geldgebers. Havelses Erfolgsrezept war und ist der eigene Nachwuchs. Während in Garbsen Sozialwohnungen en masse aus dem Boden schossen, kümmerte sich der TSV Havelse um die Jugendlichen aus oft prekären Verhältnissen und bildete unter Führung von 96-Legende Hans Siemensmeyer die besten von ihnen zu Fachkräften aus. Havelse, das war und ist immer ein Großverein gewesen, bei dem jeder spielen darf, unabhängig vom Talent. Ein paar große Namen sprangen dabei freilich heraus – Uwe Puppel, Jens Todt, Frank Pagelsdorf, Frank Hartmann oder Bernd Bodnariuk seien stellvertretend genannt.

Auch wenn der TSV 1991 direkt wieder aus dem Profilager abstieg, gehört er unverändert zu den wichtigsten Fußballadressen Niedersachsens und spielt aktuell Regionalliga. Ein respektabler Erfolg!

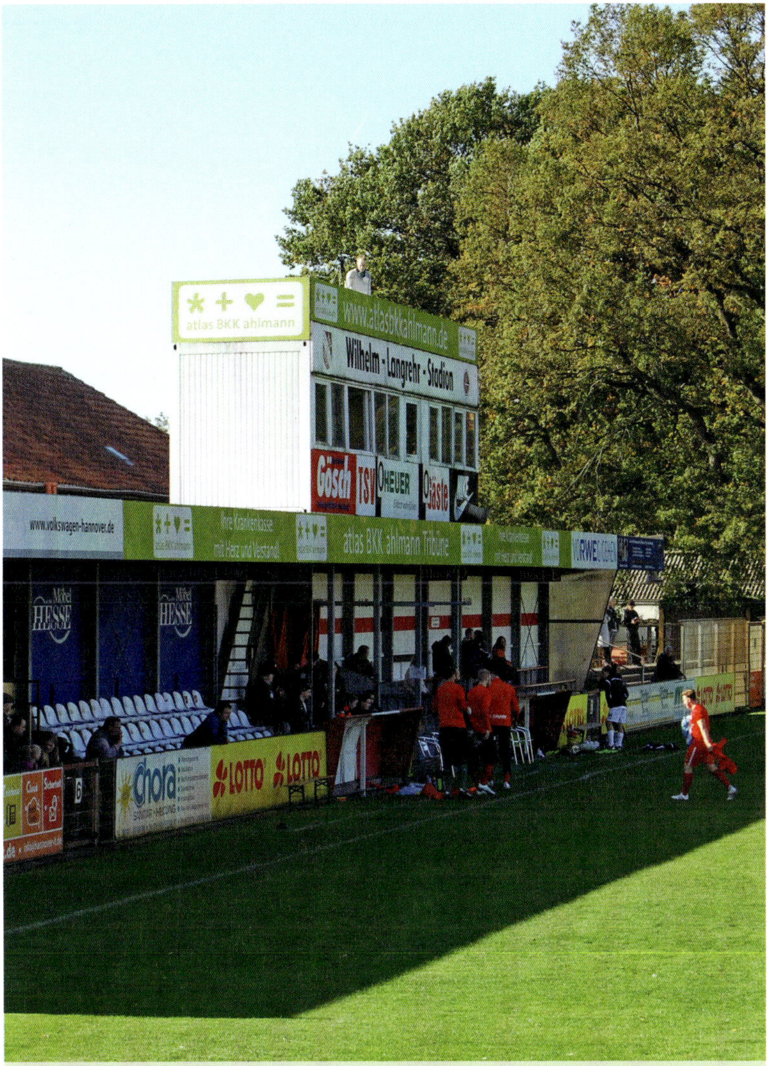

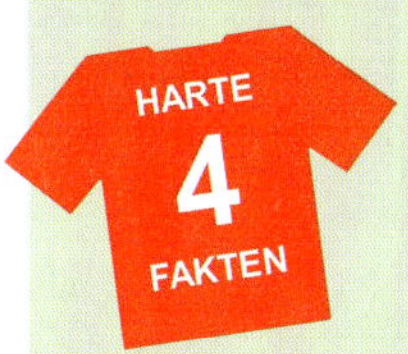

Adresse: Hannoversche Straße 90, 30823 Garbsen

Kapazität: 3.500

Verein: TSV Havelse

Website: www.tsv-havelse.de

Heesligen 056

Waldstadion

St.-Pauli-Filiale im Hinterland

Eine Oase der Gemütlichkeit vor den Toren von Zeven. Das ist Heeslingen, eine 4.700-Einwohnergemeinde, die seit fast 30 Jahren zur niedersächsischen Fußball-Elite zählt. Mit diversen Auf und Abs, aber auch einem enormen Kampfgeist. Heeslingens Fußballschwung begann 1991, als der gebürtige Heeslinger Hans-Jürgen „Hansi" Bargfrede nach einem langen Profiausflug u.a. bei Werder Bremen und dem FC St. Pauli in seine Heimatgemeinde zurückkehrte. Die Schwarz-Grünen des damaligen TuS Heeslingen hatten gerade erstmals die Landesliga Ost erreicht und kämpften dort gegen den Abstieg.

Unter Spielertrainer Bargfrede ging es rasch bergauf und 1993/94 wurde man bereits Vize-Herbstmeister, lief am Ende als Sechster ein. Das bescherte dem Fußballdorf einen Startplatz in der Niedersachsenliga, in der man seinen Erfolgsweg fortsetzte. 1998/99 träumte das kleine Heeslingen sogar von der Oberliga Nord, musste jedoch mit der Vizemeisterschaft zufrieden sein. Bargfrede hatte unterdessen seine Kontakte genutzt und mit Klaus Ottens sowie Stefan Studer weitere Ex-St.-Paulianer nach Heeslingen gelockt.

Unter Studer setzte man auf junge und hungrige Spieler aus der Region, mit denen sich der TuS im Mittelfeld etablierte. 2006/07 schließlich gelang der Aufstieg in die Oberliga Nord, wo sich die Grün-Schwarzen 2007/08 sportlich für die neue dreigleisige Regionalliga hätten qualifizieren können, auf einen Lizenzantrag jedoch verzichteten. Weder waren das schnuckelige Waldstadion bzw. die angedachte Ausweichstätte in Verden ligatauglich noch die Strukturen im Gesamtverein. 2009/10 qualifizierte man sich als Vizemeister für die eingleisige Oberliga und als Pokal-Halbfinalist zudem für den DFB-Pokal. Dort reiste 2010 Zweitligist FC Energie Cottbus an (1:2).

Als der Verein ins Visier der Steuerfahndung geriet, brach das Heeslinger Erfolgskonstrukt 2012/13 zusammen. Schwarzgeldzahlungen und nicht korrekt abgeführte Lohnnebenkosten lauteten die Vorwürfe. Dem Zwangsabstieg in die Landesliga folgten der Konkurs und die Neugründung als Heeslinger SC. Bereits 2015 gelang die Rückkehr in die Oberliga, wo die Grün-Schwarzen bis heute am Ball sind.

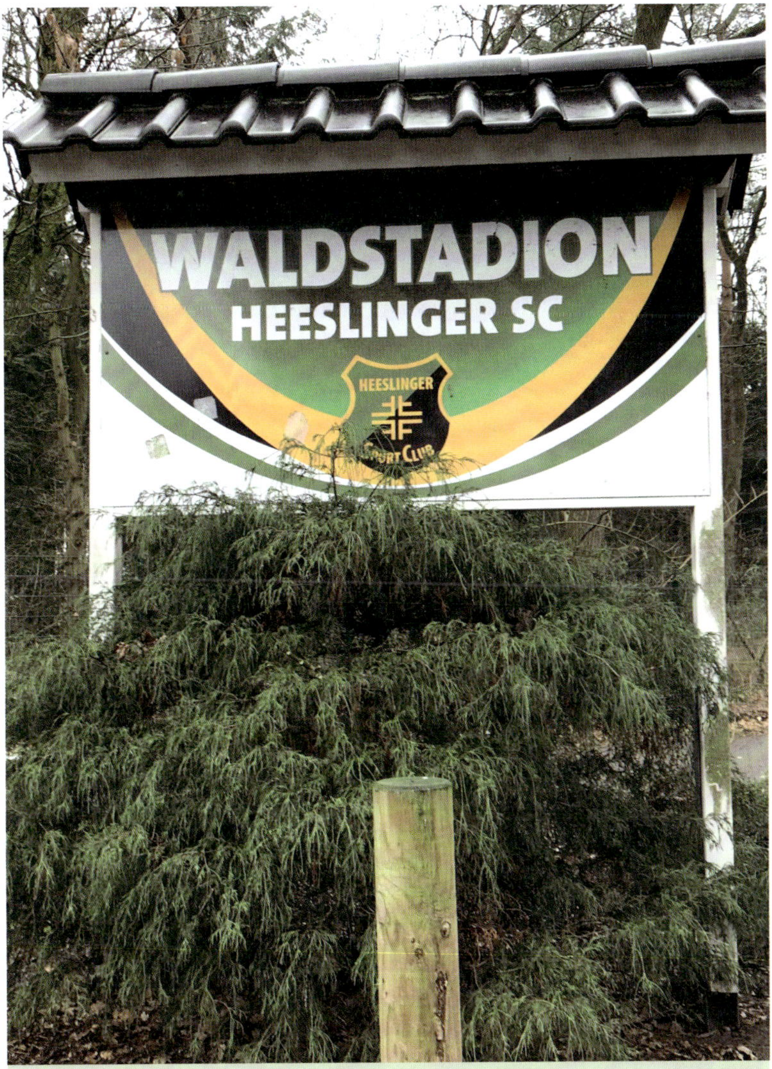

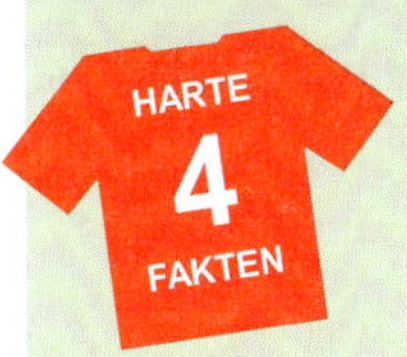

Adresse: Burgsteg 14, 27404 Heeslingen

Kapazität: 4.000

Verein: Heeslinger SC

Website: www.heeslinger-sc.de

Stadion am Bötscheberg

Vorbei die großen Tage

Vergangenheit ist bei diversen Fußballvereinen das höchste Gut, das ihnen geblieben ist. Die Erinnerung an große Kulissen und bekannte Namen, an Erfolge, an hochklassigen Fußball, an den Stolz auf Stadt und Verein. Der Helmstedter SV gehört zu diesen Vereinen.

Entstanden 1921 durch Zusammenschluss von Turnclub 1899 und VfL 1913 Helmstedt führte man die Kleinstadt zwischen Braunschweig und Magdeburg in den 1920er-Jahren unter die besten Fußballteams im Norden. Der 1926 eröffnete Sportplatz Bötschenberg war ein gefürchtetes Pflaster, und 1943 feierte man mit einem 5:2-Pokalsieg über Arminia Hannover den bis dahin größten Erfolg.

Nach dem Zweiten Weltkrieg wurde Helmstedt zur Grenzstadt und Synonym für die deutsch-deutsche Teilung. Sie trieb immerhin Kuno Klötzer zum „kleinen" HSV, denn der war mit seinen Eltern aus den Ostgebieten geflohen und strandete in Helmstedt. Mit dem Ausnahmetalent schafften es die Schwarz-Weißen bis ins Fußball-Oberhaus von Niedersachsen und duellierten sich mit Größen wie VfL Wolfsburg oder TuS Celle. 1949 wechselte Klötzer zum SV Werder, und drei Jahre später verschwand der Helmstedter SV aus dem Blickfeld.

Dabei blieb es. 1968 das letzte Aufflackern, als 3.000 Zuschauer im Entscheidungsspiel um den Aufstieg in die Landesliga gegen Teutonia Uelzen ein 1:2 sahen. 1973 ging es hinab in die Bezirksliga, übernahm Nachbar und Stadtrivale TSV die Führungsrolle in der Stadt. Anfang der 1990er-Jahre wollte ein Mäzen den HSV-Geist noch einmal zum Leben erwecken, doch als auch er scheiterte, war der freiwillige Rückzug in die 2. Kreisklasse nicht mehr zu verhindern.

Noch immer spielt Fußball im Großverein HSV zwar eine wichtige Rolle, aber heute ist es vor allem die Nachwuchspflege, der man sich widmet. Und so kommt der Bötschenberg als wirklich schönes Idyll daher, in dem sich der große Fußball aber vermutlich nicht mehr blicken lassen wird.

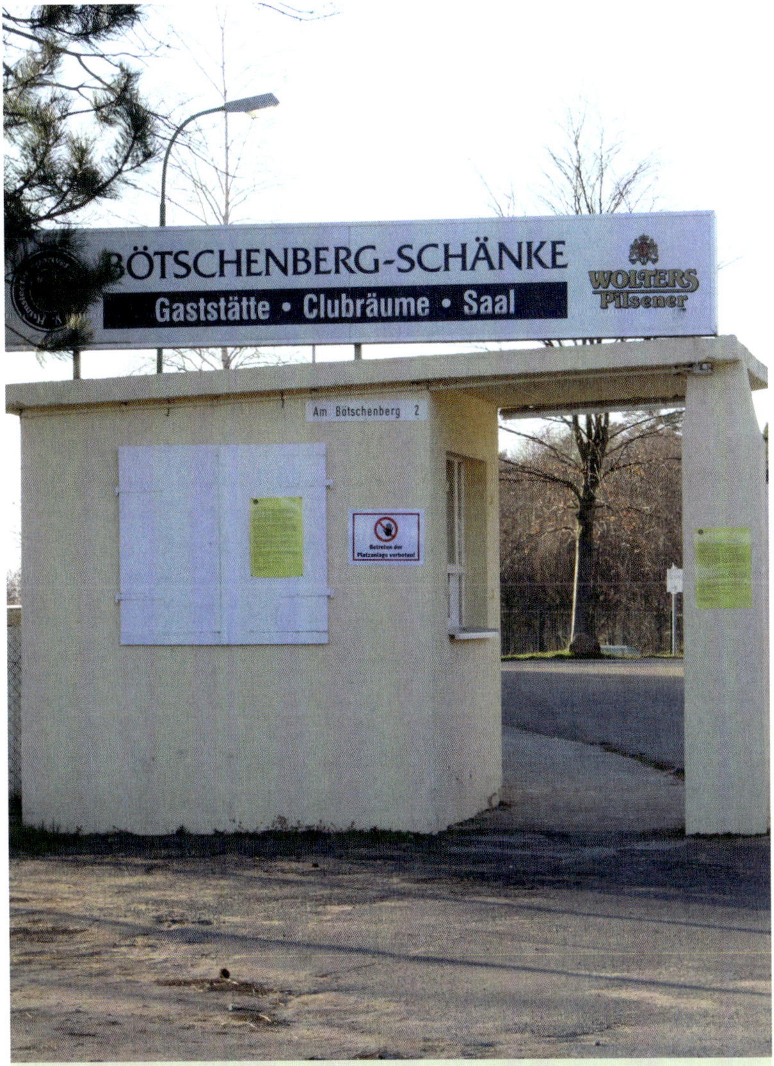

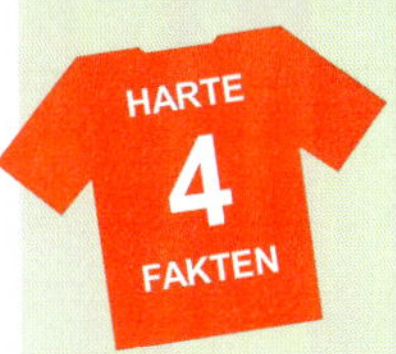

Adresse: Am Bötschenberg 2a, 38350 Helmstedt

Kapazität: 4.000

Verein: Helmstedter SV

Website: www.helmstedter-sportverein.de

Herzlake 058

Hasetalstadion

Der beste Kuchen im Norden

Wenn in den 1990er-Jahren das Thema „hochgepuschte Dorfvereine" aufkam, fiel garantiert auch der Name VfL Herzlake. Der Klub aus der 3.800-Seelengemeinde etwa 25 Kilometer östlich von Meppen lief bisweilen mit einem in aller Welt zusammengesuchten Kollektiv auf, wurde massiv von seinem Präsidenten, dem Sitzmöbelhersteller und Sporthotelbetreiber Heinz Klose unterstützt, und klopfte 1993 sogar ans Tor zur 2. Bundesliga.

Dennoch war der VfL kein klassischer „Sponsorenverein". Denn man betrieb erfolgreiche Nachwuchsarbeit, der u. a. Christian Brand und Klaus Ottens entsprangen, setzte trotz internationalem Kader auf regionale Identität und zeichnete sich durch eine bemerkenswerte Kontinuität aus. Gönner Klose hatte 30 Amtsjahre auf dem Rücken, als er sich 1996 aus dem Hasetalstadion verabschiedete, und auf dem Weg von der Kreisklasse bis in die Regionalliga Nord verbrauchte der VfL zwischen 1969 und 1996 lediglich acht Trainer. Da ging es anderswo weitaus turbulenter zu.

Drittligaspiele in Herzlake waren Oasen der Gemütlichkeit. Im Bauch der kleinen Sitzplatztribüne verkaufte Ehrenamtliche selbstgebackenen Kuchen, kleinere Gästefangruppen wurden auf die Haupttribüne eingeladen und die Anzahl der Fahrradstellplätze übertraf die der Autoparkplätze um ein Vielfaches. In Herzlake war Spitzenfußball wohltuend dörflich und entspannt. Höhepunkt der VfL-Historie war das Erreichen der Aufstiegsrunde zur 2. Bundesliga 1993, als mit Rot-Weiss Essen sogar ein ehemaliger Deutscher Meister anreiste und die kleine Gemeinde durch die aus dem Ruhrpott mitgereiste Fanschar förmlich geflutet wurde.

Als Klose – der mit seinem Sporthotel internationales Renommeé erreichte – 1996 in Herzlake aufhörte, wurde es turbulent, 1999 zog sich der inzwischen als VfL Hasetal auftretende Klub freiwillig von der Regionalliga in die 1. Kreisklasse zurück. Inzwischen wird im gemütlichen Hasetalstadion immerhin schon wieder auf Bezirksebene gekickt.

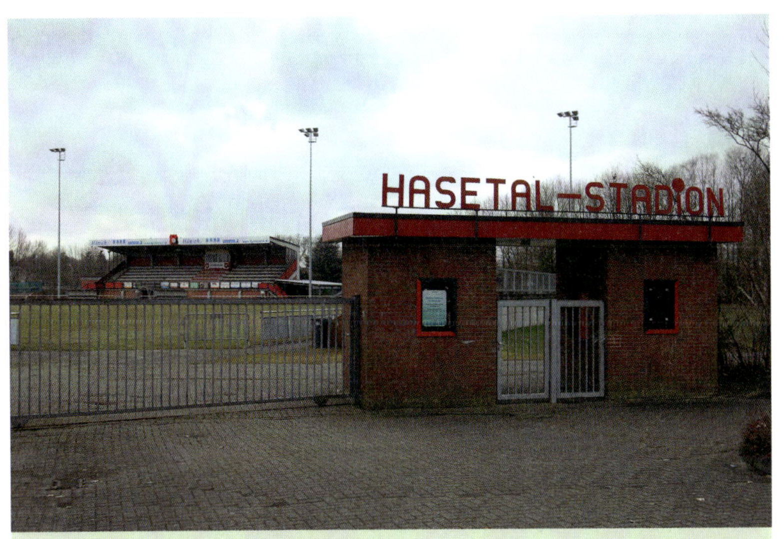

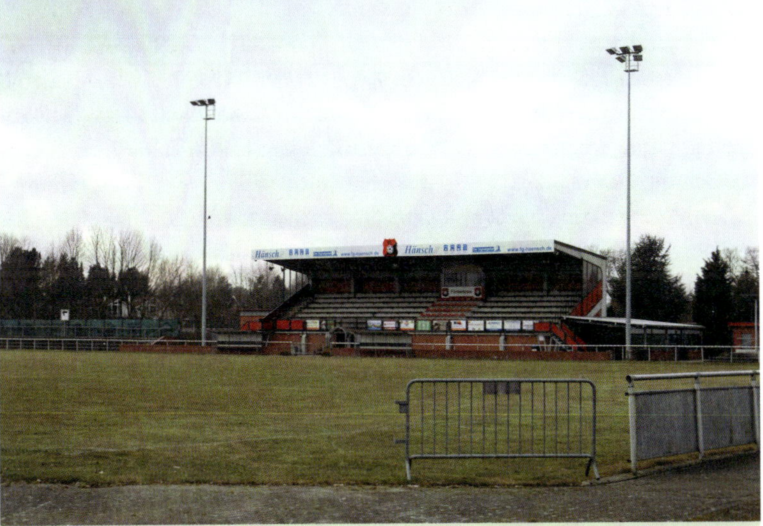

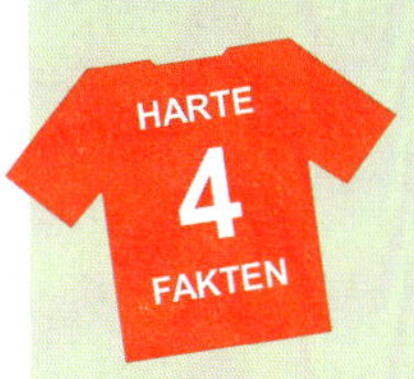

Adresse: Im Mersch, 49770 Herzlake

Kapazität: 7.000

Verein: VfL Herzlake

Website: www.vfl-herzlake.de

Hessisch Oldendorf 059

Waldstadion

Ungewöhnlicher Geburtstagswunsch

Kann man Erfolg kaufen? Mitunter ja, wenn auch nur für einen bestimmten Zeitraum. 1970 übernahm Siegfried Gottwald die Vorstandschaft über den TuS Hessisch Oldendorf, für den er einst selbst die Schuhe geschnürt hatte. Mit seinem Unternehmen „Weser-Möbel“ hatte es Gottwald zu Reichtum gebracht, von dem er nun Teile in die bis in die 2. Kreisklasse abgerutschte TuS-Elf investieren wollte. „Mit 50 will ich mit meiner Mannschaft in der Verbandsliga sein“, verkündete er – das bedeutete im Klartext vier Aufstiege binnen fünf Jahren, denn 1975 sollte Gottwald sein halbes Jahrhundert auf Erden feiern.

Mit namhaften Balltretern der Region bestückt war der neureiche TuS fortan nicht zu stoppen. 1972 berichtete gar der „Kicker“ über die „Wundermannschaft“, die in der 1. Kreisklasse mit 52:0 Punkten und 95:13 Toren den Durchmarsch geschafft hatte. Nebenbei löste im Waldstadion ein Rasenteppich die Grantauflage ab, wuchs eine Fluchtlichtanlage in den Himmel. 1973/74 geriet der Dauerdurchmarsch kurz ins Stocken, als man trotz ehemaliger Zweitligaspieler wie Dieter Schrader und Dieter Brachvogel nur Dritter wurde. Doch pünktlich zum Gönner-Geburtstag klappte es dann, wurde der TuS 1974/75 mit 22 Punkten Vorsprung Bezirksligameister und erreichte wie prognostiziert die Verbandsliga.

Gottwald wollte nun mehr. Nummer 1 im Weserbergland, und das möglichst in der Oberliga Nord war das neue Ziel. Ein Förderkreis entstand, und nachdem der erneute Durchmarsch knapp verpasst worden war, sicherte sich der TuS 1977 den Niedersachsenpokal und erreichte 1978 mit einem 2:2 beim Lüneburger SK das niedersächsische Fußball-Oberhaus. Vier Jahre später wurde mit einem 4:1 bei Urania Hamburg schließlich auch die Oberliga Nord erreicht. Wer nicht mitspielte, war das Publikum. Kaum 500 kamen trotz illustrer Namen wie Klaus Wunder und Neale Marmon im Schnitt ins Waldstadion, wo Mäzen Gottwald die Finanzierung weitestgehend allein bürden musste. So kam, was kommen musste. Nach dem Abstieg aus der Oberliga 1985 verlor Gottwald die Lust, und seit 2015 ruht der Spielbetrieb den Grünweißen nun sogar.

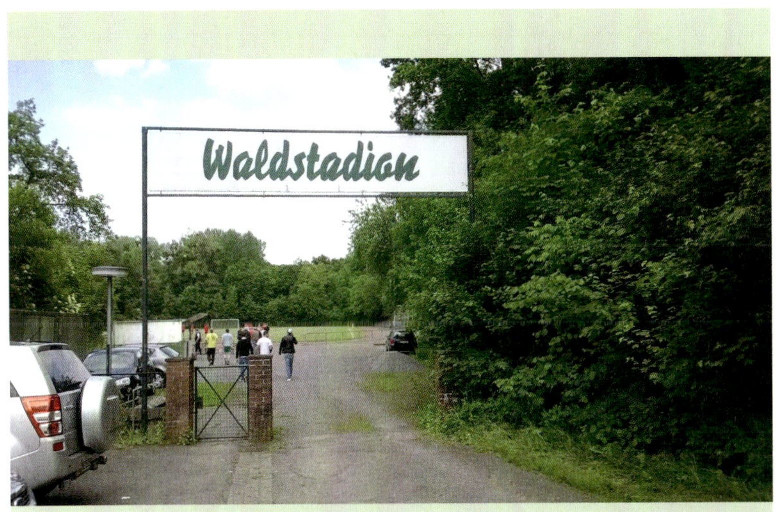

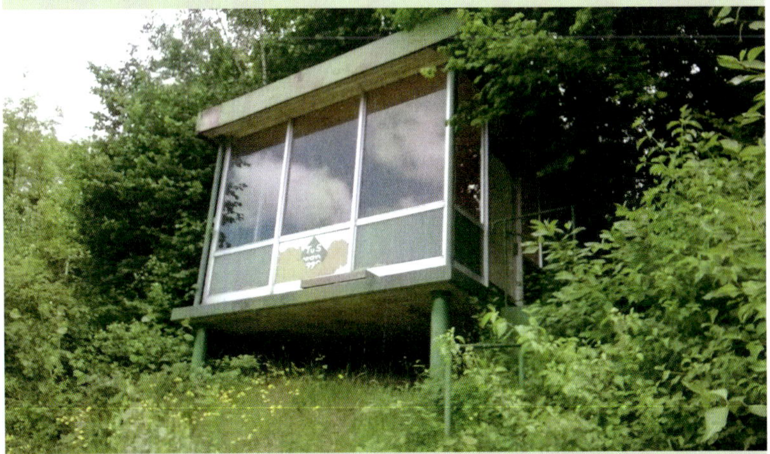

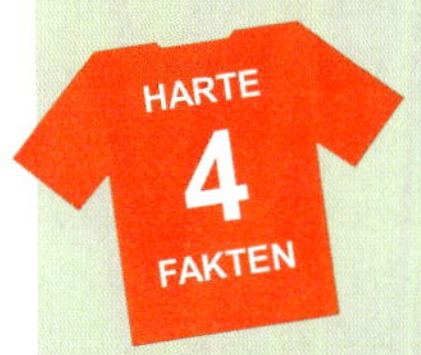

Adresse: Barkenser Weg 51, 31840 Hessisch Oldendorf
Kapazität: 4.000
Vereinslos: seit 2015
Größter Moment: 1971/72: 52:0 Punkte

Friedrich-Ebert-Stadion

Hommage an die Sozialdemokratie

Hildesheims Sporthistorie hat kräftige Wurzeln in der Arbeiterschaft – und Arbeitersportler waren es auch, die das heutige Friedrich-Ebert-Stadion im Naherholungsgebiet Johanniswiese schufen. Unter Obhut der Freien Sportlichen Vereinigung von 1918 entstand ab 1929 in über 15.000 freiwilligen Arbeitsstunden eine kombinierte Leichtathletik- und Fußballarena, die am 5. Oktober 1930 ihrer Bestimmung übergeben wurde und den Namen des SPD-Politikers Friedrich Ebert erhielt. Prunkstück war eine schmucke Holztribüne, die bis heute in Verwendung ist. Keine drei Jahre später zerschlugen die Nationalsozialisten jedoch den Arbeitersport, und das in mühsamer Arbeit errichtete Areal in der Johanniswiese wurde von der bürgerlichen Hildesheimer SpVgg 07 bzw. der Wehrmacht übernommen.

Nach Kriegsende entstand mit dem Verein für Volkssport (VfV) ein typisches Nachkriegsgebilde im deutschen Vereinswesen. Darin waren bürgerliche und proletarische Sportler vereint, sollten die politischen Grenzen überwunden werden. Während die Volkssport-Versuche überall sonst rasch wieder abgebrochen wurden, überdauerten sie in Hildesheim bis zum heutigen Tag. Der VfV wurde zum Großverein, in dem jeder seine Heimat finden konnte – unabhängig von politischer Meinung und/oder Konfession. Auch die VfV-Fußballer tragen, obwohl inzwischen mit dem SV Borussia 06 vereint und als VfV Borussia 06 auflaufend, das „Volkssport" noch immer stolz im Namen.

Die größte Zeit erlebte die Johanniswiese in den späten 1950ern, als „Tante Hilde", wie der VfV seinerzeit genannt wurde, in der Oberliga Nord um den Titel mitspielte und am 5. November 1961 einen sagenumwobenen 3:0-Sieg über den HSV um den jungen Uwe Seeler feierte. Nach dem Abstieg aus der Regionalliga 1967 ging es steil bergab mit Hildesheims Fußballglorie, und erst nach der Fusion mit dem wirtschaftlich darbenden Nachbarn Borussia 06 2003 brachen erneut bessere Zeiten an. Zwischen 2015 und 2018 spielte man gar in der Regionalliga Nord und damit erneut im norddeutschen Fußballoberhaus.

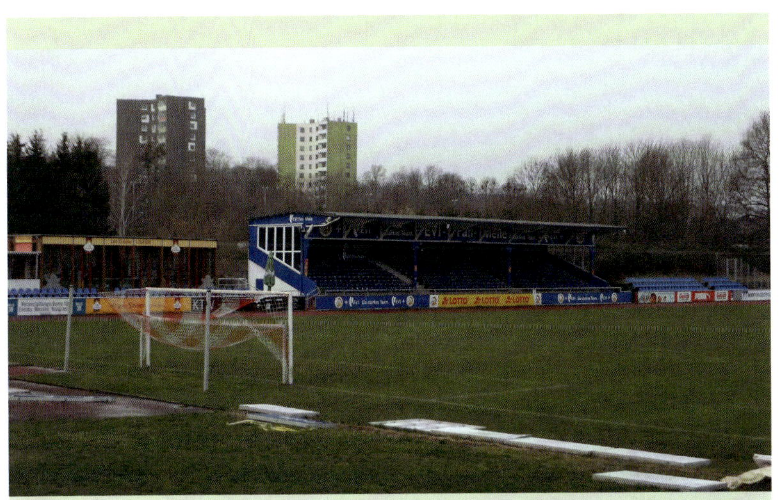

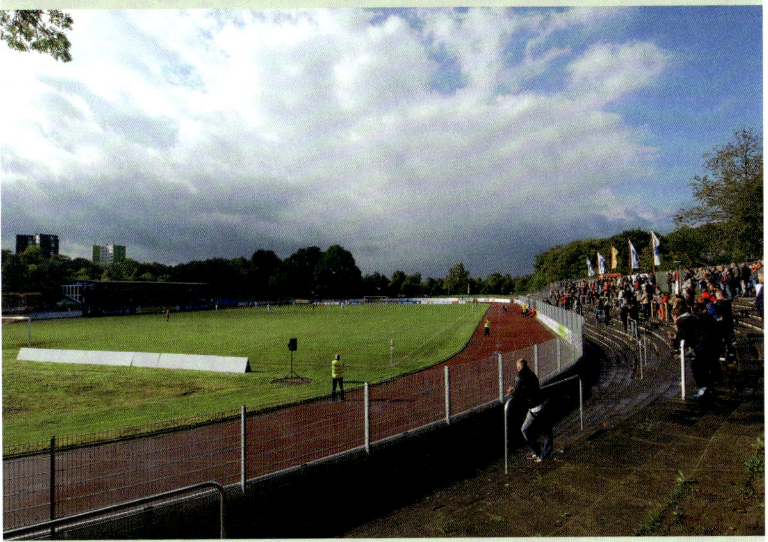

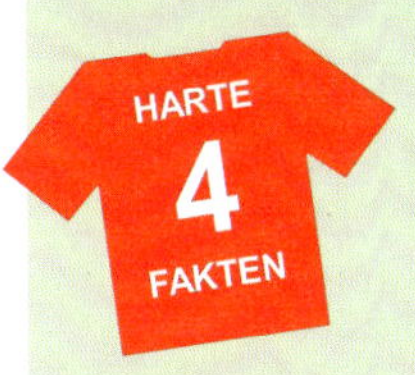

Adresse: An der Pottkuhle 1, 31139 Hildesheim

Kapazität: 8.000

Verein: VfV Borussia Hildesheim

Website: www.vfv-hildesheim.de

Jeddeloh II 061

53acht-Arena

Die Erste von Jeddeloh II

An diesem Verein ist auf den ersten Blick alles Verwirrung. Das liegt vor allem an der „II“ hinter dem Ortsnamen. Normalerweise steht das ja für „zweite Mannschaft“ – in Jeddeloh jedoch ist es Teil des Gemeindenamens. Denn es gibt auch noch Jeddeloh I – theoretisch könnte also die erste Mannschaft des SSV Jeddeloh II auf die zweite Elf von Jeddeloh I treffen, wobei es in Jeddeloh I dummerweise keinen Fußballverein gibt. Die Nummerierung stammt aus uralten Zeiten, als in der Ammerland-Region etwa 20 Kilometer westlich von Oldenburg diverse Moorkolonien entstanden.

Über Jeddeloh II schrieben „11 Freunde“ einst: „Ein Ort, umgeben vom Vehnemoor, geteilt vom Küstenkanal, kaum größer als eine gewöhnliche Berliner Verkehrsinsel. Es gibt: eine Schnellstraße, einen Bankautomaten, einen Friseur, ein paar Einfamilienhäuser und Höfe nördlich und südlich der Brücke. 1.307 Menschen sollen hier leben.“ Das fasst den ersten Eindruck von Jeddeloh perfekt zusammen.

Dass dieser Winzling binnen 15 Jahren von der Kreisklasse bis in die Regionalliga aufstieg und damit zu den führenden Fußballvereinen Norddeutschlands aufrückte, ist nicht zuletzt der Bley Fleisch- und Wurstwaren GmbH im sechs Kilometer entfernten Süderesch zu verdanken. Dessen Geschäftsführer Rolf Bley ist gebürtiger Jeddeloher. Im benachbarten Oldenburg sprechen sie ob des Sponsorings abfällig von „Red Bull Ammerland“.

Doch Bley ist bodenständig und legt großen Wert auf behutsamen Aufbau und Kontinuität. Spieler aus der Region – viele SSV-Recken trugen einst das Jersey des VfB Oldenburg – wurden mit auswärtigen Cracks behutsam zu einem Erfolgsteam verbunden. Während das etablierte Fußball-Zugpferd aus Oldenburg stagnierte, ging es für den SSV nach oben. 2017 kam man in der Regionalliga an, träumte das kleine Dorf sogar ein bisschen von der 3. Liga.

Die Sportanlage wuchs zwar langsam mit, behielt aber ihren Dorfcharakter. Es sind vor allem die mächtigen Sponsorentafelwände, die verraten, dass in Jeddeloh II großer Fußball gespielt wird.

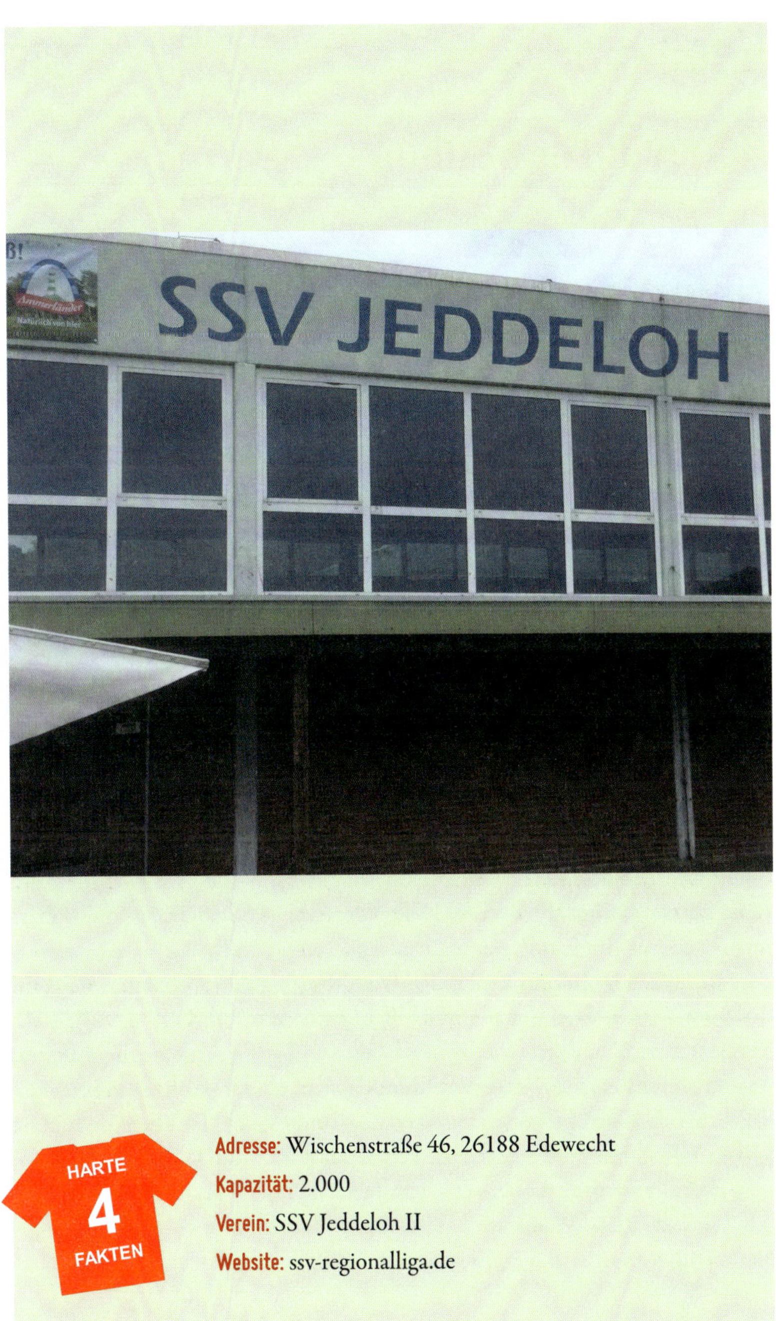

Adresse: Wischenstraße 46, 26188 Edewecht

Kapazität: 2.000

Verein: SSV Jeddeloh II

Website: ssv-regionalliga.de

Hoheellern-Stadion

Ostfrieslands Fußballhochburg

Vergessen Sie Emden, denn Leer ist die wahre Fußballhochburg Ostfrieslands! Auch wenn die Kickers zuletzt erfolgreicher waren, ist es der VfL Germania Leer, der lange Zeit weit über die Regionsgrenzen hinaus Furore gemacht hat. Anno 1930 erreichten die Blau-Gelben das damalige Fußball-Oberhaus von Weser-Jade und spielten sich, wie die Lokalpostille schrieb, „in die Herzen der begeisterten Massen". Erfolgsgrund war die systematische Förderung des Nachwuchses, bis heute einer der Eckpfeiler des Klubs.

1932 eröffnete an der damaligen Logaer Allee (heute Papenburger Straße) der Sportplatz „Hoheellern", auf dem man nach dem Zweiten Weltkrieg bisweilen zweitklassig spielte. 1957 sicherte sich Germanias A-Jugend die Niedersachsenmeisterschaft, und mit dem gebürtigen Breslauer Josef „Sepp" Piontek hatte man einen späteren Bundesligakicker im Kader. Tausende von Zuschauern strömten zu den Regionalduellen gegen VfB Oldenburg oder Olympia Wilhelmshaven. 1959/60 hoffte ganz Leer sogar auf den Aufstieg in die Oberliga Nord, musste am Ende aber mit Platz sechs zufrieden sein.

Dann gingen Piontek zum SV Werder und Torjäger Martin Wessels zum SV Meppen, verließ der von Hennes Weisweiler 1959 nach Leer beorderte Jungtrainer und spätere Bundesligacoach Horst Witzler den Sportplatz Hoheellern. Prompt stürzten die Blaugelben gab. 1964 reichte es für die Germania nur mit Glück zur Qualifikation zur neuen Landesliga Niedersachsen, deren Zugehörigkeit nach einem Jahr verloren ging.

Unter Trainer Bata Tijanic und der umsichtigen Führung von Friedrich Saathoff ging es langsam wieder aufwärts, und 1978 schoss Herbert Betten den VfL Germania mit einem verwandelten Foulelfmeter kurz vor Schluss gegen Wolfenbüttel sogar in die Aufstiegsrunde zur Oberliga Nord. Dort gelang jedoch nur ein Sieg, zerplatzten die ambitionierten Träume. Der bislang letzte Höhenflug datiert aus dem Jahre 2008/09, als man in der Oberliga Niedersachsen-West eine gute Rolle spielte. Dann brachen Sponsorengelder ein, musste sich der Klub zurückziehen und kickt gegenwärtig in der Landesliga um Punkte.

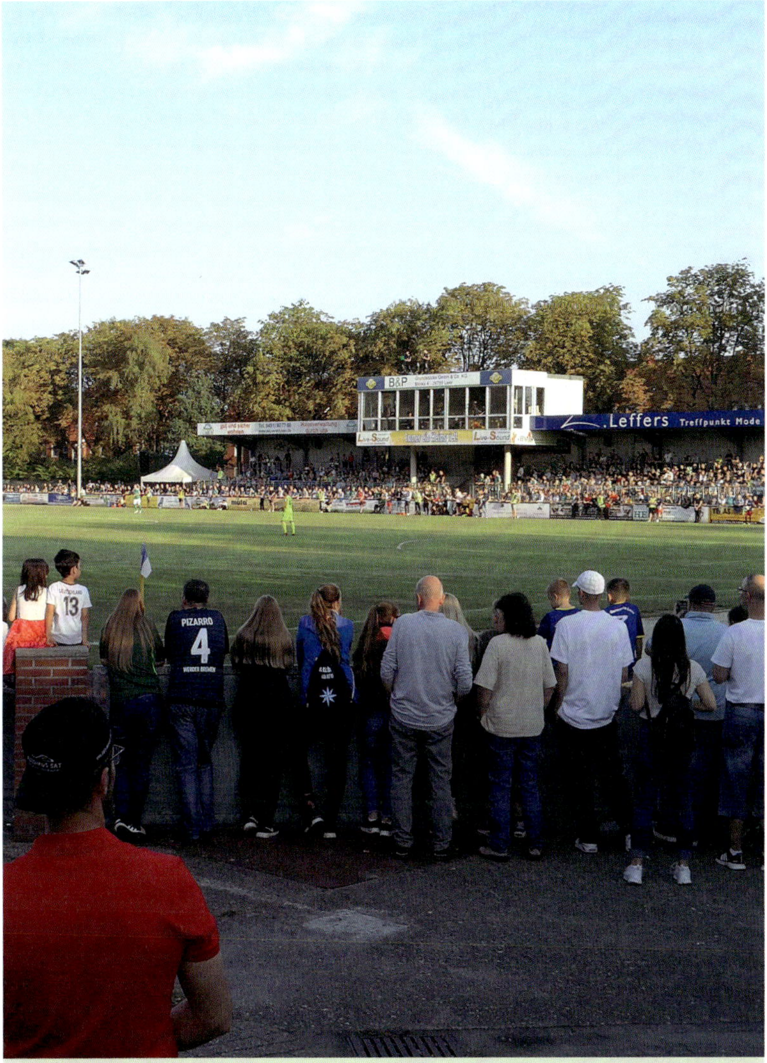

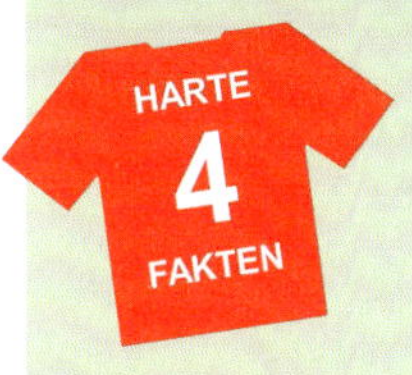

Adresse: Osseweg 1, 26789 Leer

Kapazität: 4.700

Verein: VfL Germania Leer

Website: www.germanialeer.de

Lingen 063

Emslandstadion

RB im Emsland

55.000 Einwohner, Oberzentrum im Landkreis Emsland, aktives Kulturleben, Einkaufsstadt. Lingen ist eine Stadt mit vielen Attraktionen. Fußball gehört nicht dazu. „Lasst uns hier bleiben, in Lingen schert sich doch niemand darum, dass wir Meister geworden sind", befand ein namentlich nicht genannter Spieler des damaligen TuS Lingen anno 1992. Gerade hatten die Rot-Gelben mit 2:0 bei Blau-Weiß Lohne gewonnen und sich als Verbandsligameister für die Aufstiegsrunde zur Oberliga Nord qualifiziert. Dort feierte man mit einem 1:1 beim VfL 93 Hamburg tatsächlich den Aufstieg in die dritthöchste Spielklasse.

Es war der Beginn einer turbulenten Epoche, in der sich Lingen nachhaltig auf der Fußball-Landkarte von Niedersachsen eintrug, zugleich aber stets jeden Pfennig zweimal umdrehen musste, weil weder Fans noch Sponsoren die Bemühungen angemessen honorierten. So blieb es zumeist dem umtriebigen Getränkegroßhändler Heinrich Essmann überlassen, die finanziellen Grundlagen für Spitzenfußball im Emslandstadion zu schaffen. Auch das in schöner Landschaft gelegene Emslandstadion half nicht wirklich, zusätzliche Fans anzulocken.

Eine überdachte Tribüne ist der ganze Stolz einer weitläufigen Arena, in der dank Laufbahnen und anderer Leichtathletikanlagen nur schwer so etwas wie Stimmung aufkommt. Im ersten Oberligajahr 1992/93 sorgten 2.700 Zuschauer beim Nachbarschaftsduell gegen den VfL Herzlake zwar für eine lokale Rekordkulisse, am Saisonende kam der TuS aber nur auf einen Schnitt von 795 Zahlenden. Sechs Jahre später waren es dann nur noch 287, der Lingener Fußball-Aufschwung war verpufft.

Bis 2009 kickten die Rot-Gelben noch auf höchster Landesebene, ehe es zum Durchmarsch in die Bezirksliga kam, dem freilich prompt die Kehrtwende zurück in die Oberliga folgte. Vor der Saison 2016/17 dann das wirtschaftliche Aus für den TuS, verbunden mit dem Absturz in die 2. Kreisklasse. Seitdem tragen Lingens Fußballer das Kürzel „RB", mit dem man einen bekannten Geldgeber aus Österreich auf sich aufmerksam hatte machen wollen. Vergeblich. Auch in Fuschl will man von Lingen nichts wissen.

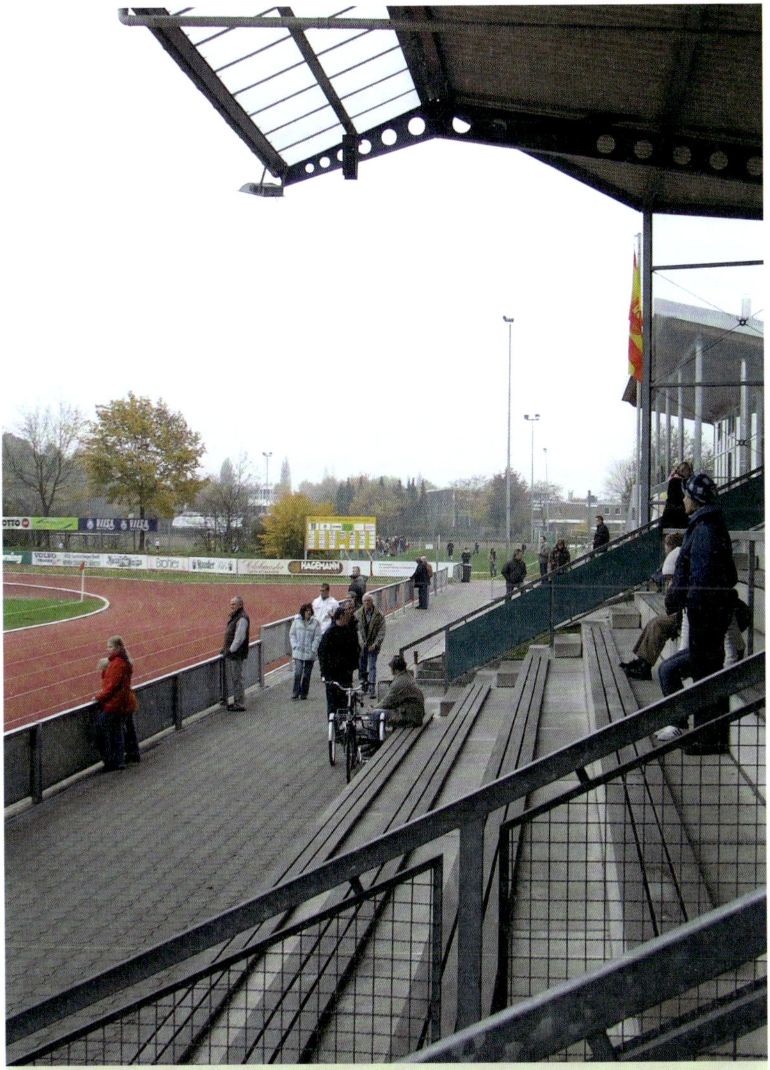

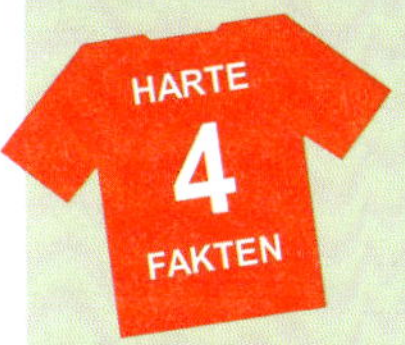

Adresse: Teichstraße 14, 49808 Lingen

Kapazität: 5.000

Verein: RB Lingen

Website: www.rb-lingen.de

Heinz-Dettmer-Stadion

Angstgegner Aufstiegsrunde

„In diesem Verein stimmt alles, das Stadion und das Umfeld des Klubs sind oberligareif", schwärmte die Emsländer Trainerlegende Willi Belke 1992 über den TuS Blau-Weiß Lohne, der sich mit akribischer und unaufgeregter Art einen vorzüglichen Ruf im Südoldenburger Raum erworben hatte. Einer der Väter des Erfolges war Bernd Sieverding, in Lohne nur „Mister Fußball" genannter Obmann der Blau-Weißen – heute würde man von „Manager" sprechen.

Was BWL über Jahrzehnte fehlte war das nötige Quäntchen Glück. Denn immer, wenn es in eine Aufstiegsrunde ging, versagten den Lohnern die Nerven. In den 1950er-Jahren hatte man sich gemeinsam mit Rot-Weiß Damme und Falke Steinfeld zu einer führenden Mannschaft im Großraum Vechta hochgearbeitet, als die schwarze Aufstiegsspielserie 1952 mit einer Niederlage im Duell gegen Sparta Northeim begann. 1964 vergeigte Lohne die Chance auf einen Platz in der neugeschaffenen Landesliga Niedersachsen, und 1966 kam abermals in der Aufstiegsrunde das Aus für die Drittligaträume.

Mitte der 1970er-Jahre stand dann eine neue Hoffnungself auf dem Rasen. Dazu gehörten die Brüder Hubert und Benno Möhlmann sowie Martin und Helmut Haskamp, die später teilweise im Profibereich Furore machen sollten. 1972 warf man Regionalligist Itzehoer SV aus dem Nordpokal und scheiterte erst am VfL Wolfsburg, während 1978 über 3.000 Fans im entscheidenden Aufstiegsspiel gegen den Lüneburger SK ein 0:2 sahen.

Das Drama ging weiter. 1983, 1988 und 1991 erreichte BWL die Aufstiegsrunde zur Oberliga Nord, scheiterte aber jeweils. 1995 wurde der Klub dann ohne Aufstiegsspiele Gründungsmitglied der Oberliga Niedersachsen/Bremen und war endlich überregional dabei. Das Team um Torjäger Helmut Schmedes spielte zunächst ordentlich mit, verschwand aber 2001 nach dem zweiten Abstieg binnen vier Jahren dauerhaft wieder auf Landesebene. 2019 wurde der Wiederaufstieg in die Oberliga am letzten Spieltag verspielt – in Lohne hat man es also offenbar immer noch nicht so richtig mit den entscheidenden Aufstiegsspielen.

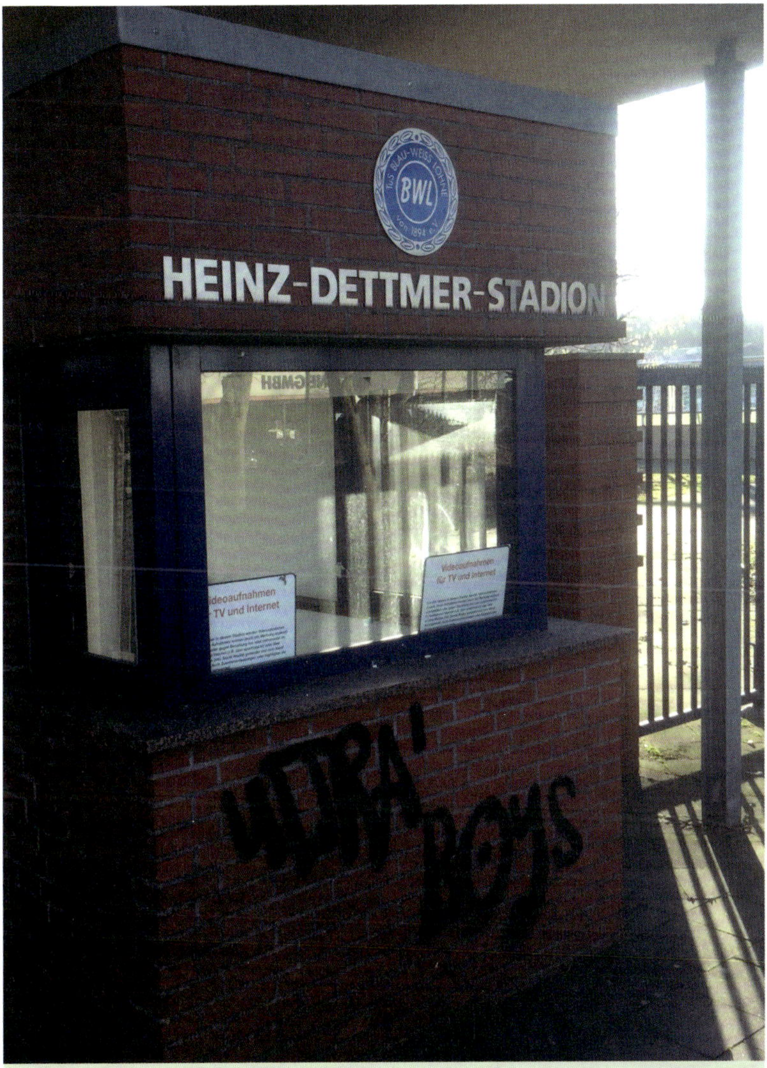

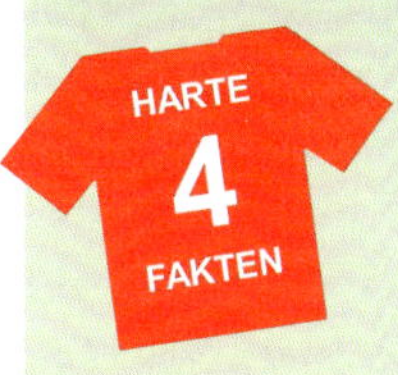

Adresse: Steinfelder Straße 5, 49393 Lohne

Kapazität: 7.500

Verein: TuS Blau-Weiß Lohne

Website: www.bw-lohne.de

LSK-Stadion Wilschenbruch

Der Frevel zu Lüneburg

Der 23. März 2014 war ein trauriger Tag für den Fußball und vor allem für Lüneburg. Zum letzten Mal trug der heimische LSK ein Heimspiel in jener Spielstätte aus, die seit 1905 Vereinsheimat war. Mitten im wohlhabenden Stadtteil Wilschenbruch zwischen Stadtwald und Villen gelegen, wurde eine der traditionsreichsten Fußballplätze Deutschlands Opfer eines Konflikts innerhalb des Vereins sowie der Gleichgültigkeit einer Stadt, die kein Interesse an ihrem einzigartigen lokalen Fußballerbe hatte. Wenig später rollten Bagger an und zerstörten u. a. die alte Holztribüne, die konservierte norddeutsche Fußballgeschichte darstellte.

Lüneburgs Freveltat führte auf der einen Seite zu einer bis heute nicht beendeten Heimatlosigkeit des LSK – die versprochene neue Spielstatt auf einem alten Kasernengelände ist noch immer nicht realisiert – vor allem aber löschte sie eine der idyllischsten Fußballstätten des Nordens aus. 1905 bezog der damalige Lüneburger FC das Areal, das als „Wilschenbrook" in den Lüneburger Volksmund einging. Hier feierte man große Erfolge, und wann immer der heimische LSK sich ambitioniert zeigte, strömte das Publikum in Scharen hinaus nach Wilschenbruch. 1951/52 kickte man sogar für ein Jahr in der legendären Oberliga u. a. gegen den großen HSV, und in den 1980er-Jahren waren die Heidjer drauf und dran, die 2. Bundesliga zu erreichen. Letzte Höhepunkte waren die Spielzeit 2000/01, als der LSK in der zweigleisigen Regionalliga mitspielte und dort auf Klubs wie Fortuna Düsseldorf und Sachsen Leipzig traf, sowie das DFB-Pokalspiel 2008 gegen den VfB Stuttgart.

Ein Erfolg mit fatalen Folgen. Der Klub überschuldete sich, die Führung zerstritt sich und 2001 brach der LSK auseinander. Sieben Jahre später formte man gemeinsam mit dem Lüneburger SV den FC Hansa, der sich seit 2011 LSK Hansa nennt und das alte LSK-Wappen trägt. Sportlich ist man inzwischen wieder in der viertklassigen Regionalliga dabei und hofft darauf, eines Tages auch wieder eine eigene Heimstatt zu besitzen. Seit dem Abriss des alten Kultstadions hat man zunächst in Bardowick bzw. 2017/18 auf dem VfL-Platz an den Sülzwiesen gekickt, ehe es zum Jahn-Stadion des TuS Neetze ging, wo man aktuell spielt

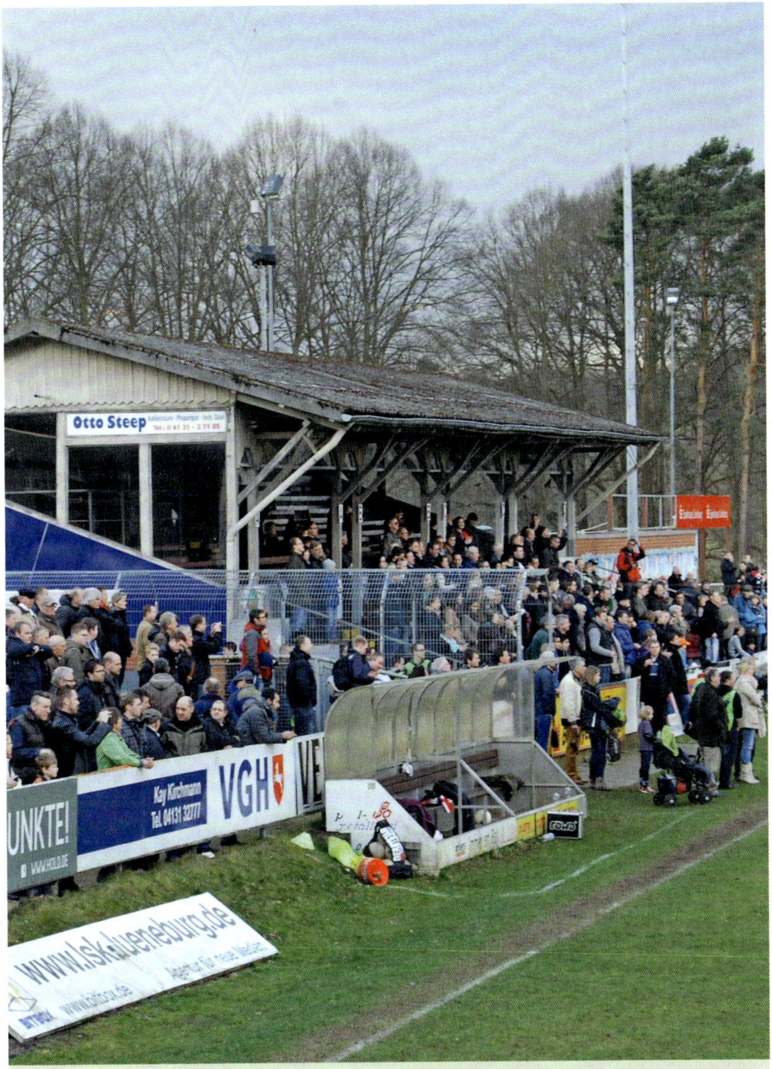

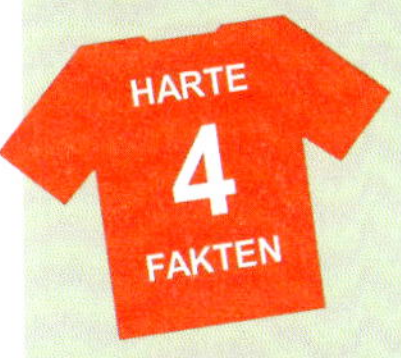

Adresse: Reiherstieg 25, 21337 Lüneburg

Einstige Kapazität: 6.000

Verein: Lüneburger SK, FC Hansa Lüneburg

Website: www.lsk-hansa.de

Johanneum

Wer war der erste?

Das war eine Aufregung, im Januar 2017! Stets war man davon ausgegangen, dass das allererste Fußballspiel in Deutschland – und damit natürlich auch in Niedersachsen – am 29. September 1874 auf dem „Kleinen Exer" in Braunschweig stattgefunden hatte. Und nun kam ein Archäologe aus Dresden und sagte: Stimmt gar nicht!

Hans-Peter Hock beschäftigt sich seit vielen Jahren mit der Frühgeschichte des Fußballs in Europa und hat dazu einen faszinierenden Textband herausgegeben. Vornehmlich geht es darin um Hocks Heimatstadt Dresden, doch der Fußball-Archäologe wirft gerne auch einen Blick darüber hinaus. Dem MDR erzählte er im Januar 2017: „Ich bin auf eine Zeitschrift gestoßen, die heißt ‚The Field' in der Kurzform. Und darin wird 1873 erwähnt, dass ein Verein in Dresden gegründet wurde und Rugby gespielt hat. Und in derselben Zeitschrift wird im Herbst 1875 gesagt, dass in Lüneburg am Lüneburg College Fußball gespielt wurde – und zwar nach den Association Rules". „Muss die Geschichte des Fußballs in Deutschland umgeschrieben werden?", fragte der NDR daraufhin.

Muss sie vermutlich. Denn Hocks Forschungen zufolge wurde das Spiel tatsächlich unter Associations-Regeln am heutigen Gymnasium Johanneum in Lüneburg ausgetragen. Und weil man in Braunschweig unter Konrad Koch damals zunächst nur Rugby spielte, ist die Sache für Hock geklärt: „Solange keine andere Quelle entdeckt wird, hat Lüneburg wirklich den Anspruch für sich, den ersten historischen Beleg geliefert zu haben". Gestützt wird Hocks Vermutung von der Forschungsarbeit Ingrid Horns, die sich um das Archiv des MTV Treubund Lüneburg kümmert. Sie stieß dabei auf einen Lehrer namens Görges: „Der hat das englische Fußballspiel kennengelernt und mit nach Lüneburg gebracht". Jener Wilhelm Görges (1863-1907) war laut Website des Gymnasiums Johanneum „ein moderner Lehrertyp, der sich nicht ausschließlich auf die Wissensvermittlung konzentrierte, sondern eine mehr allgemein erzieherische Wirkung zu erzielen suchte. (...) Als Junggeselle widmete er sich 44 Jahre lang auch außerhalb der Unterrichtszeit seinen Schülern und hat z. B. das Fußballspielen und Rudern eingeführt."

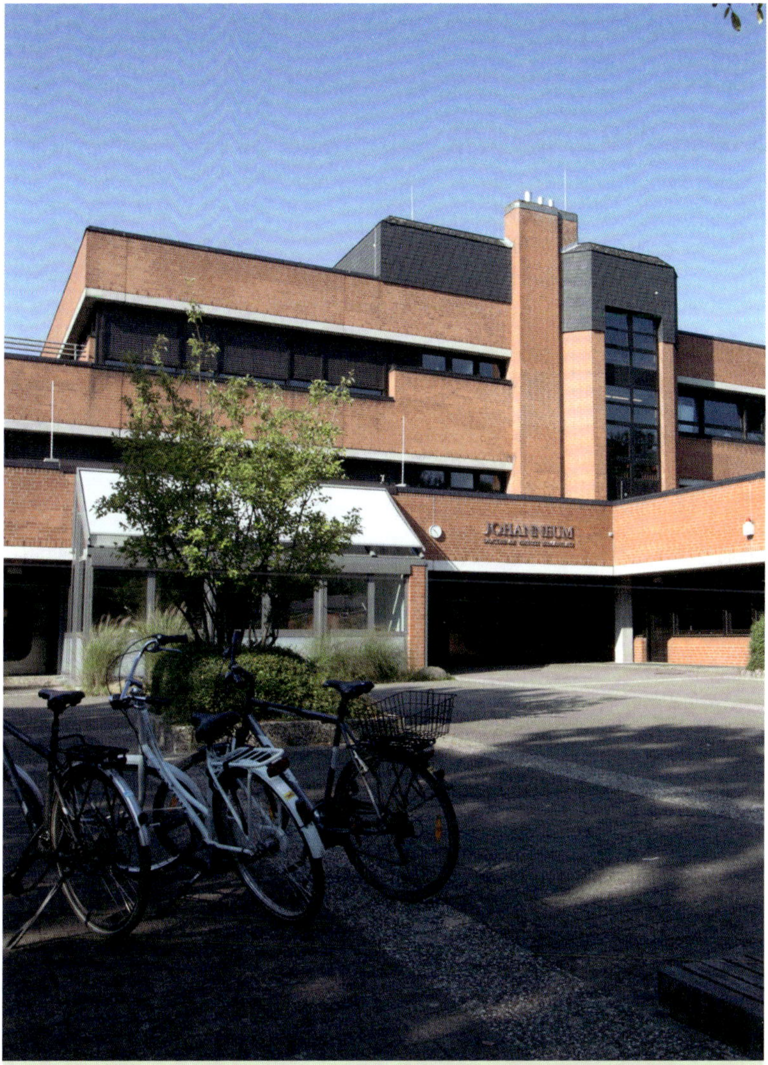

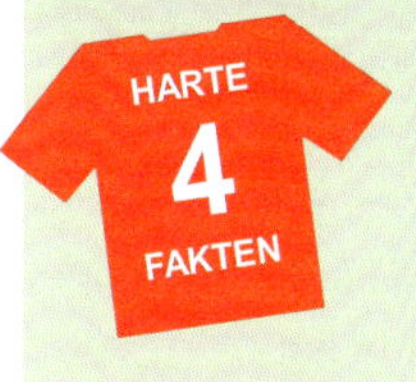

Adresse: Theodor-Heuss-Straße 1, 21337 Lüneburg

„Verein": Gymnasium Johanneum, 1406 gegründet und zunächst eine Klosterschule

Historische Bedeutung: vermutlich Schauplatz der ersten Fußballspiele in Deutschland

Erinnerung: keine

Meppen 067

Emslandstadion

Mit Gummistiefeln in der 2. Bundesliga

So kann es gehen. 1995 war das Emslandstadion in Meppen kurz davor, Bundesligastadion zu werden. Drei Jahre später war der SV Meppen abgerutscht in die 3. Liga und stürzte in der Folge hinab bis in die Oberliga Niedersachsen-West, wo statt großer Namen vom Kaliber Schalke 04 und Hertha BSC eher namenlose Klubs wie SV Ramlingen-Ehlershausen oder VfL Oythe ihre Aufwartung in der Zweitliga-Kultstätte machten. Erst 2011 endete die Dauerkrise der Emsländer mit dem Aufstieg in die Regionalliga Nord, und seit 2017 sieht man an der Lathener Straße nun sogar wieder attraktiven Drittligafußball.

Einen seiner größten Momente – und zudem die Initialzündung für den unwiderstehlichen Aufschwung der Blau-Weißen – erlebte das aus dem Jahr 1924 stammende Stadion im August 1983, als der FC Barcelona mit seinem frischgebackenen Neuzugang Diego Armando Maradona für einen Freundschaftskick ins Emsland kam. 17.500 Menschen füllten die Arena bis auf den allerletzten Platz. Vier Jahre später erklomm der SVM unter Trainerlegende Rainer Persicke die 2. Bundesliga, in der sich die Blau-Weißen über zehn Jahre zu halten wussten.

Die seit 1992 Emslandstadion genannte Spielstätte (zuvor: Hindenburgstadion) veränderte unterdessen komplett ihr Outfit. Ein altes Holztribünchen auf der Hauptgeraden wich einem komfortablen Neubau, 1993 wurde auf der Gegengerade eine 5.000-Plätze-Tribüne eröffnet, und ab 1996 gab es sogar Flutlicht. Angesichts der parallel einsetzenden sportlichen Talfahrt gab es allerdings auch Kritik, dass der Verein mehr in „Steine“ investiere statt in „Beine“.

Nach der Rückkehr in den bezahlten Fußball rollten abermals Bagger an, um die Auflagen zu erfüllen. Aus Holzbänken wurde Sitzschalen, eine Videoüberwachung wurde installiert und schließlich die vorgeschriebene Rasenheizung. Insgesamt investierten Klub und Landkreis erneut vier Millionen Euro, um die einzige Profifußballspielstätte im Emsland up to date zu machen.

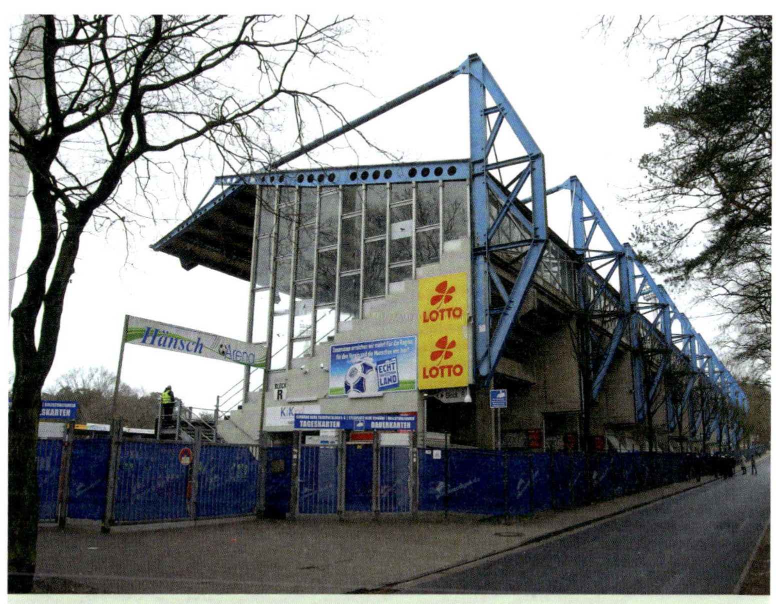

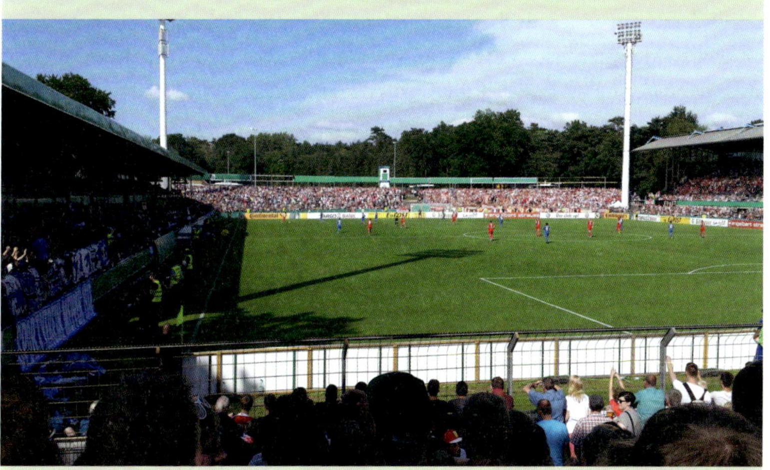

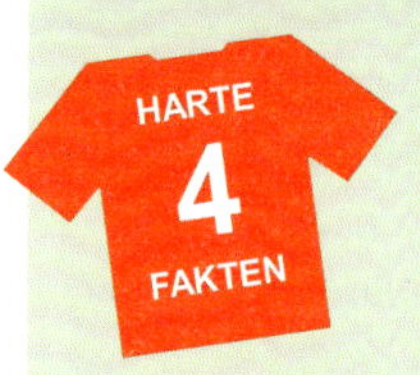

Adresse: Lathener Straße 15a, 49716 Meppen

Kapazität: 13.800

Verein: SV Meppen

Website: www.svmeppen.de

Nordhorn 068

Bernhard-Nieuhues-Kampfbahn

Wo Uwe Seeler litt

Was haben sich hier für Spektakel abgespielt! Begeisterte Zuschauermassen, Weltklassefußballer wie Uwe Seeler im Zweikampf mit lokalen Helden, eine Fanschar, die wie ein Mann hinter ihrem Team stand. Goldene Zeiten aus jenen goldenen Jahren, in denen die deutsch-niederländische Grenzstadt Nordhorn noch mit einer brummenden Textilindustrie ausgerüstet war, die tausende von Menschen in Lohn und Brot brachte. Ihre Freizeit verbrachten sie am Heideweg, wo 1951 eine Spielstatt entstand, in der der erst sechs Jahre zuvor gegründete SV Eintracht sogar Erstligafußball anbot. Am 2. Oktober 1955 registrierte man mit 18.000 Zuschauern beim Gastspiel des HSV die wohl immerwährende Nordhorner Rekordkulisse. Saisonschnitt damals: 6.733.

Gebaut worden war das Stadion mit wohlwollender Unterstützung von Bernhard Niehues, Chef des Textilunternehmens Niehues & Dütting, dessen Namen es prompt erhielt. Doch die Glückssträhne war vorbei. 1962 stieg die Eintracht zum letzten Mal aus der Oberliga Nord ab, hatte sich der Zuschauerzuspruch bereits auf überschaubare 3.690 pro Partie reduziert. Der Aufstieg in den Bundesligaunterbau Regionalliga missglückte mehrfach, und als man ein Jahr nach Eröffnung der Haupttribüne 1981 sogar in der Viertklassigkeit verschwand, war es endgültig vorbei mit dem Fußballzauber um den Klub, war Handball der neue Trend in Nordhorn

Das letzte Hoch feierten die Weinroten nach ihrem Aufstieg in die Regionalliga Nord 1997. Noch einmal kamen die großen Namen des Nordens in die Niehues-Kampfbahn und füllten die Ränge. Hannover 96, Eintracht Braunschweig, Bezirksrivale VfL Osnabrück. 2007 rollten Bagger an, erweiterten die Haupttribüne, renovierten die Gegengerade. Doch die Fans hatten ihrer Eintracht längst den Rücken gekehrt. Ständig war die Kasse leer, nagte der Klub am Hungertuch. Das Aus kam 2011. 250.000 Euro Schulden. Insolvenz, Rückzug aus der Oberliga, Neustart in der Landesliga. Es folgte eine missglückte Fusion mit dem Türkischen SV, heute kickt man nur noch in der Bezirksliga.

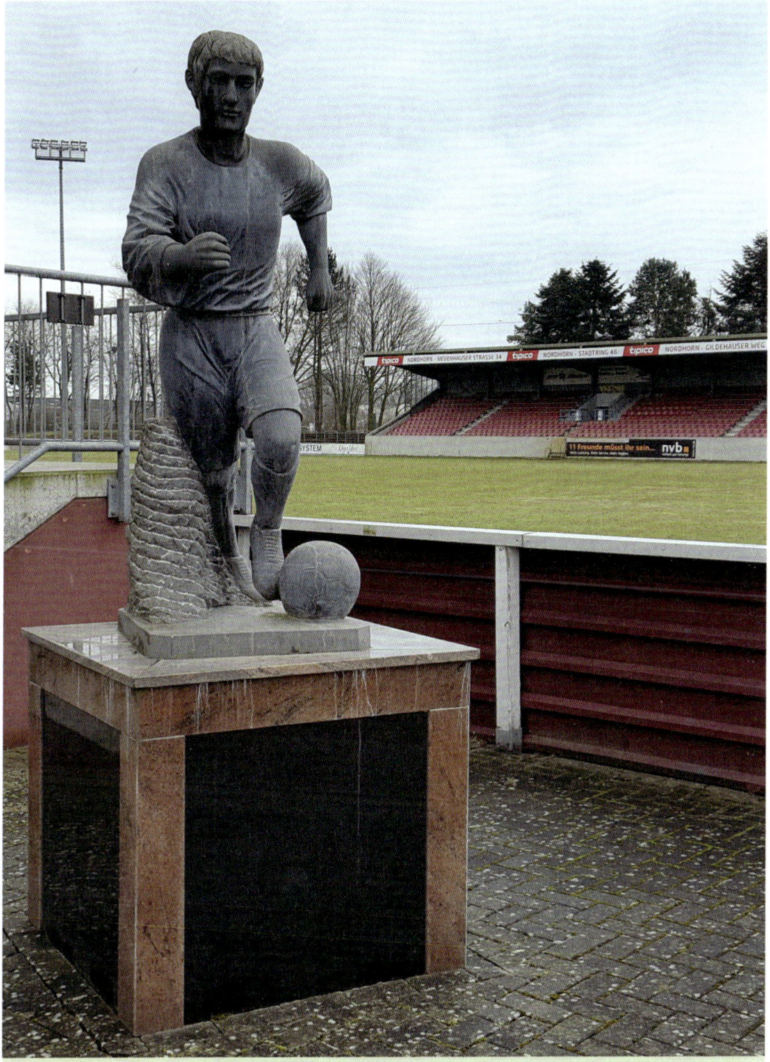

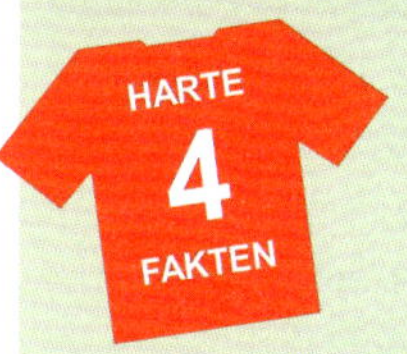

Adresse: Heideweg 18, 48512 Nordhorn

Kapazität: 7.500

Verein: SV Eintracht Nordhorn

Website: www.eintracht-nordhorn.de

Gustav-Wegner-Stadion

Geglückte Fusion

Einige Jahre lang war Northeim zuletzt das Epizentrum des Spitzenfußballs in Südniedersachsen. Nach dem Niedergang von Göttingen 05 übernahm der FC Eintracht die vakante Führungsrolle und füllte sie mit bemerkenswerter Kontinuität und großartiger Arbeit vor allem im Nachwuchsbereich aus, was die Rot-Gelben gleich zweimal ans Tor zur Regionalliga Nord anklopfen ließ.

Gespielt wird im Gustav-Wegner-Stadion unweit des sehenswerten Stadtzentrums zwischen Bahnlinie, dem Flüsschen Ruhme und der Hauptverkehrsader Richtung Harz. Dort öffnete 1932 ein 1956 nach dem Leichtathleten Gustav Wegner (fiel 1942 an der Ostfront) benanntes Stadion seine Pforten, das 3.500 Zuschauern Platz bietet. 500 davon dürfen unter einer hübschen Holztribüne Platz nehmen, die eine romantische Reise in die goldene Zeit des „kleinen" Fußballs erlaubt.

Bespielt wurde es zunächst vom Club Spiel und Sport, dem bürgerlichen Fußballverein der Stadt, der in den 1960er und 1970er-Jahren häufig erstaunliche Kulissen anlockte und das Label „Pokalschreck" trug. Als solcher warf er 1964 mit dem FC St. Pauli und dem VfV Hildesheim gleich zwei damalige Zweitligisten aus dem Nordpokal und traf am 16. Januar 1965 vor über 10.000 Zuschauern auf den MSV Duisburg. Selbst das Fernsehen kam nach Northeim und berichtete von der unglücklichen 0:1-Verlängerungsniederlage. Sein letztes Hoch feierte der SuS in den 1980er-Jahren, als die Derbys gegen Nachbar SVG Einbeck bis zu 3.500 Zahlende anlockten. 1992 kam es zur Vernunftehe mit dem proletarischen Stadtrivalen VfB 07 Northeim sowie Vorortklub Sultmershagener FC zum FC Eintracht.

Es gelang tatsächlich, die üblichen Fusionsanimositäten zu überwinden und eine „Eintracht" zu schaffen, die sich sowohl sportlich als auch strukturell bestens entwickelte. Dazu gehörte die Sanierung der Tribüne, die 1995 mit einem großen Fest abgeschlossen wurde. Seit 2010 betreibt der FC Eintracht das in Besitz der Stadt befindliche Stadion nun in Eigenregie und visiert bereits die Renovierung des Klubhauses an. Nach dem Ausfall eines Geldgebers endete der sportliche Höhenflug allerdings und es droht der Abstieg aus der Oberliga.

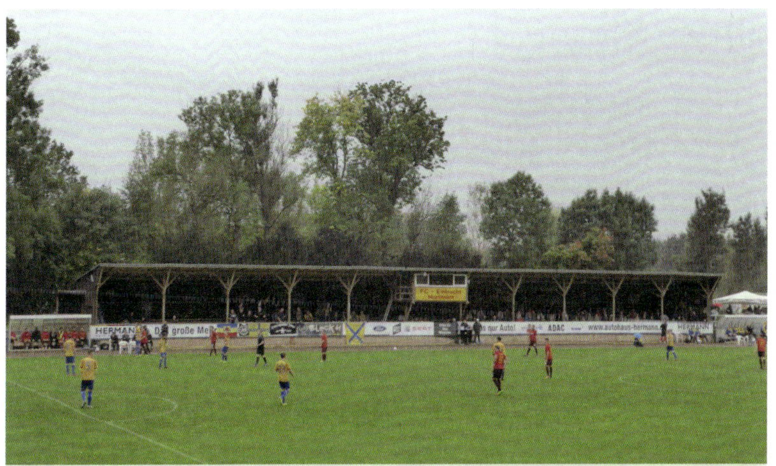

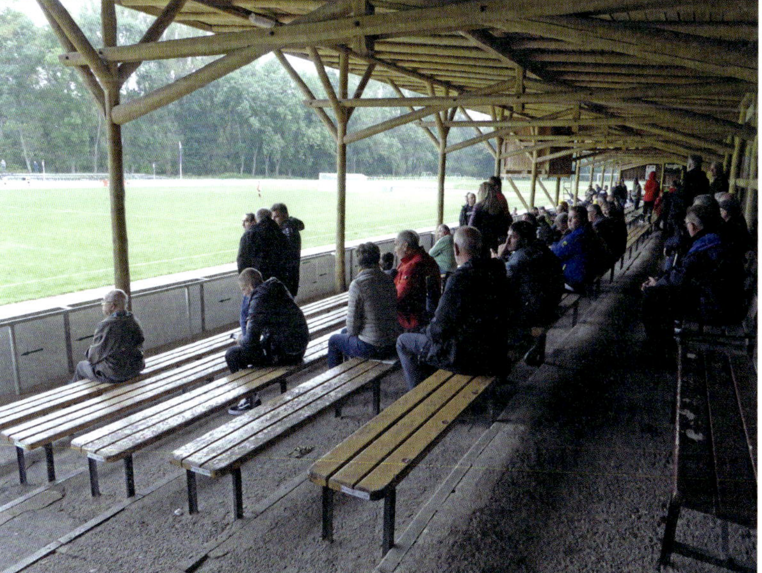

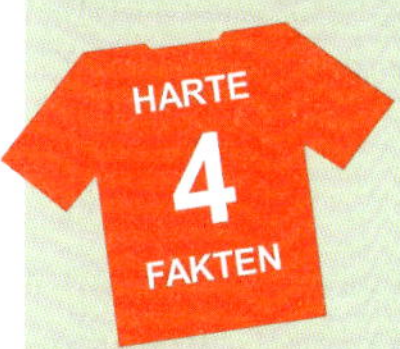

Adresse: Am Rhumekanal 3, 37154 Northeim

Kapazität: 3.500

Verein: FC Eintracht Northeim

Website: www.eintracht-northeim.de

Sportplatz Ockenhausen

Zeitarbeiter-Fußball

Um Ockenhausen zu finden, bedarf es mehr als einer gewöhnlichen Straßenkarte. Während jene sich auf die Erwähnung von Wiesmoor beschränken und bestenfalls noch die Großgemeinde Uplengen andeuten, rückt Ockenhausen erst bei größeren Maßstäben ins Blickfeld. Kein Wunder, denn die Ansammlung von rund 250 Seelen, gelegen südlich der Blumenstadt Wiesmoor zwischen Neudorfer und Stapeler Moor, besteht lediglich aus einer Handvoll Häuser. Wer mal vorbeischauen möchte, verlässt die A28 an der Anschlussstelle Westerstede-West und zockelt weiter gen Norden.

Ockenhausen als Ort muss man wahrlich nicht kennen. Im Fußball schon. Da zählte die winzige Gemeinde in den 1980er-Jahren zu den gefeierten Aushängeschildern Ostfrieslands und weit über die Grenzen hinaus. Zum einen durch regelmäßige Freundschaftsspiele von Bundesligisten wie VfB Stuttgart, Hertha BSC, HSV, 1. FC Kaiserslautern, Werder Bremen oder Schalke 04, zum anderen durch den sportlichen Aufschwung, der nicht zuletzt durch die Einnahmen aus erwähnten Freundschaftsspielen gespeist war.

Die Idee dazu hatte Hans-Dieter „Schlitz" Etzbach, einst Ligaspieler bei Frisia Loga und ab 1970 beim VfL Ockenhausen erst Spielertrainer, dann Trainer, schließlich Multifunktionär. „Es war wie ein kleines Wunder", erinnerte sich der spätere VfL-Vorsitzende Arnold Klüver. „Etzbach besorgte und bezahlte alles. Vorher hatten wir nur zwei Bälle, auf einmal waren es 15. Natürlich gab es noch neue Trikots dazu."

1976 stieß Dieter Schmidt hinzu, mit dem Etzbach eine damals revolutionäre Zeitarbeitsfirma in Westerstede gründete. Fortan kamen „Zeitarbeiter" auch zum VfL, der zwischenzeitlich von der 2. Kreisklasse bis in die Bezirksliga aufgestiegen war. Mit zahlreichen regionalligaerfahrenen Kickern, aber lediglich noch einem Einheimischen erreichte man 1980 sogar die Landesliga und war damit Nummer 1 im Fußball Ostfrieslands. Zwei Jahre später war Schluss. Das Zeitarbeitsunternehmen meldete Konkurs an und der VfL purzelte mit 25.000 DM Schulden hinab in die 1. Kreisklasse. Gegenwärtig spielt man gar nur in der 2. Kreisklasse.

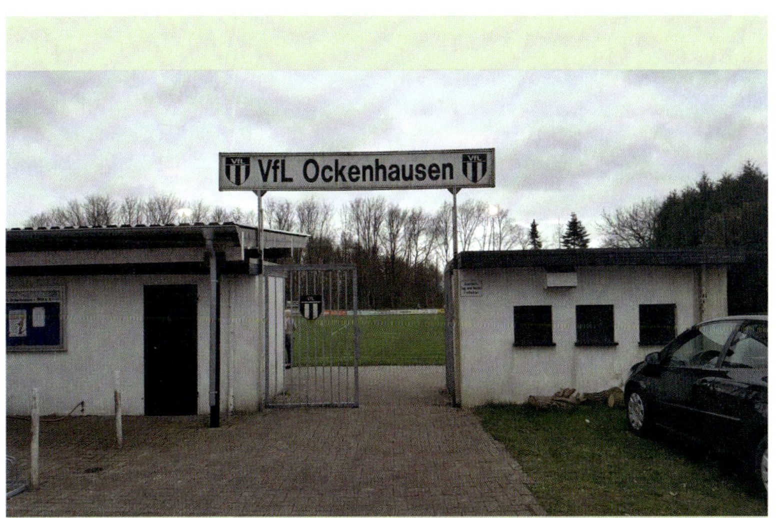

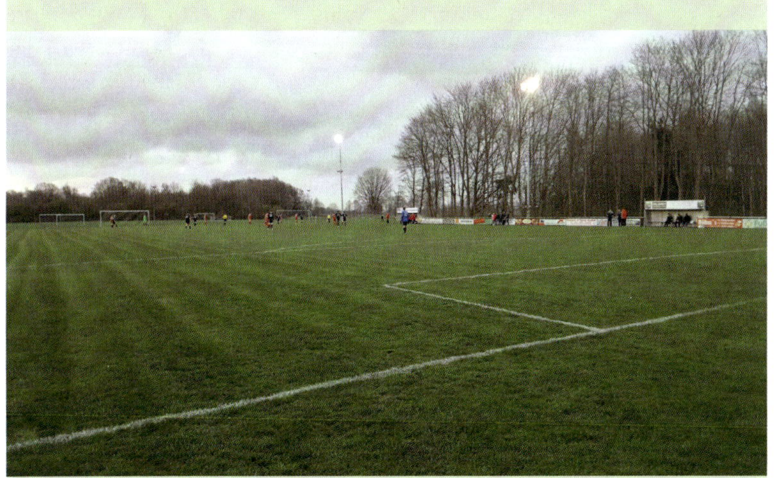

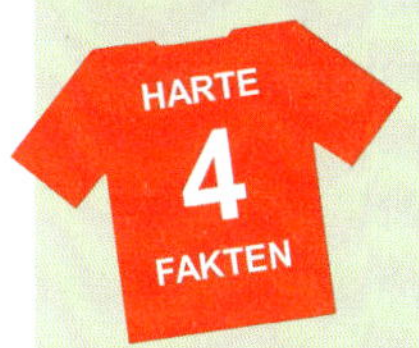

Adresse: Am Sportplatz 13, 26670 Uplengen

Kapazität: 2.000

Verein: VfL Ockenhausen

Website: www.ockenhausen.de

Oldenburg 071

Marschwegstadion

Die ungeliebte Heimat

Von einer der stimmungsvollsten Fußballstätten Norddeutschlands in eine zugige Arena direkt an der Stadtautobahn – Oldenburgs Stadiongeschichte ist eine eher triste. Zwar haben sich die VfB-Fans inzwischen längst an das Stadion am Marschweg gewöhnt – ebenso wie an die ewigen Diskussionen um den Neubau einer Fußballarena, die irgendwie an die um den Berliner Flughafen erinnert –, es bleibt aber endlos, folgenlos, hoffnungslos.

Kommen wir zunächst zu den nüchternen Fakten. Das Marschweg-Stadion wurde am 8. Juli 1951 nach drei Jahren Bauzeit eingeweiht. Damals war es eine weitläufige Mehrzweckarena direkt an der A28, die Oldenburg mit Ostfriesland verbindet. Fußball fand nur sporadisch statt. Erst als der VfB 1991 sein Stadion am Donnerschwee aufgab, rollte der Ball regelmäßig. Und gleich die erste Saison in der neuen Heimstatt war eine ganz besondere! Denn unter Manager Rudi Assauer und Trainer Wolfgang Sidka verpassten die Blau-Weißen um ein winziges Haar – genauer gesagt ein Tor – den Aufstieg in die 1. Bundesliga! Dieser Erfolg minderte ein wenig den Schmerz des Verlustes der „Hölle Donnerschwee“, der mit zeitlicher Verzögerung umso wuchtiger spürbar wurde, als das sportliche Hoch des VfB endete und der Klub 1993 zurück in die Oberliga Nord musste.

Dort wurde greifbar, für was man sein Kultstadion eingetauscht hatte: eine Tribüne, die mit ihrer gewagten Dachkonstruktion zwar reif ist für Architekturpreise, ihrem ureigenen Zweck, vor den Elementen zu schützen, aber nur bedingt nachkommt. Eine flache Schüssel, in der ein paar tausend Zuschauer kaum jene peitschende Atmosphäre erzeugen können, die das berühmte Attribut des alten Donnerschwee war. Hinzu verlief die Talfahrt des VfB rasant und existenzbedrohend. 2004 stürzte man gar in die Fünftklassigkeit ab, liefen plötzlich Teams wie TuS Pewsum am Marschweg als Gäste auf.

Seit 2012 sind die Bewegungsspieler nun immerhin wieder in der Regionalliga unterwegs, doch die Träume von einem neuen Donnerschwee und überregionalen Erfolgen halten an.

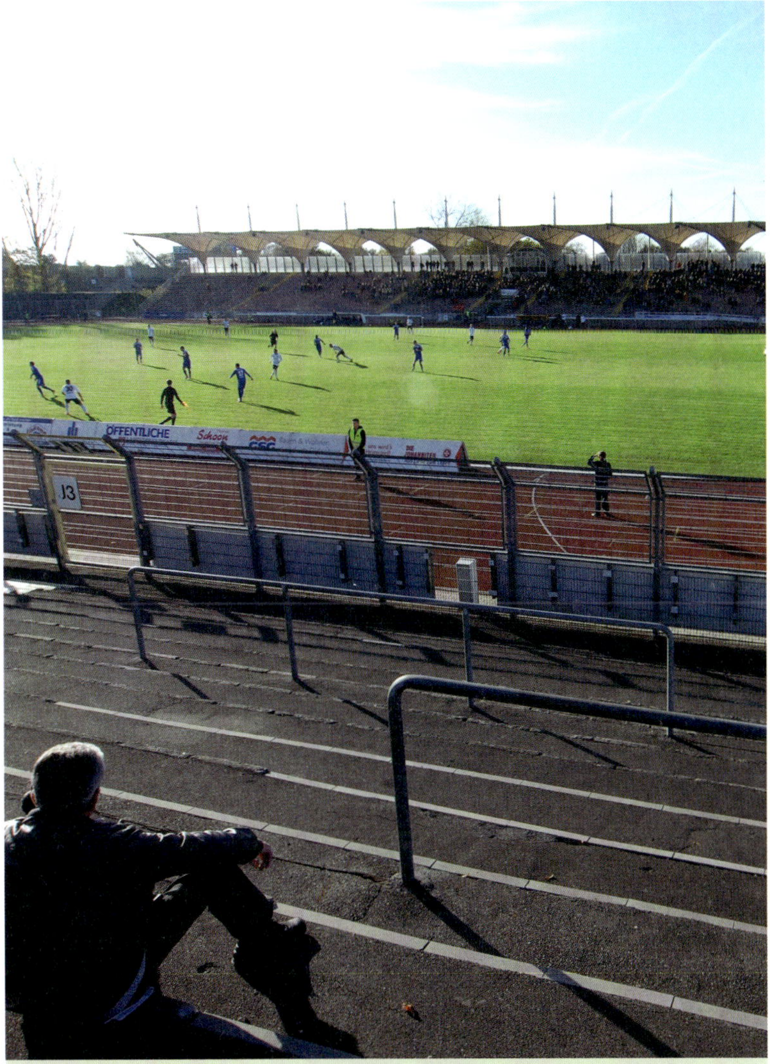

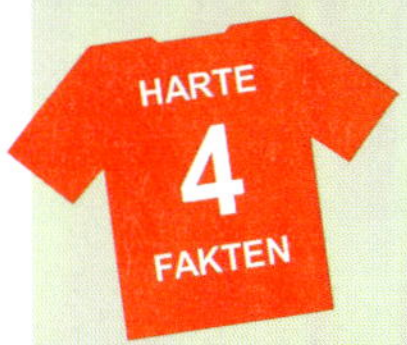

Adresse: Marschweg 54, 26122 Oldenburg

Kapazität: 15.200

Verein: VfB Oldenburg

Website: www.vfb-oldenburg.de

Hans-Prull-Stadion Alexanderstraße

Wo der Nachwuchs gebacken wird

Auf den ersten Blick steht der VfL Oldenburg tief im Schatten des Stadtrivalen VfB Oldenburg. Zumindest im Fußball, denn bei den Handball-Damen zählen die Grün-Weißen zu den ganz großen Namen in Deutschland und Europa. Doch auch im Fußball ist der VfL eine bekannte und erfolgreiche Marke. Das verdankt man vor allem seiner vorzüglichen Nachwuchsarbeit, die zahlreiche Talente hervorbrachte und dank der sowohl die A- als auch die B-Junioren des VfL in der Bundesliga kickten. Die inzwischen mit dem VfB geformte Spielgemeinschaft JFV Nordwest schaffte es 2016/17 abermals ins Oberhaus.

Auch die Senioren der Grün-Weißen haben ihre Meriten vorzuweisen. 2018/19 kickten sie sogar für eine Spielzeit in der Regionalliga Nord mit und trafen auf Gegner wie VfB Lübeck oder Stadtrivale VfB Oldenburg. In der Regionalliga war man 1963/64 schon einmal aufgelaufen! Damals war es noch die zweithöchste Spielklasse unterhalb der Bundesliga, und schon damals war es der eigene Nachwuchs gewesen, auf dem der Erfolg fußte. 1959 war die A-Jugend des VfL bis ins Halbfinale um die Niedersachsenmeisterschaft vorgedrungen und hatte sich nach dem Wechsel in den Seniorenfußball einen Platz im Vertragsligafußball gesichert. Gespielt wurde allerdings am Donnerschwee des VfB, denn der eigene Platz an der Alexanderstraße war nicht zweitligatauglich. Mit 20.000 begrüßte der VfL im Oldenburger Lokalderby am 15. September 1963 die wohl größte Fußballkulisse seiner Klubgeschichte und ließ sich für ein respektables 3:3 feiern.

Nach dem Abstieg richtete man sich im Schatten des VfB ein und konzentrierte sich auf die Nachwuchsarbeit. Zentrales Herz ist die Sportstätte an der Alexanderstraße. 1929 eingeweiht, erhielt sie bereits 1980 einen Kunstrasen, als jene noch außergewöhnlich waren und die naturspielfeldgewohnte Konkurrenz irritierte und verärgerte. Inzwischen zweimal grunderneuert, umgeben aktuell Traversen für rund 4.000 Besucher das Spielfeld, bietet seit 2003 eine kleine überdachte Tribüne Platz für 250 Zuschauer. Am 9. September 2018 zahlten immerhin 2.387 Zuschauer ihren Obolus und sahen ein 1:1 im Oldenburger Lokalderby.

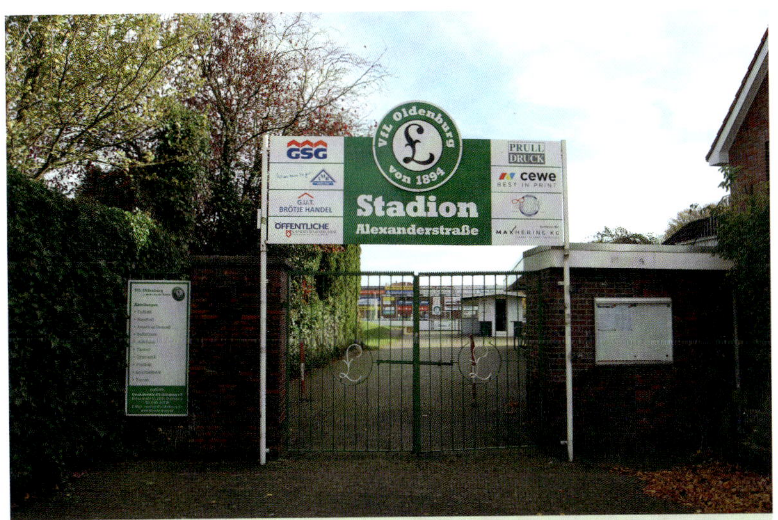

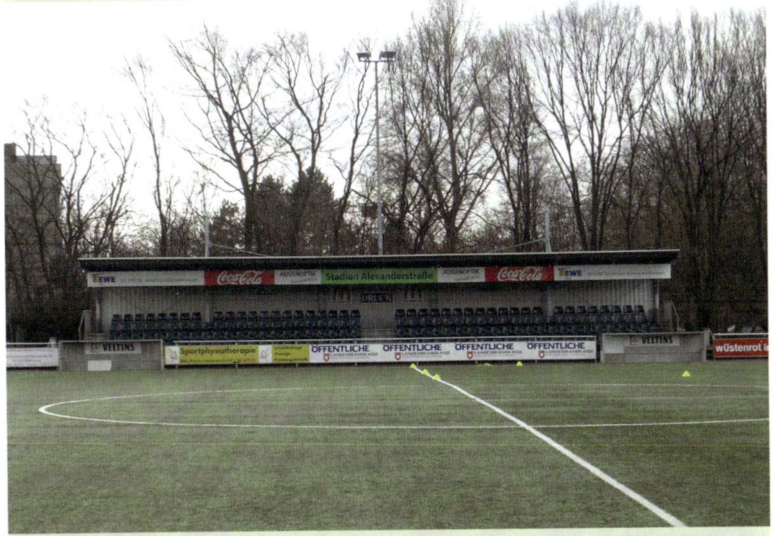

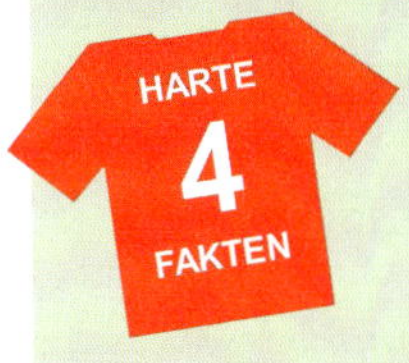

Adresse: Alexanderstraße 102, 26121 Oldenburg

Kapazität: 4.000

Verein: VfL Oldenburg

Website: www.vfl-oldenburg-fussball.de

Stadion am Donnerschwee

Die beweinte Heimat

Man stelle sich vor, ein traditionsreiches Opernhaus würde abgerissen. Oder ein Ort, der Stadtgeschichte geschrieben hat, zu dem nahezu jeder Einwohner eine persönliche Erinnerung hat. Ein Aufschrei ginge los und würde die Politik unter Druck setzen. Denn manchmal ist Kultur eben aus Stein und muss bewahrt werden.

Ein Fußballstadion wird nur selten als Kulturgut betrachtet. In Oldenburg hätten sie es besser mal getan. Denn die emotionale Lücke, die der Verlust des VfB-Stadions in Donnerschwee hinterlassen hat, schmerzt auch 30 Jahre nach dem Auszug der Blau-Weißen noch immer. Ein Discountermarkt steht heute dort, wo der VfB Fußballgeschichte geschrieben hat. Wo die Gegner zitterten, weil das Publikum so eng am Spielfeldrand stand wie nirgendwo sonst im Norden. Wo die norddeutsche Beamtenstadt regelmäßig für 90 Minuten zum südländisch tosenden Kessel wurde. „Hölle des Nordens“ nannte man den Donnerschwee zwischen Kiel und Göttingen.

Am 19. Juli 1991 tanzte dort zum letzten Mal der Fußballteufel. Der SC Freiburg kam, und 8.300 Besucher sahen ein 2:2. Danach passierte lange nichts mehr. Nicht einmal die Tore wurden abgebaut. Das Areal verwilderte einfach und trieb jedem Fußballnostalgiker die Tränen in die Augen. Erst Jahre später wurde die schwelende Wunde im Oldenburger Fußballherz abgerissen, blieben nur der Eingangsbereich mit den drei Buchstaben „VfB“ sowie das frühere Klubhaus auf der gegenüberliegenden Straßenseite stehen.

Die Erinnerung lebt, auch weil eine Initiative im November 2010 eine Gedenktafel vor dem Eingang des nunmehrigen Einkaufszentrums anbrachte. Während um einen herum die Einkaufswagen mit den Billigwaren geschoben werden, drückt man sich eine Träne weg. Das Stadion selbst war keine Schönheit, sondern ein Charakterbau. Auf der Gegengerade nur Stehplätze, die zur Straße abgrenzende Mauer aus verwitterten Backsteinen, oben drauf in Beton gegossene Glasscherben, damit niemand rüberklettern konnte. Die Tribüne ein Winzling mit einer Handvoll Sitzplätzen. Die Kabinen eine Zumutung, die Parkplatzsituation ein Alptraum. Alles Gründe, warum der VfB unter Manager Rudi Assauer 1991 den Donnerschwee aufgab.

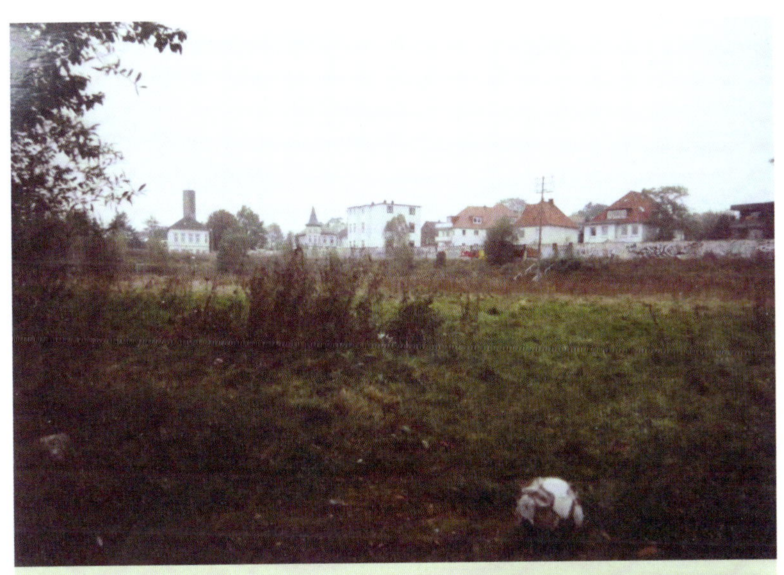

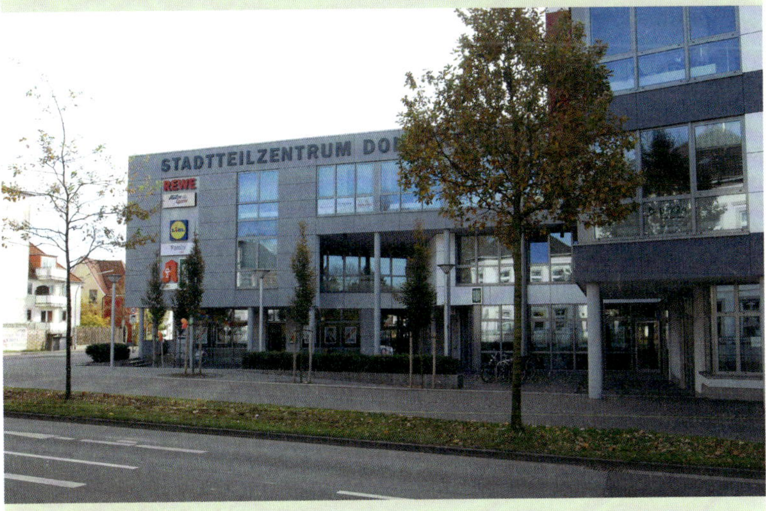

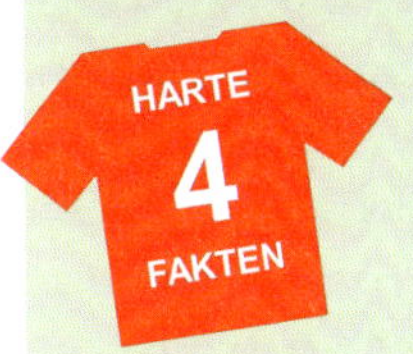

Adresse: Wehdestraße, 26123 Oldenburg

Kapazität: einst 12.000

Verein: VfB Oldenburg

Website: www.vfb-oldenburg.de

Eintracht-Stadion Brinkstraße

Die „gelbe Gefahr“ ist gezähmt

Wer heute auf den Sportplatz an der Brinkstraße kommt, ahnt nichts davon: Nicht immer war der VfL Osnabrücks einsames Aushängeschild! Über Jahrzehnte kickte im Stadtteil Neustadt mit dem SV Eintracht ein Rivale, der die Stadt spaltete. Es war der 14. Januar 1951, als die Blau-Weißen ihren ewigen Zenit erklommen: „Eintrachts Meisterstück über den Meister HSV“, titelte die Lokalpresse. 8.000 begeisterte Fans hatten einen 1:0-Sieg über den großen Hamburger SV erlebt – nie zuvor und nie wieder waren die vom Volksmund „Gelben“ genannten Neustädter so populär wie in jenen Tagen.

Legendär die Kabinensituation, denn auf dem ehemaligen Sportplatz der Hammersen AG an der Brinkstraße gab keine Umkleidekabine. Die Akteure zogen sich stattdessen im Tanzlokal Gerritzen an der Meller Straße um und wurden dann – in voller Spielkluft! – zur Spielstätte gekarrt. Bis zum Zweiten Weltkrieg hatten die Eintracht-Vorläufer übrigens auf dem Sportplatz „Paradies“ gekickt, der nicht allzu weit von der Brinkstraße lag und bis heute in Betrieb ist.

Mit der Professionalisierung des Fußballs rutschte der vor allem auf den eigenen Nachwuchs setzende Klub sukzessive ab. 1959/60 verbrachte man ein letztes Jahr in der Oberliga Nord und traf noch einmal auf den VfL, der sich zwischenzeitlich bis in die Endrunde um die Deutsche Meisterschaft gespielt hatte, weshalb ihm auch in Neustadt längst die Fanherzen zuflogen. Die Eintracht verpasste den Anschluss und stieg 1969 sogar aus der Verbandsliga ab. Ein Jahr zuvor war mit Obmann Horst Klose die Galionsfigur der Nachwuchsabteilung verstorben.

Turbulent ging es weiter, doch eine Rückkehr in höhere Spielklasse blieb aus. 1995 fand sich der Klub finanziell ausgeblutet in der Kreisliga wieder und drohte am Schuldenberg von 180.000 DM zu zerbrechen. „Wir werden neue Strukturen schaffen und über eine gute Jugendarbeit versuchen, unseren einstmals guten Ruf wieder aufzupolieren“, gab der neue Vorstand aus. Geklappt hat es nur bedingt – 2009 erreichte Eintracht Osnabrück mit dem Abstieg in die 1. Kreisklasse einen neuen Tiefpunkt.

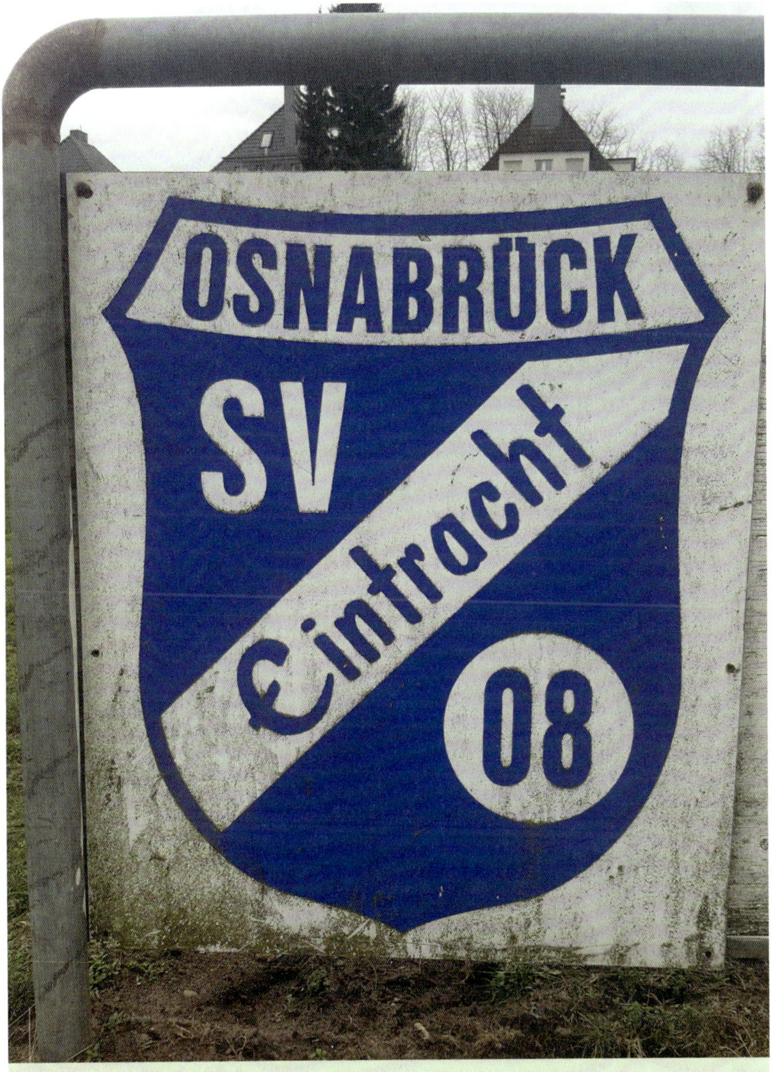

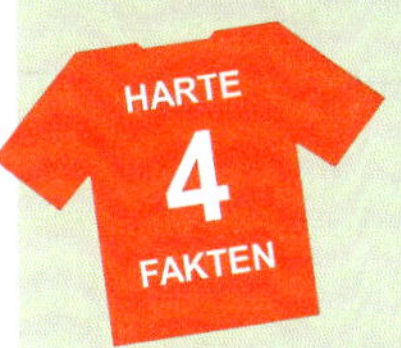

Adresse: Brinkstraße

Kapazität: 3.000

Verein: SV Eintracht Osnabrück

Website: www.eintracht08.de/

Stadion Bremer Brücke

Hölle Nord

Ohne anderen Vereinen in Niedersachsen zu nahe treten zu wollen: Die Bremer Brücke in Osnabrück dürfte neben dem Eintracht-Stadion in Braunschweig die wohl stimmungsvollste Fußballarena des Landes sein. Sie hat zudem alles, was ein Stadion braucht, um zum Mythos zu werden. Ruhmreiche Geschichte, zahlreiche Erfolge, eine Verortung, die bis in die 1930er-Jahre zurückreicht und ein Publikum, das sich über Jahrzehnte den Ruf als „heißblütig" erwarb.

Als der VfL in den 1960er-Jahren via Aufstiegsrunde zur Bundesliga am Oberhaus anklopfte, war der Auftritt an der Bremer Brücke selbst für lärmgestählte Klubs wie Rot-Weiss Essen ein echter Gang nach Canossa. Daran hat sich nichts geändert, und auch die diversen Krisen der lilaweißen Hausherren vermochten den Mythos der „Brücke" nicht zu erschüttern. Zumal das Stadion ebenso sukzessive wie sensibel ausgebaut und renoviert wurde und mit vier überdachten Tribünen inzwischen auch klangtechnisch zu einem echten Schmuckkästchen geworden ist.

Das im Arbeiterquartier Schinkel gelegene Stadion entstand auf einem Sumpfgelände und wird seit 1939 vom VfL bespielt. Der hatte zuvor in Gartlage gekickt und war dort von den Nationalsozialisten vertrieben worden. Nach dem Zweiten Weltkrieg legte man in der alten Oberliga Nord den Grundstein zum Mythos Bremer Brücke, die nach dem Zweiten Weltkrieg mit ihren 30.000 Plätzen häufig viel zu klein war für das immense Publikumsinteresse. 1969, der Gesamtzustand der Arena war inzwischen mit „marode" noch gnädig umschrieben, errichtete man zur Bundesligaaufstiegsrunde eine riesige Stahlrohrtribüne auf der Gegengeraden, die aber ein Provisorium blieb. Erst in der Ära Piepenbrock, die 1975 begann, entstand eine neue Haupttribüne, und seit 2010 ist auch die Gegengerade mit einer modernen Tribüne ausgestattet.

Das lilaweiße Fanherz schlägt vor allem im Stehplatzbereich „Affenfelsen", der Nordost-Ecke des Stadions, in dem sich auch die Gästefans eines stimmungsfördernden Blocks erfreuen können. Mythos Bremer Brücke!

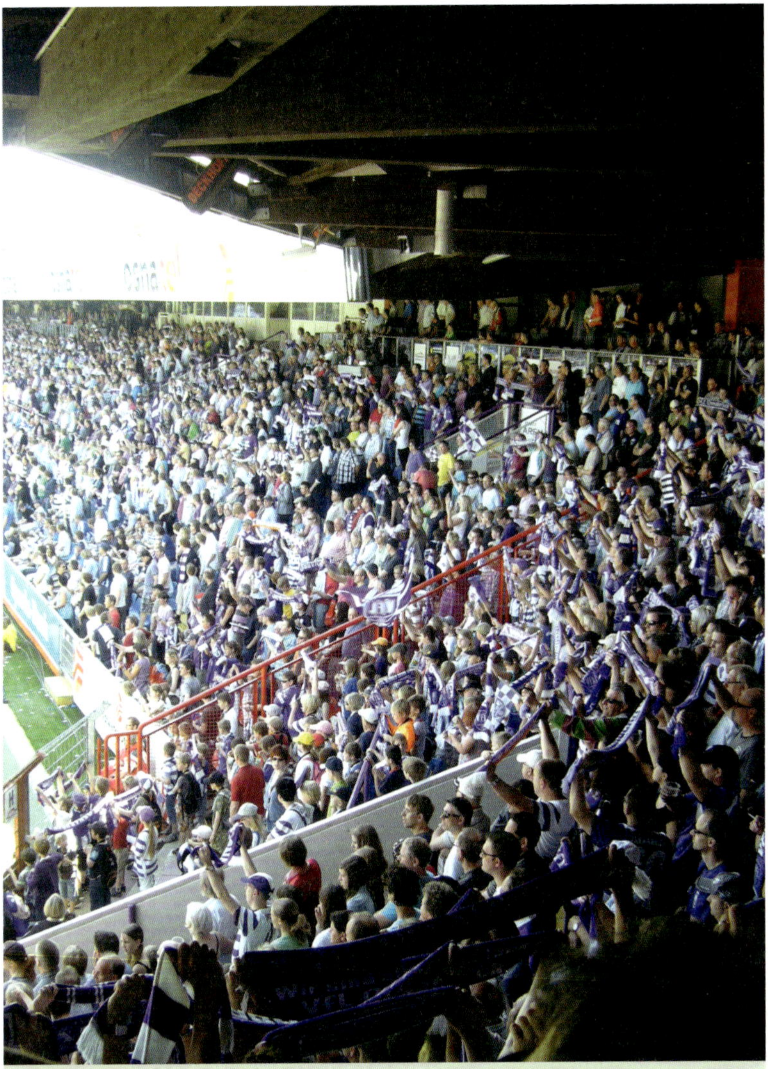

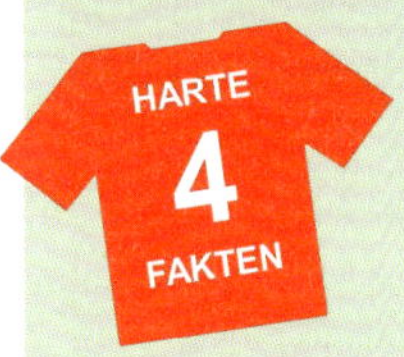

Adresse: Scharnhorststraße 50, 49084 Osnabrück

Kapazität: 16.667

Verein: VfL Osnabrück

Website: www.vfl.de

Stadion Schinkelberg

Schinkels Herz schlägt nicht mehr

Es gibt Orte, an denen trägt der Fußball Trauer. Die Buersche Straße im Stadtteil Schinkel ist so einer. Hier lebte der Fußball einst sein proletarisches Herz, war man ebenso streitbar wie erfolgreich. Seit 2005 ist es damit vorbei. Nicht einmal der Klub SV Schinkel 04 lebt mehr. Sämtliche Mitglieder schlossen sich der TSG Burg Gretesch an und ließen ihre alte Fußball-Liebe hinter sich.

Ein Blick in die Historie lohnt sich. In Schinkel bestimmte jahrzehntelang das Klöckner-Stahlwerk den Rhythmus des Alltags. Ein ideales Biotop für den Fußball-Virus, und wohl nicht umsonst steht auch die Bremer Brücke in Schinkel. In den 1930er und 1940er-Jahren trafen die Lilaweißen vom VfL in Schinkel auf einen streitbaren Rivalen, der auch in puncto Fangunst mithalten konnte. Schinkel 04 war 1936 bzw. 1938 entstanden, als der Osnabrücker FV 06, der VfB Schinkel, Blau-Weiß und der TV Friesen 04 Schinkel auf leichten Druck der nationalsozialistischen Führung in zwei Schritten zur TuSG Schinkel 04 fusionierten. Vom OFV 06 ging das 15.000 Plätze bietende Stadion an der Buerschen Straße in die Zweckehe ein. Der OFV hatte dort bisweilen Westfalengau-Liga gespielt, während Blau-Weiß und VfB erfolgreiche Nachwuchsarbeit einbrachten. Das alles ergab eine Erfolgsmischung. 1939 erreichte das Team um Torjäger „Fiffi“ Weber die Gauliga, schlug den großen Nachbarn VfL mit 4:3 und galt vor allem im Schinkeler Proletariat als der große Fußball-Liebling.

Nach dem Krieg sah es düster aus in Schinkel. 60 Prozent des Viertels waren bombenzerstört. Das Stadion war zwischenzeitlich einer Erweiterung der Klöckner-Werke zum Opfer gefallen, die Erfolgself in alle Winde zerstreut. 1951 fand man am Klushügel eine neue Heimstatt, doch die großen Jahre waren vorbei. Von 1949 bis 1952 gab es immerhin noch Zweitligafußball zu sehen, ab 1963 bestenfalls noch Viertligafußball. Aus Schinkel 04 wurde ein im Stadion Schinkelberg spielender Breitensportverein mit schlechten Perspektiven. 2004/05 beendete man die letzte Saison der Klubgeschichte auf Platz zehn der 1. Kreisklasse Osnabrück-Stadt.

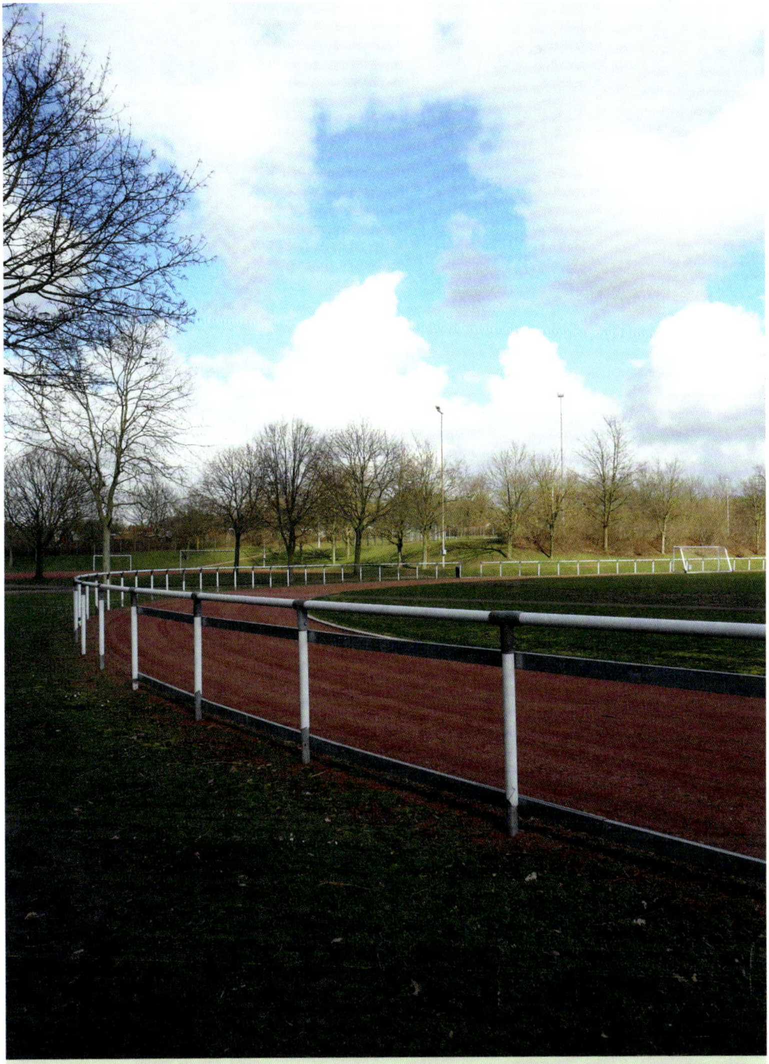

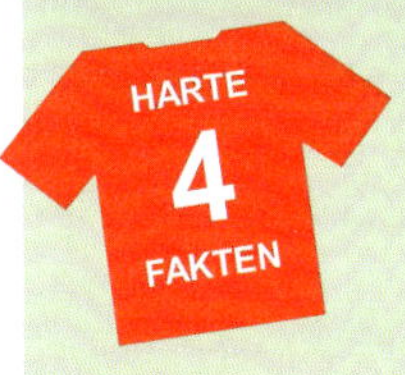

Adresse: Sportanlage Schinkelberg, Weberstraße 48, 49084 Osnabrück

Historisches Stadion: Buersche Straße

Vereine: Schinkel 04

ÖPNV 1938: ab Hauptbahnhof Straßenbahnlinie 1, dann umsteigen in die 3; Fahrtzeit 15 Min.

Papenburg 077

Waldstadion

Obenende gegen Untenende

Einst war Papenburg die deutsche Zentrale für den Schiffbau. Auf über 20 Werften wurde gehämmert und gebaut. Heute lebt man von Touristen und Ausflüglern, die sich in einer der ungewöhnlichsten Städte Norddeutschlands entspannen. Denn die „Stadt am Kanal“ (Eigenwerbung) ist die älteste und längste Fehnkolonie Deutschlands und zieht sich bei 33.000 Einwohnern über eine Länge von knapp 15 Kilometern. So etwas wie eine Kernstadt gibt es nicht, stattdessen ist Papenburg gespalten in zwei Lager: Das „Obenende“, ein klassisches Arbeiterviertel, und das bürgerlich geprägte „Untenende“.

Diese Lagerbildung bescherte Papenburg ein legendäres Fußballderby, wenn nämlich die Proletarier des SV Amisia auf die Bürgerlichen des FC Germania trafen. Letztere stellte die erfolgreichere der beiden Adressen. Ab 1954 im Waldstadion beheimatet, feierten die Blau-Weißen diverse Pokaltriumphe und stürmten 1963 mit einer vor allem aus Einheimischen bestehenden Mannschaft die damals drittklassige Amateuroberliga. „Wer hat's geschafft – Germania 08“, pinselten die 2.000 zum Entscheidungsspiel gegen den TV Bohmte nach Haselünne mitgereisten Fans. Das Spieljahr 1963/64 ist unvergessen. Der Aufsteiger stürmte an die Tabellenspitze, begrüßte am 23. September 1963 beim 4:3 über die Amateure von Regionalligist Arminia Hannover die Rekordkulisse von 3.600 Zuschauern und stellte mit Torjäger Wilfried Tittmann einen Niedersachsenauswahlspieler. Ganz Papenburg war stolz auf die Germania – bis auf die Amisianer natürlich.

Die Qualifikation zur neuen Landesliga wurde dennoch verpasst, und als Germania 1965 ein Entscheidungsspiel ohne den verletzten Torjäger Tittmann mit 2:4 gegen Blau-Weiß Borßum verlor, war das Fußballhoch zu Ende. 1969 halfen knapp 12.000 DM Ablöse für Fritz Stefens an Werder Bremen noch beim Bau einer Flutlichtanlage, doch 1978 erreichte der Absturz in der Kreisliga seinen Tiefpunkt. 1994 kam es zum Undenkbaren, zur Fusion mit dem SV Amisia zum SC Blau-Weiß, der mit Sponsorenunterstützung in die Oberliga strebte. Doch Untenende und Obenende, das passte nicht zusammen. 1995 wurde der FC Germania wiedergegründet, und Blau-Weiß stürzte ab bis in die Bezirksklasse. Aktuell kickt man immerhin wieder Landesliga.

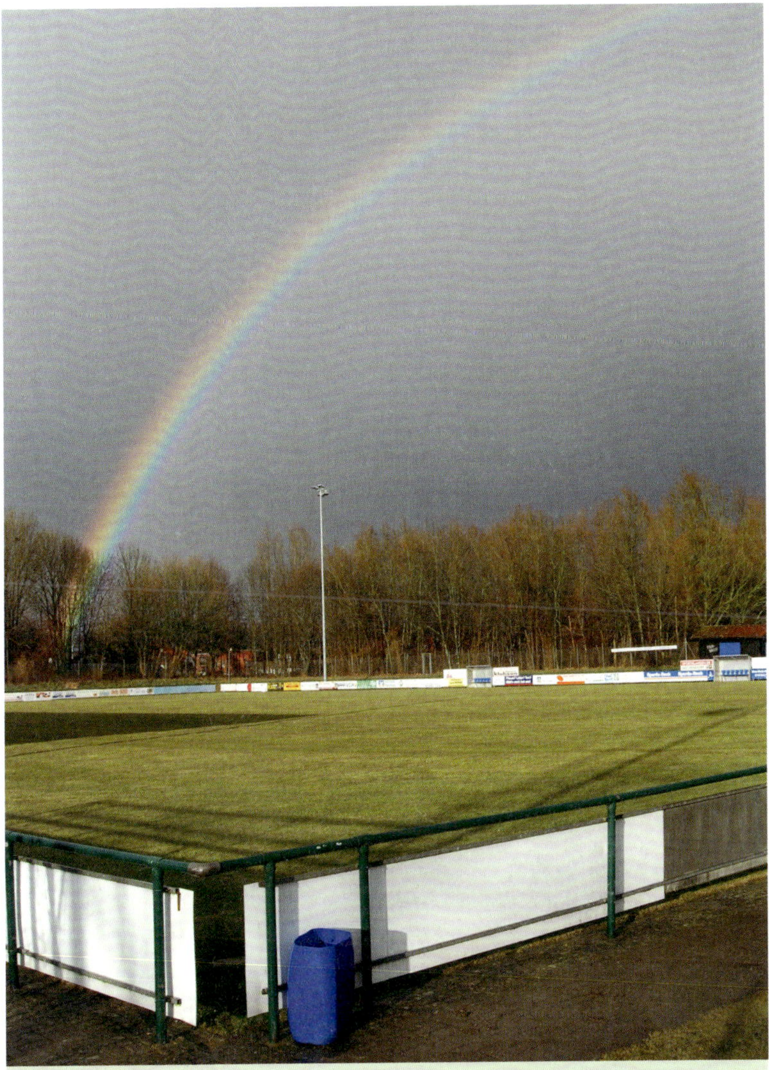

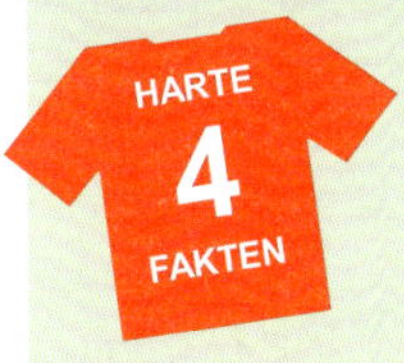

Adresse: Am Stadion, 26871 Papenburg

Kapazität: 4.500

Verein: SC Blau-Weiß Papenburg, FC Germania Papenburg

Website: www.bw-papenburg.de

Peine 078

Stadion an der Ilseder Straße

Ein Punkt fehlte zur Oberliga

Die Kleinstadt Peine mit ihren etwa 50.000 Einwohnern ist fußballerisch gespalten. Die einen tendieren zu den Roten aus der Landeshauptstadt Hannover, die anderen zu den Blau-Gelben aus der Welfenstadt Braunschweig. Das führt bisweilen zu Konflikten, die in Peine für allerlei Aufregung sorgen. Aufregung war früher Lokalmatador VfB Peine vorbehalten, der 1904 als FC Merkur entstand und bis in die 1980er-Jahre fix zu Niedersachsens Fußball-Elite zählte. Zu Gauligazeiten duellierte man sich sogar auf Augenhöhe mit 96 und BTSV und hatte mit dem aus Nürnberg gekommenen Ludwig Männer einen angehenden Nationalspieler in seinen Reihen.

Peine ist nicht nur Fußballstadt, Peine ist vor allem Stahlstadt. Eine Kombination mit Erfolgsgarantie. Zumindest früher. Denn während „Peine" bis heute in der Bauwirtschaft weltweit als Synonym für breitflanschige Stahlträger gilt, ist der Ruf der Rot-Grünen von der Ilseder Straße in der Fußballwelt längst verflogen.

Vielleicht lag das auch am 2. Juni 1957, als man beim Namensvetter in Lübeck nur noch einen einzigen Punkt brauchte, um in die Oberliga Nord aufzusteigen. Bis neun Minuten vor Schluss hofften 600 mitgereiste Peiner Fans an der Lohmühle auf künftige Gastspiele von HSV, Werder, 96 und Eintracht Braunschweig an der Ilseder Straße, ehe eine zu kurze Rückgabe eines Peiner Verteidigers zum Torhüter zum Tor des Tages führte und stattdessen der VfB Lübeck aufstieg.

Ein Schock, von dem man sich in Peine lange nicht erholte. Drei Jahre später sorgten zwar 11.000 beim Nordpokalspiel gegen den Hamburger SV für eine immerwährende Rekordkulisse, das große Ziel, den Bundesligaunterbau Regionalliga Nord, erreichte die Walzwerkelf jedoch trotz des Schalker Meisterspielers Otto Laszig als Trainer nicht. Für das letzte Hoch sorgte in den 1970er-Jahren Geldgeber Enno Menz, dessen Ambitionen von der 2. Bundesliga trotz hoher Zuschauerresonanz krachend scheiterten. Nach der Millenniumswende ging es hinunter bis auf Kreisebene und der Ruf des VfB wurde zum Mythos.

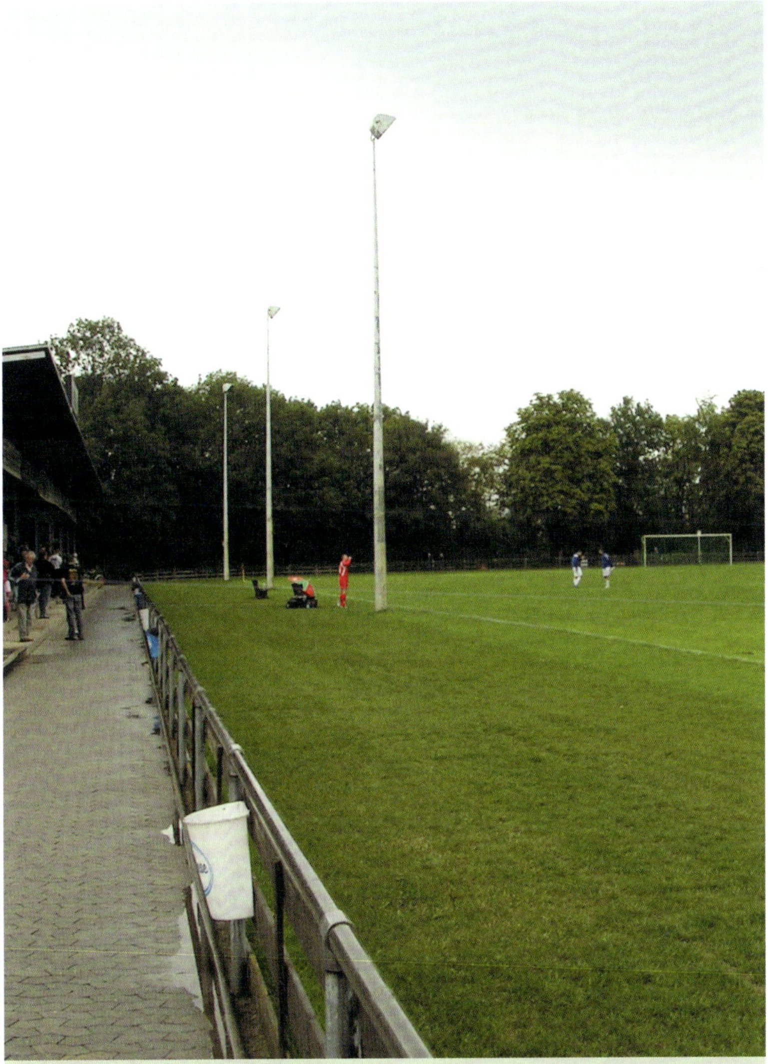

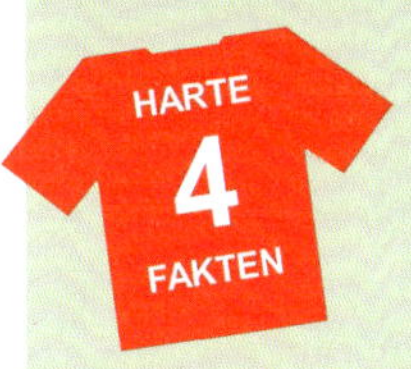

Adresse: Am VfB Platz 2, 31226 Peine

Kapazität: 2.500

Verein: VfB Peine

Website: www.vfb-peine.de

Sportplatz Lasfelde

Malocherglück im Harzvorland

Die Kulisse ist bizarr, und irgendwie liegt hier alles an der Schnittstelle zwischen nüchtern-trister Arbeiterkultur und mondänem Skiurlaub. Die drei Gemeinden Lasfelde, Petershütte und Katzenstein, einen Steinwurf von Osterode entfernt, nennen sich die „Seestädte“ und lebten Jahrzehnte lang vom Kalkabbau, dessen Folgen an den umliegenden Berghängen (un)schön zu sehen sind.

Kalkabbau ist Knochenarbeit, und dazu braucht es kräftige Männer, die in ihrer Freizeit gerne rustikalen Sport treiben. Das führt uns zur Tuspo La-Pe-Ka, in der Kurzform Tuspo Petershütte genannt. Seit den 1920er-Jahren gehört die Dreiergemeinde zu den großen Namen im Fußball des Vorharzes. Es begann mit dem SV Petershütte, 1920 gegründet und 1933 auf dem Sprung in die höchste Spielklasse von den nationalsozialistischen Ligareformen gestoppt. 1943 vereinte sich der SVP mit dem TV Lasfelde und dem TSV Katzenstein zum heutigen Tuspo La-Pe-Ka, der 1949 zu den Gründungsmitgliedern der drittklassigen Amateurliga Hildesheim gehörte.

Der Ruf der Mannschaft ging weit über die Grenzen des Vorharzes hinaus. Vor allem auf dem engen Platz in Lasfelde, wo sich häufig 2.000 und mehr Kumpel versammelten, um ihre Mannschaft anzutreiben, war in den 1950er-Jahren schlecht Kirschen essen mit den Blau-Weißen. Namentlich der bürgerliche Nachbarklub VfR Osterode sorgte bei seinen Auftritten in den Seestädten für höchste Erregungszustände und kassierte regelmäßig legendäre Niederlagen.

Die nächste Hochphase erreichten die Blau-Weißen nach ihrem Aufstieg in die neue Verbandsliga Süd. Während Fußball zum Unterhaltungssport wurde und Disziplinen wie Tennis die Massen erreichte, schwor man in Lasfelde unverändert auf Gemeinschaftsgeist und Kumpelphilosophie. Mit Uwe Mackensen brachte La-Pe-Ka 1972 sogar einen Bundesligaprofi hervor. Der letzte große Erfolg gelang 2000, als Tuspo in der Niedersachsenliga Ost lange um den Aufstieg in die Oberliga Niedersachsen-Bremen mitspielte. Heute ist der Kumpelgeist zwar verflogen, Kulisse und Stadionarchitektur verraten aber, welch Mythos in Lasfelde noch immer zu Hause ist.

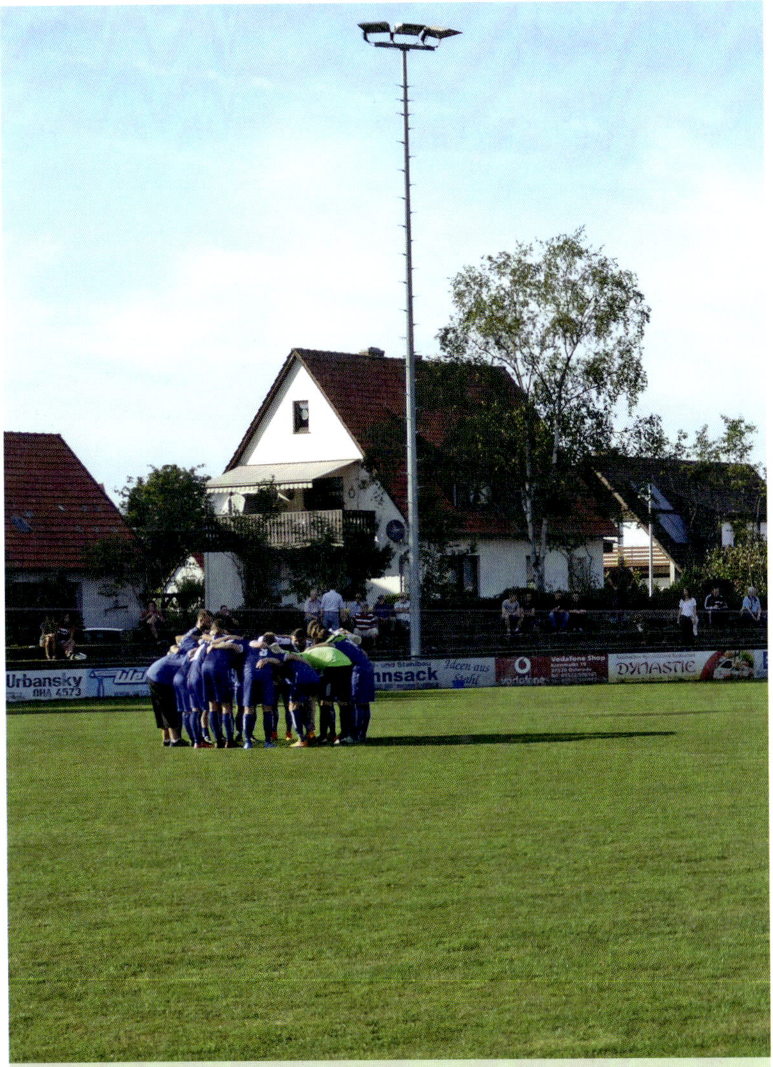

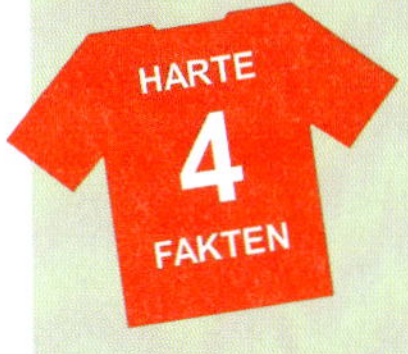

Adresse: An der Bahn 26, 37520 Osterode am Harz

Kapazität: 2.500

Verein: Tuspo Petershütte

Website: www.tuspo-petershuette-1906.de

Waldsportstätten

Pokalglück außerhalb ausgelebt

Seit 2012 kickt die 2.200-Einwohnergemeinde Rehden im norddeutschen Amateuroberhaus mit und hat nebenbei im DFB-Pokal große Fußballtage erlebt. Durch den Fußball wurde der Name der kleinen Gemeinde im Landkreis Diepholz überregional bekannt, wenngleich das Onlinelexikon Wikipedia Rehden lieber mit dem größten unterirdischen Erdgasspeicher Westeuropas verbindet, der aktuell von der Gazprom-Tochter Wingas ausgebeutet wird.

Eine Unterstützung durch den russischen Energiegiganten ist beim Lokalmatador BSV Schwarz-Weiß nicht zu sehen. Dennoch kann sich der 1954 gegründete Verein auf treue Gönner verlassen – allen voran der langjährige Präsident und „Macher“ Friedrich Schilling –, die dazu beitrugen, dass man nach vielen Jahren auf Kreis- und Bezirksebene 2001 die Niedersachsenliga erreichte und 2010 in die eingleisige Oberliga aufstieg.

Der Sportplatz an der Bahn kam bei der rasanten Entwicklung kaum hinterher, und 2001 erfolgte der Umzug auf die Waldsportstätten, die 2003 zum Pokalspiel gegen München 1860 mit Zusatztribünen für 5.500 Zuschauer ausgebaut wurden. Der bis dahin größte Erfolg des Rehdener Fußballs wurde 2011/12 getoppt, als die Schwarz-Weißen mit Platz vier auch noch die Qualifikation für die neue Regionalliga Nord schafften und damit erstmals in der Klubgeschichte über die Landesgrenzen hinaus spielten.

In Liga 4 hat sich der BSV seither bestens bewährt, aber auch das Glück des Tüchtigen gehabt, als nämlich gleich zweimal der Klassenerhalt am grünen Tisch gelang: 2017 nachdem der SV Meppen in die 3. Liga aufstieg und 2018, als der Abstieg der Braunschweiger Eintracht aus der 2. Bundesliga deren Reserve aus der Regionalliga katapultierte. Rehden durfte jeweils nachrücken. Seinen größten Tag feierte man übrigens in Osnabrück. Es war der 5. August 2013, als der FC Bayern mit seinem neuen Trainer Pep Guardiola im DFB-Pokal beim BSV Schwarz-Weiß Rehden gastierte. Weil das heimische Stadion dafür viel zu klein war, wich man nach Osnabrück an die Bremer Brücke aus. 0:5 hieß es am Ende vor 16.500 Zuschauern.

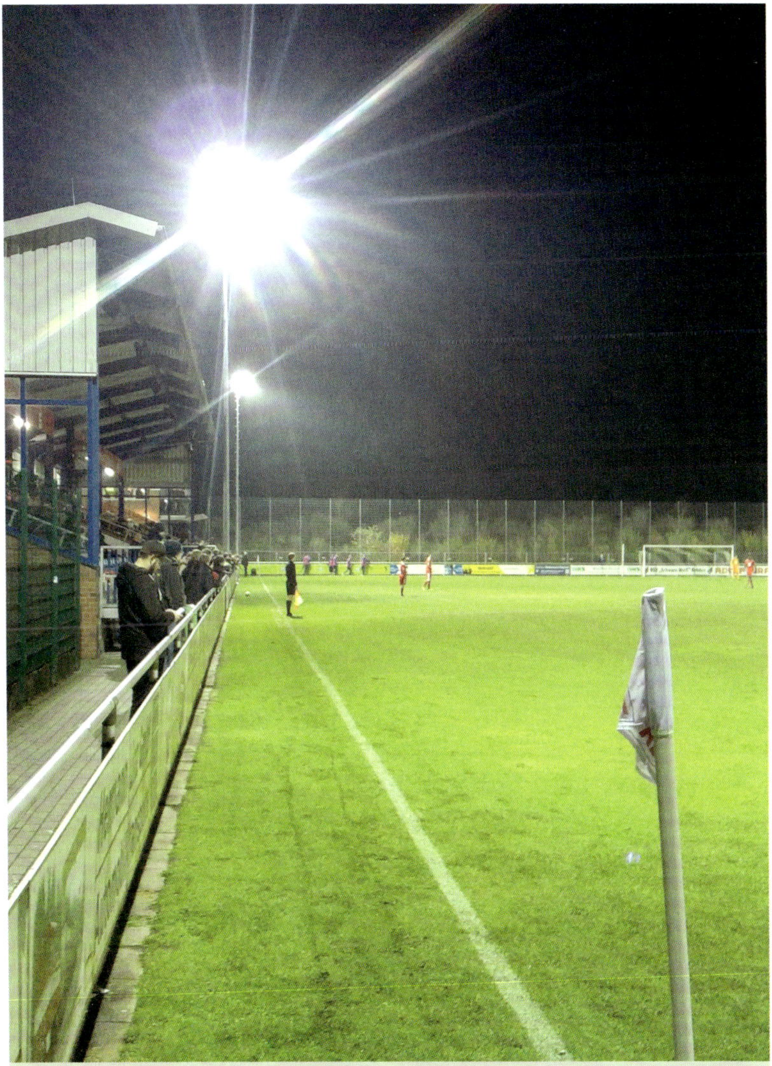

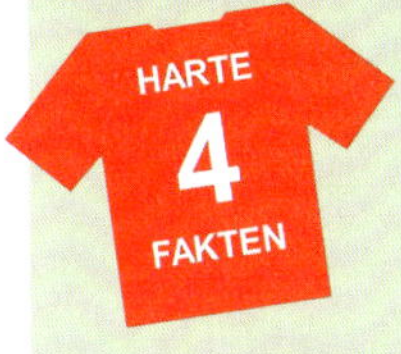

Adresse: Waldsportstätten, 49453 Rehden

Kapazität: 4.350

Verein: BSV Schwarz-Weiß Rehden

Website: www.bsv-rehden.de

Sportanlagen in der Ahe

Ein allzu kurzer Höhenflug

Rotenburg an der Wümme ist ein gemütliches Städtchen vor den Toren von Bremen, das im Fußball hin und wieder in die Schlagzeilen geriet. Zuletzt sorgte dafür Reinhard Grindel, der 2019 von seinem Amt als DFB-Präsident zurücktreten musste, weil er vergaß, ein Uhrengeschenk anzugeben. Grindels Verein ist der Rotenburger SV, dessen Pressewart der ausgebildete Journalist zeitweise war. Seine Funktionärslaufbahn begann jedoch erst 2011, als er, längst Berufspolitiker, 1. Vizepräsident des Niedersächsischen FV wurde.

Die unschöne Publicity, die Grindel dem RSV bescherte, nahm man gelassen. Denn der RSV, 1977 durch Zusammenschluss von Spielvereinigung 1919 und FC 1960 entstanden, hat Wichtigeres vorzuweisen, auf das man stolz sein darf. Dazu gehört das 1981 eingeweihte Ahe-Stadion. Traditionell eine Hochburg der Nachwuchsarbeit avancierte der RSV dort zudem zu einem der Pioniere im Frauenfußball und errang 1978 sowie 1987 die Niedersachsenmeisterschaft. Bei den Männern ging es ab Mitte der 1990er-Jahre bergauf, nachdem es dem damaligen Präsidenten Norbert Pricker gelungen war, das örtliche Ytong-Werk an Bord zu holen. 1994/95 erklomm man die Landesliga, schaffte den Durchmarsch in die Niedersachsenliga und drang bis ins Finale um den Landespokal vor. Plötzlich war der Rotenburger SV eine angesagte Adresse.

1996 kam Weltmeister Günter Hermann als Trainer und brachte seinen früheren Klubkameraden Frank Ordenewitz mit. Auf einmal erwachte in Rotenburg das Fußballfieber. Das Derby gegen Heeslingen wurde von der Reifenfirma Emigholz gesponsert und lockte 1.200 Zuschauer an, dem titelentscheidenden Duell mit der SVG Einbeck wohnten gar 3.000 Fans bei. Trotz 0:2-Niederlage aufgestiegen, etablierten sich die Rot-Weißen anschließend zwar in der vierthöchsten Spielklasse, der Publikumszuspruch aber brach ein. Selten waren es mehr als 400, die ihren Obolus zahlten.

Nach der Millenniumswende wurde es turbulent. Nach dem überraschenden Tod von Präsident Pricker stand die Steuerfahndung vor der Tür, und ausgerechnet während das Stadion modernisiert wurde, gingen die höherklassigen Lichter im Ahe-Stadion aus.

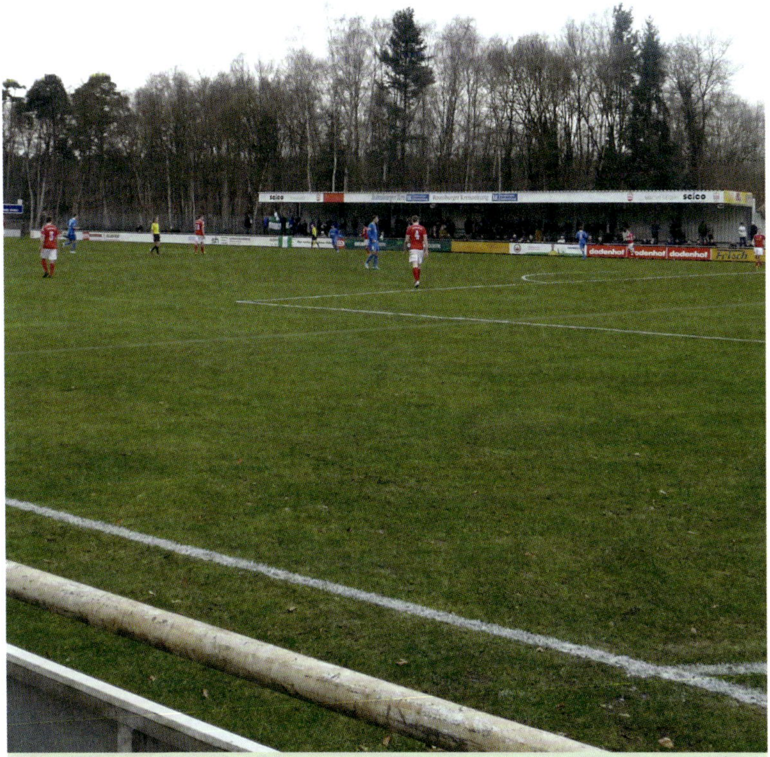

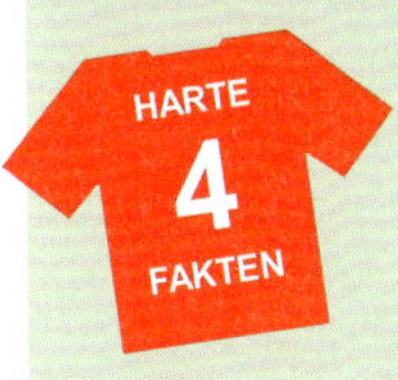

Adresse: In der Ahe, 27356 Rotenburg/Wümme

Kapazität: 3.000

Verein: Rotenburger SV

Website: www.rotenburgersv.de

Union-Stadion

Auf den Spuren Schalkes

Trotz lediglich 100.000 Einwohnern gehört Salzgitter zu den größten Städten Deutschlands. Metropolenflair ist jedoch kaum zu entdecken. Einige der 31 Stadtteile ähneln sogar Dörfern, und insgesamt breitet sich das „Stadt"gebiet auf 220 oft ländliche Quadratkilometer aus.

Das Herz ist Salzgitter-Bad. Ein etwas irritierender Name für eine Stadt, die lange von Schwerindustrie lebte. Dort residiert mit dem SV Union der langjährige Stolz der Kernstadt, der einst von der 2. Bundesliga träumte und inzwischen auf Bezirksebene dümpelt. Union, das war lange Kumpel-Geist im klassischen Sinne. Unter der Woche fuhren Spieler wie Fans in die „Funken-Kuhle" oder den „Georg-Schacht" ein. Am Wochenende traf man sich am Fußballplatz und stritt gemeinsam um Sieg oder Niederlage. Union Salzgitter, das war „Klein-Schalke". 1957 wurde man Niedersachsenmeister und verpasste knapp die legendäre Oberliga Nord.

1966 entstand das heutige Union-Stadion, verließen die Blau-Weißen ihre alte Anlage am Schlingelahweg. Im selben Jahr wurde die A-Jugend des Klubs mit einem 3:2 über den HSV Norddeutscher Meister. Das war die Grundlage zur erfolgreichsten Epoche der Vereinsgeschichte. Dreimal stand man zwischen 1969 und 1973 in der Aufstiegsrunde zur Regionalliga Nord und verpasste nur knapp den Sprung in den Unterbau der Bundesliga. Als 1973 Karl Kusmierz den Vorsitz übernahm, gab er das Ziel 2. Bundesliga aus. Doch statt wie gewohnt auf eigenen Nachwuchs, aus dem u. a. Wolfgang Dremmler stammte, setzte er auf Legionäre. Das illustre Team um den ungarischen Trainer Imre Farkaszinski erreichte zwar 1977 tatsächlich die Zweitligaaufstiegsrunde, scheiterte dort jedoch. Ein Jahr später kam das böse Erwachen. 500.000 DM Schulden hatte die Legionärspolitik hinterlassen. Hinzu kamen die Krisen des Bergbaus und der Stahlindustrie.

1981 gab es ein letztes Aufflackern, als Talente wie Pospich, Fiebich und Thorke Union noch einmal zur Herbstmeisterschaft schossen. Dann aber gingen die Lichter aus, und drei Jahre später stieg man aus der Oberliga Nord ab. Das Märchen von „Klein Schalke" war zu Ende.

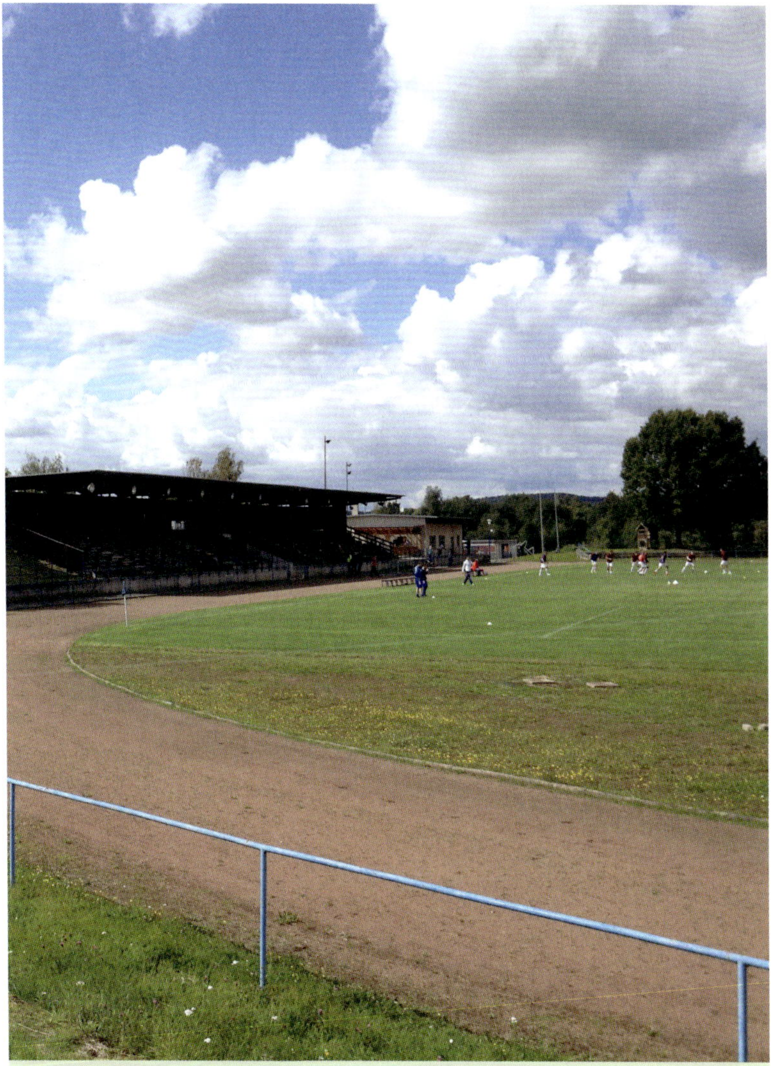

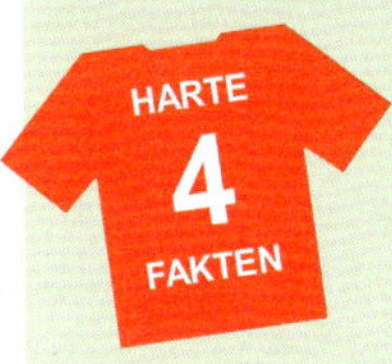

Adresse: Friedrich-Ebert-Straße 110, 38259 Salzgitter

Kapazität: 3.100

Verein: SV Union Salzgitter

Website: www.111.svunionsalzgitter.de

Sportfreunde-Stadion

Vorbei die Lebenstedter Tage

Die Stehtraversen überwuchert, das Sprecherhäuschen einsturzgefährdet. 6.000 Menschen sollen mal reingepasst haben, und es gibt herrliche Geschichten von Fußballspielen, die das ganze Umfeld verzaubert haben. Das ehemalige Sportfreunde-Stadion an der Rudolf-Harbig-Straße in Salzgitter-Lebenstedt ist einer dieser Orte, an denen die Vergangenheit des Fußballs zu besichtigen ist.

Lebenstedt gehört zu den – freundlich ausgedrückt – „soliden" Stadtteilen Salzgitters. Mit 45.000 Seelen ist man größter Stadtteil, doch die Sozialstruktur ist kompliziert. Wohn-Plattenbauten haben ein schwieriges Erbe hinterlassen. Als Bergbau und Stahlwerk noch boomten, wurden sie hochgezogen, um all die Arbeitskräfte unterbringen zu können. Heute gibt es nur noch das Stahlwerk und Lebenstedt ist sozialer Brennpunkt.

Die Sportfreunde weisen eine wilde Geschichte auf. Mitten im Zweiten Weltkrieg entstand 1941 mit dem VfL ein erster Sportverein. Dessen Fußballer separierten sich 1942 als Fortuna und nahmen nach Kriegsende den Namen SV Sportfreunde Lebenstedt an. Daraus wurden 1954 die SV Sportfreunde Salzgitter. Es gab legendäre Lokalduelle mit dem SV Union aus Salzgitter-Bad sowie dem proletarischen Kiezrivalen FC 45 Lebenstedt. 1952/53 war das große Jahr der Stahlstadt. Union wurde Meister der Amateurliga, die Sportfreunde Vizemeister. Beide Teams scheiterten jedoch in der Aufstiegsrunde, und als Union zwei Jahre später im zweiten Anlauf aufstieg, waren die lokalen Weichen gestellt. Erst 1958 fanden die Sportfreunde mit dem Sprung in den Oberliga-Unterbau wieder Anschluss.

Nach Gründung der Bundesliga verwandelte Lebenstedt sein Gesicht von einer Arbeitersiedlung in einen sozialen Brennpunkt. Die Sportfreunde wurden unterdessen viermal Niedersachsenpokalsieger und lieferten die späteren Bundesligaprofis Peter Kleeschätzky, Peter Lux und Martin Przondziono. 1987 ein letztes Mal Salzgitters Nummer 1, kam es nach dem Rückzug eines Sponsors zum Absturz bis in die Kreisliga. 1999 wurden die Fußballer aus dem Stammverein rausgeworfen, nahm jener den Namen SC Salzgitter Sportfreunde an. Heute spielt der TSV im Rudolf-Harbig-Stadion.

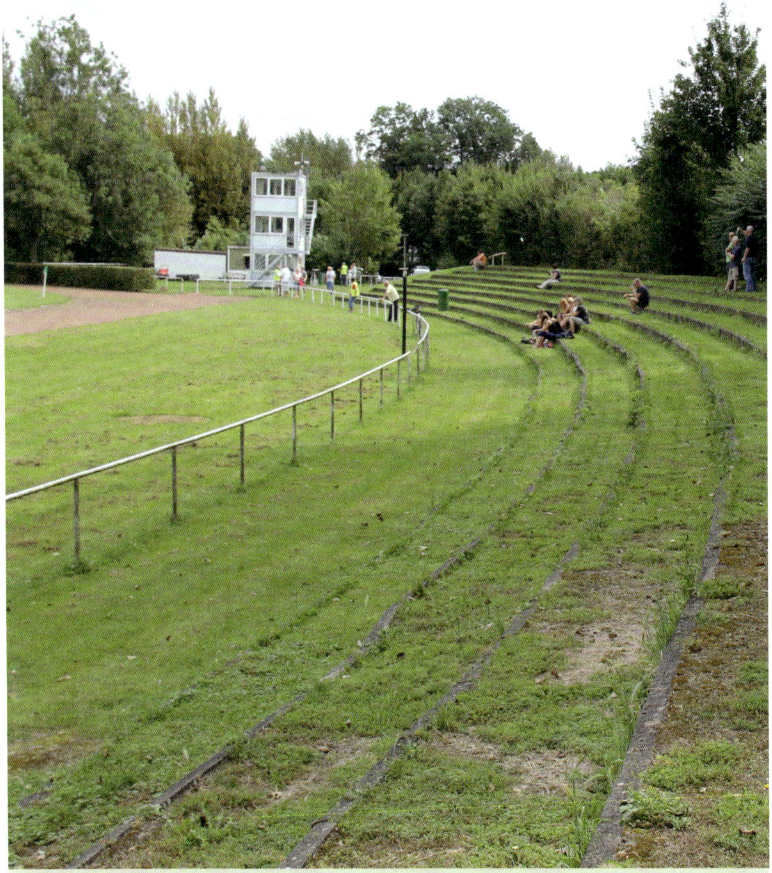

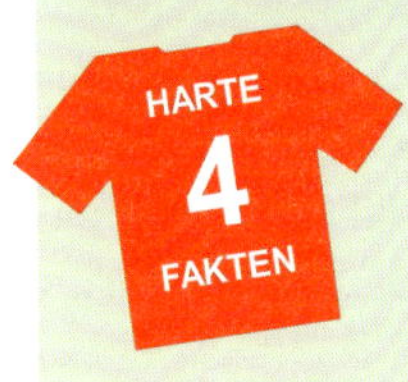

Adresse: Neißestraße 133, 38226 Salzgitter

Kapazität: 6.000

Verein: TSV Salzgitter, TSV Vahdet Salzgitter

Rekord: Gemeinsam mit dem VfL Osnabrück sind die Sportfreunde Salzgitter Rekordhalter im Niedersachsenpokal (jeweils 4 Siege)

Spelle Venhaus 084

Waldsportstätten

Pokalglück außerhalb ausgelebt

Läge Spelle nicht im Drei-Länder-Dreieck Niederlande, Niedersachsen und Westfalen könnte man den schönen württembergischen Spruch „Schaffe, schaffe, Häusle baue" anwenden. Die kleine Gemeinde zwischen Rheine und Lingen zählte nämlich lange zu den am schnellsten wachsenden in Niedersachsen und hat auch im Fußball eine bemerkenswerte Entwicklung hingelegt. Seit 1998 ist Lokalmatador SC Spelle-Venhaus nun schon in den höchsten Spielklassen Niedersachsens dabei und behauptet sich seit 2014 als ständiges Mitglied in der Oberliga Niedersachsen. Respekt!

Spelles Erfolgsrezept heißt „Kontinuität und Solidität". Nehmen wir Sigi Wolters, der einst aus der eigenen Jugend des Klubs kam und die Schwarzweißen später als Trainer von der Bezirksoberliga in die Landesliga führte, wo man 1988 ankam. Das freute vor allem Macher und Geldgeber Bernhard Krone, denn damit stand der SCSV erstmals vor Kreisrivale TuS Lingen. 1993 setzte Friedhelm Lübken die Erfolgsarbeit des nach Schüttorf gewechselten Wolters fort und verpasste mit dem Klub 1993/94 nur knapp die Oberliga Nord. Basis war und ist stets die eigene Nachwuchsarbeit, passend zum Boom der Gemeinde, der natürlich auch viele junge Familien anlockte. Mit über 2.400 Mitgliedern ist der SCSV zweitgrößer Verein im Emsland, der über ein vielfältiges und modernes Sportangebot verfügt. Und dass nicht nur die 1. Mannschaft im Fokus steht, zeigt auch der Förderverein, der seine Arbeit explizit auf die Jugendmannschaften des Klubs ausdehnt.

Größter Erfolg der Elf um Torjäger Sascha Wald war Platz drei in der Oberligasaison 2016/17. Allerdings hatten die Schwarzweißen gar keine Lizenz für einen möglichen Aufstieg in die Regionalliga Nord beantragt. Denn auch das zeichnet den SCSV aus: besonnene und sorgfältige Arbeit und Planung. Das sieht man auch am Stadion an der Venhauser Straße, das sorgfältig mitgewachsen ist und heute 4.000 Zuschauern Platz bietet, mit einer überdachten Tribüne. Bisweilen kickten die Fußballfrauen des FFC Heike Rheine dort, um das Spielverbot am Totensonntag in Westfalen zu umgehen.

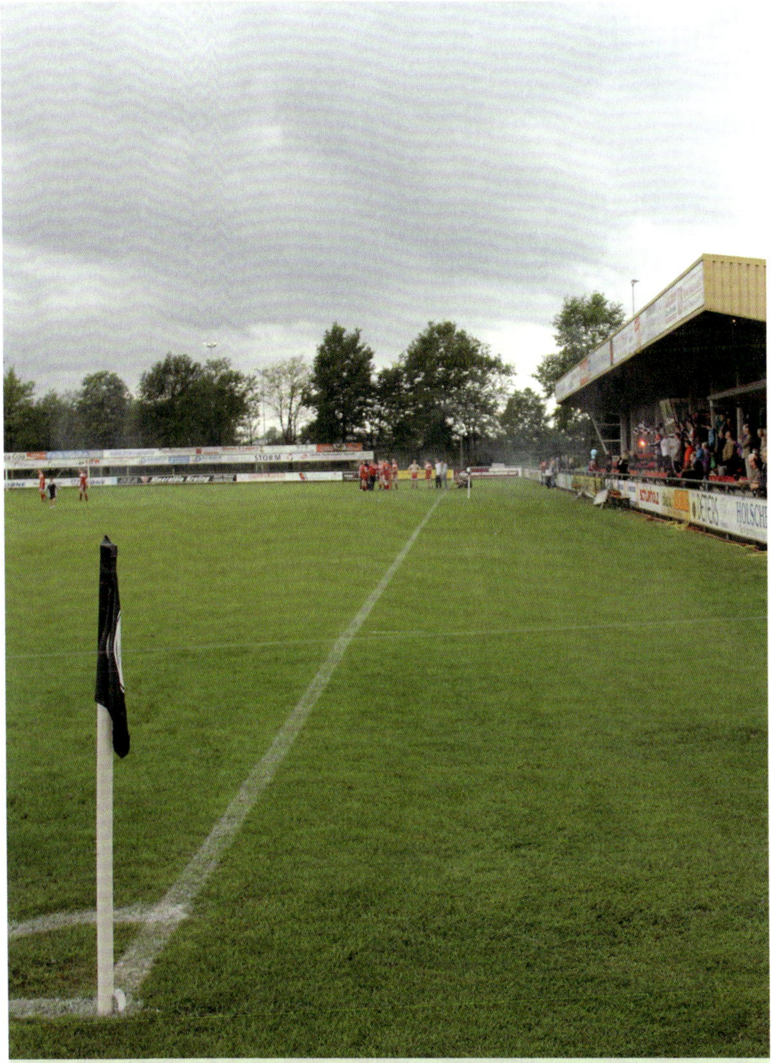

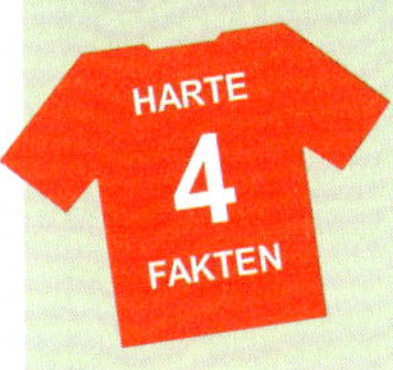

Adresse: Venhauser Straße, 48480 Spelle

Kapazität: 4.000

Verein: SC Spelle-Venhaus

Website: www.scsv.de

Fußballmuseum Springe

Gesammelte Leidenschaft

Springe ist ein Handballstädtchen, das auch eine reichhaltige Fußballgeschichte vorzuweisen hat. Von 1947 bis 1968 gehörten die Sportfreunde Springe zur Crème de la Crème im niedersächsischen Fußball und machten Furore durch ihre reisefreudige Anhängerschaft. Doch so wie die Möbelindustrie, die im waldreichen Deistergebiet lange tausende von Arbeitskräften in Lohn und Brot brachte, liegt auch Springes Fußball am Boden und ist sozusagen museumsreif.

Da wiederum kommt das Fußballmuseum Springe ins Spiel. Es ist eine Institution, die voller Liebe und Leidenschaft geführt wird und sich aus einer Privatsammlung entwickelt hat. 40 Jahre lang investierte Peter Saloga Freizeit, Geld und Herzblut in seine Sammlung von Fußballgegenständen aus aller Welt.

Mehr als 10.000 Exponate, darunter Stadionzeitungen, Trikots, eine Polizeimütze mit der Unterschrift von Sepp Maier sowie eine Sondervitrine zu Per Mertesacker, der aus dem nahegelegenen Pattensen stammt, kamen zusammen. Hannover 96, Salogas Verein, ist reichlich vertreten, außerdem erstaunliche Devotionalien aus vielen Jahrzehnten Fankultur. Der Legende zufolge begann Saloga seine Sammlung übrigens 1966, als er eine Ordnerbinde vom WM-Finale in Wembley erhielt.

Lange waren die Exponate im Keller des Hauses von Salogas Tante untergebracht, ehe sich der 2003 gegründete Trägerverein „Sportsammlung Saloga e.V." den Schätzen annahm, da Saloga sich aus gesundheitlichen Gründen nicht mehr darum kümmern konnte. Man fand Platz in der „Roten Schule", installierte eine Originalnachbildung des Saloga-Kellers und öffnete die Sammlung für die Öffentlichkeit. Inzwischen ist das Fußballmuseum Springe durch vielfältige Unterstützung enorm angewachsen und zeigt neben der Dauerausstellung auch Sonderausstellungen. Darüber hinaus freut man sich über regelmäßige Schulausflüge und Besuche von Migrantengruppen – Fußball verbindet eben!

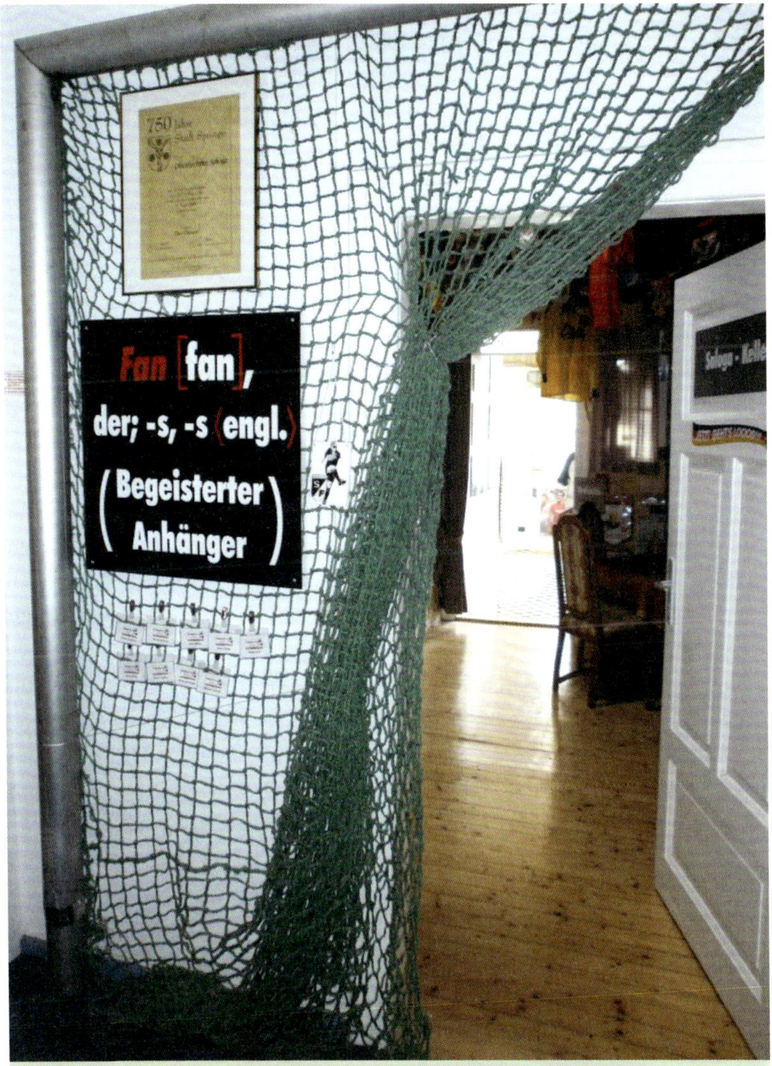

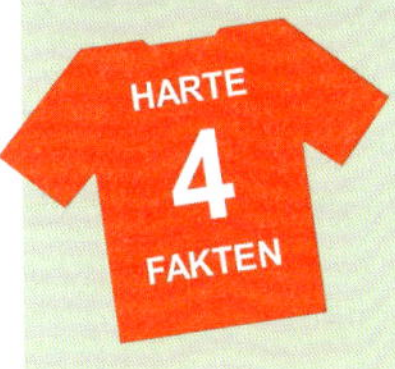

Adresse: Hinter der Burg 1, 31832 Springe

Telefon: 0 50 41/55 60 oder 05 11/5 90 16 61

Website: www.fussballmuseum-springe.de

Öffnungszeiten: Sommersaison: freitags von 15:00 bis 17:30 Uhr oder nach Vereinbarung.
Wintersaison: nur nach Vereinbarung

Stadion Camper Höhe

Wo die rote Fahne wehte

Manchmal trifft man unverhofft auf echte Perlen. In Stade, einer 50.000-Einwohnerstadt im Hamburger Speckgürtel, steht seit 1963 eine Sportanlage, die mehr als nur sehenswert ist. Sie ist Heimat eines Vereins, dessen Geschichte bewegt und bewegend ist. Gegründet als SC Güldenstern und benannt nach der Güldensternbastion, vor deren Toren die Klubgründer ihre ersten Spiele bestritten, trat man dem proletarischen Arbeiter-Turn- und Sportbund bei und wurde 1933 unter den Nationalsozialisten zerschlagen. Nach Ende des Zweiten Weltkriegs bildeten die Arbeitersportler gemeinsam mit dem Camper TV, bei dem viele Güldensterner nach dem Verbot untergeschlüpft waren, die TuS Güldenstern, die zum lokalen Fußball-Aushängeschild aufstieg. Höhepunkt war der 24. Mai 1953, als die Blau-Weiß-Roten im Rahmen der Deutschen Amateurmeisterschaft vor 25.000 Zuschauern im Berliner Olympiastadion auf Hertha Zehlendorf trafen – allerdings mit 0:6 unterlagen.

Man zählte noch immer zur Hamburger Amateurelite, als 1963 das Stadion Camper Höhe mit seiner charakteristischen Tribüne die Pforten öffnete. Damit verbunden war eine Intensivierung der Nachwuchsarbeit des noch immer im proletarischen Umfeld verorteten Vereins, der seit Jahrzehnten alljährlich ein inzwischen sehr renommiertes A-Jugend-Hallenturnier ausrichtet. Über lange Zeit Stader Fußball-Platzhirsch rutschte Güldenstern in den 1980er-Jahren allmählich in den Schatten von Ortsrivale VfL Stade, dessen Wurzeln im bürgerlichen Lager liegen und der in Ottenbeck beheimatet war. Stades Fußball-Rivalität schrieb zahlreiche Highlights, ehe es auch beim VfL wieder bergab ging und die TuS Güldenstern auf ihre angestammte Führungsposition in Stade zurückkehrte. Bis in die Oberliga Niedersachsen schaffte es der Klub schließlich noch einmal.

2016 begrub man die alten Ressentiments im Stader Fußball und es kam zur Fusion zwischen TuS Güldenstern und VfL. Seitdem kickt man als Großverein unter dem VfL Güldenstern Stade entweder im Stadion Camper Höhe oder dem alten VfL-Platz Ottenbeck.

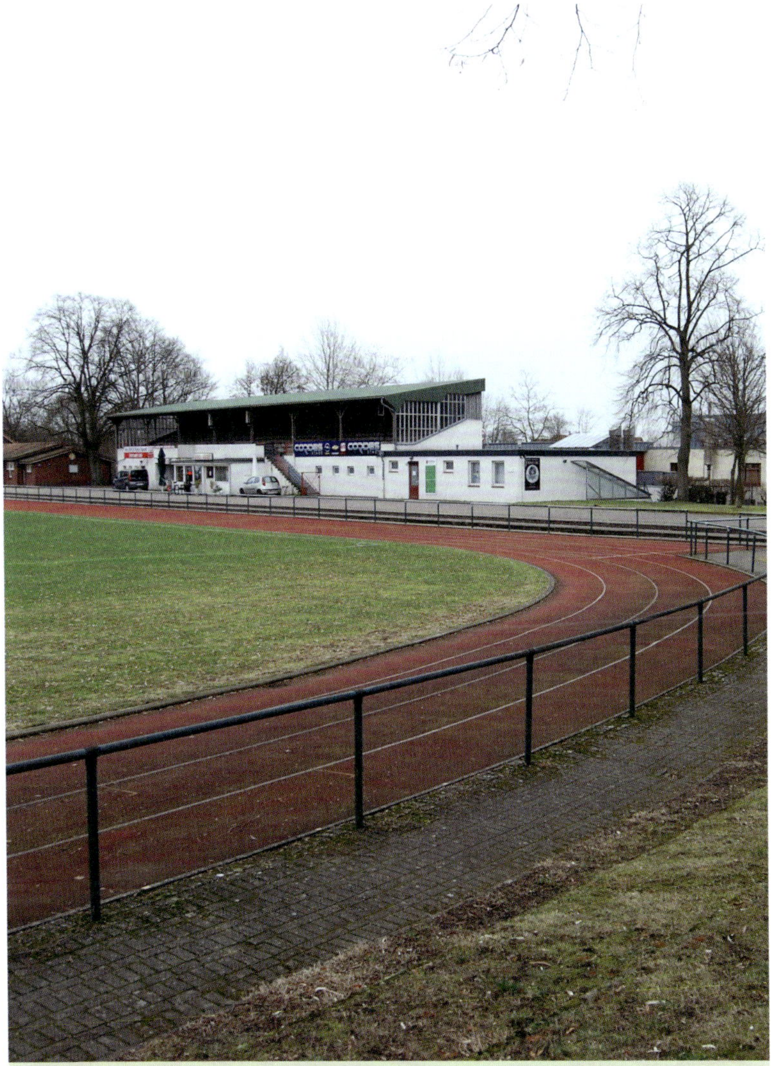

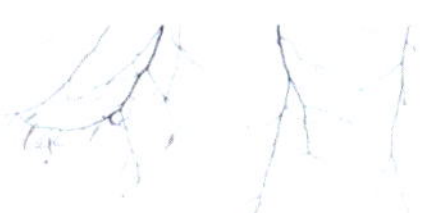

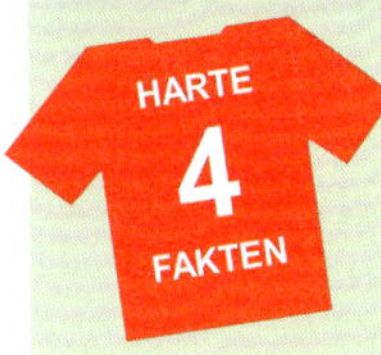

Adresse: Am Exerzierplatz 17, 21680 Stade

Kapazität: 6.000

Verein: VfL Güldenstern Stade

Website: www.vfl-gueldenstern-stade.de

Steinfeld 087

Falken-Stadion

Der Nationalspieler aus dem Moor

Es waren die 1950er-Jahre, als die 10.000-Einwohnergemeinde Steinfeld im Landkreis Vechta sowohl gefürchtet als auch gefeiert wurde. Der SV Falke, 1920 von einer Handvoll Gymnasiasten ins Leben gerufen, gehörte damals zur Elite des Fußballs im westlichen Niedersachsen. Und sein Falken-Stadion war eine der gefürchtetsten Fußballbühnen des Landes. Vor allem bei diesig-nebeligem Wetter, wie es in der Moorregion um Steinfeld regelmäßig vorkommt, bot sich eine Atmosphäre, die einzigartig war.

Damals kickte der SV Falke in der zweithöchsten Spielklasse (Amateuroberliga Niedersachsen-West), lockte gewaltige Kulissen an und hatte eine echte Fußball-Legende in ihren Reihen. Das war Theo Schönhöft, der es später beim großen Nachbarn VfL Osnabrück bis in die Nationalmannschaft schaffte. Steinfeld, das war Teamgeist, wie man ihn sonst nur von Kumpelklubs kannte, das war eine gefürchtete Heimstärke und das war Fußball, der nicht filigran, aber intensiv war. Begünstigt worden war das Fußballhoch von zahlreichen Ostflüchtlingen, die sich nach 1945 in der Region niedergelassen hatten.

Anfangs lästerte die städtische Zweitligakonkurrenz aus Wilhelmshaven, Oldenburg oder Osnabrück noch von „Bauerntrampel", doch der Spott blieb ihr bald im Halse stecken. 1951/52 kickte der SV Falke sogar in der Ligaspitze mit, kursieren kühne Erstligaträume durch die Kleinstadt, erzielte Schönhöft 28 der 72 Steinfelder Saisontore. Vier Jahre später schlagzeilte die überregionale Presse dann „Kleines Fußballdorf – ganz groß", nachdem die Schwarz-Weißen mit einem 3:2 über die damals fast unschlagbare Nordhorner Eintracht Furore gemacht hatte und Vierter geworden war.

1958/59 ging mit „Manni" Deters ein weiterer Leistungsträger zum VfL Osnabrück, und ein radikaler Neuaufbau führte 1961 nach zehn Zweitligajahren zum Abstieg. Bis in die 1990er-Jahre war der SV Falke noch unter den führenden Teams in Westniedersachsen zu finden, ehe es nach dem Landesligaabstieg 1995 allmählicher stiller wurde um das Fußballdorf.

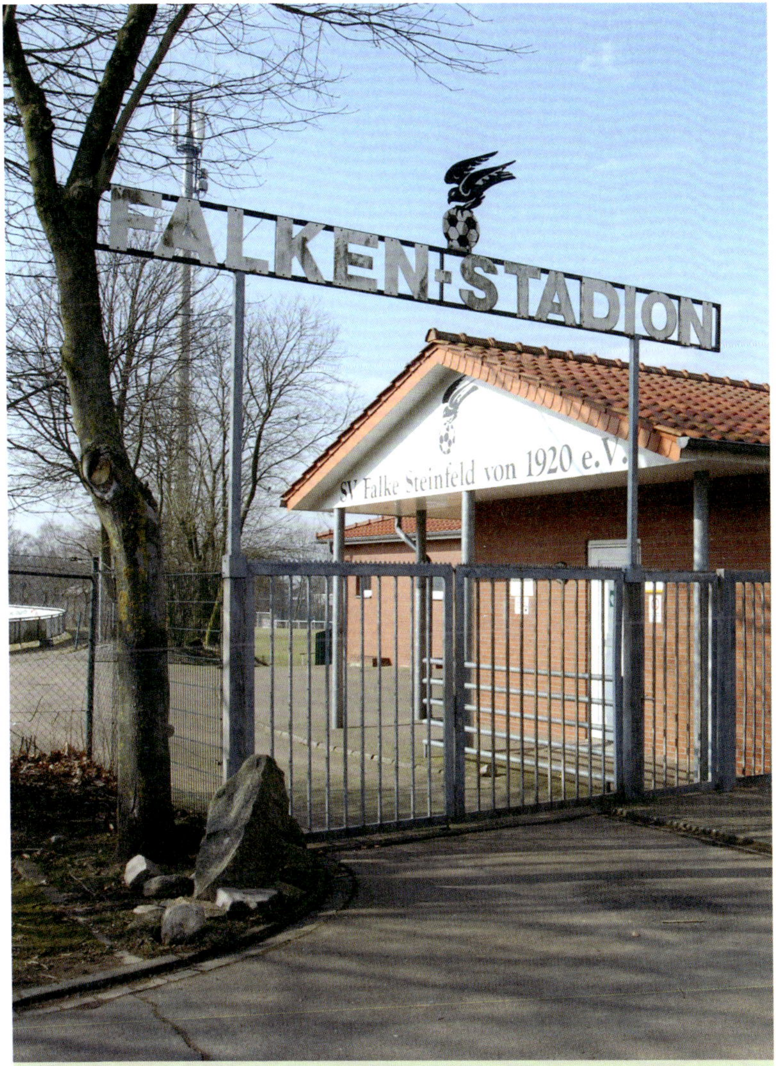

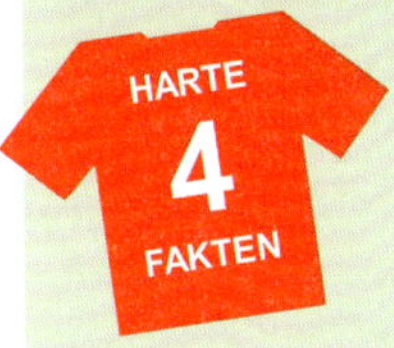

Adresse: Ziegelstraße, 49439 Steinfeld

Kapazität: 3.000

Verein: SV Falke Steinfeld

Website: www.svfalkesteinfeld.de

Sportpark Königsberg

Uelzen weinte, als Rahn schoss

Ausgerechnet im glorreichen Fußballsommer 1954 brach in Uelzen die Fußballwelt zusammen. Drei Wochen, bevor Helmut Rahn die ganze Nation „aus dem Hintergrund" in Ekstase schoss, steckte der SV Teutonia Uelzen eine Niederlage ein, die mehr als nur Spuren hinterließ. Die Blau-Gelben hatten eine nie zuvor erlebte Euphorie in der Heidestadt ausgelöst und waren, begleitet von gewaltigen Zuschauerkulissen auf dem Musterplatz, in die Spitzengruppe der zweitklassigen Amateuroberliga Niedersachsen eingedrungen. Ziel war die Oberliga Nord mit Größen wie Hamburger SV und FC St. Pauli. Quasi schon mit anderthalb Beinen in jener stehend, stellte sich das Team von Trainer Erwin Reinhardt in der Aufstiegsrunde mit einem 1:3 beim VfB Oldenburg jedoch selbst noch ein Bein. Das fällige Entscheidungsspiel vor 15.000 Zuschauern sah Teutonia einen 0:2-Rückstand egalisieren, ehe Oldenburg in der Verlängerung das 3:2 markierte und Uelzens Oberligaträume endgültig zerstörte.

1961 durfte man noch einmal hoffen. Im Entscheidungsspiel traf man diesmal auf Eintracht Nordhorn. Es gab keinen Sieger, und als die Münze entscheiden musste, jubelte Nordhorn. 1962 sah die Uelzener Rekordkulisse von 7.000 Zahlenden auf dem Musterplatz dann ein unglückliches 1:1 gegen den SSV Delmenhorst, ehe die Blau-Gelben 1964 nach einer Ligareform in die Viertklassigkeit abstürzten, wo man auf Stadtrivale SC Uelzen 09 traf. Nach der Rückkehr in Liga 3 (1968) ruhten die Hoffnungen auf den Bundesligaunterbau Regionalliga Nord. 1969 erreichte Teutonia die Aufstiegsspiele und begrüßte 2.200 Fans zum vorentscheidenden Spiel gegen die SV Friedrichsort auf dem Musterplatz. Doch die Kieler Vorstädter machten kurzen Prozess mit den Blau-Gelben, die beim 0:3 chancenlos waren.

1978 zahlte man den Preis für seine lange vernachlässigte Nachwuchsarbeit sowie Misswirtschaft und wurde bis in die Bezirksliga durchgereicht. 1992 ging dann auch noch die geliebte Heimat Musterplatz verloren. Man bezog mit dem Sportpark Königsberg eine neue Heimstatt und die Erinnerung an den Sommer 1954 verblasste immer mehr.

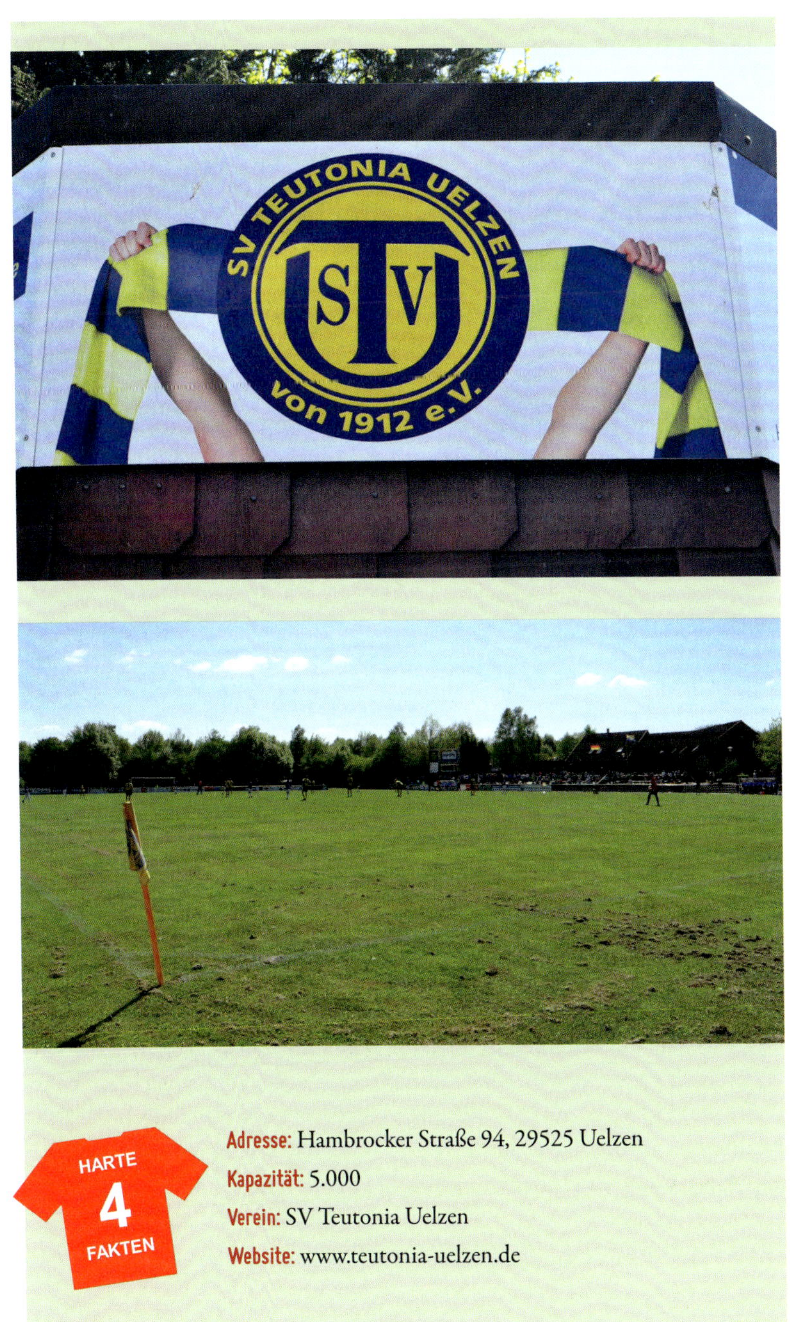

Adresse: Hambrocker Straße 94, 29525 Uelzen

Kapazität: 5.000

Verein: SV Teutonia Uelzen

Website: www.teutonia-uelzen.de

August-Kerl-Kampfbahn

Niedersachsens Pokalsieger 1955

Das niedliche Sollingstädtchen Uslar war einer der Vorboten der Folgen des wirtschaftlichen Aus für viele mittelständische Industriebetriebe im Deutschland der anbrechenden Globalisierung. Früher, als bekanntlich alles so viel besser war, brummten bei den örtlichen Ilse-Werken die Schornsteine und die Betriebskassen. Halb Uslar marschierte jeden Morgen zu den innerstädtisch gelegenen Fabrikationshallen und erfreute sich eines gesunden Wirtschaftswachstums. Natürlich hatte Möbelfabrikant Walther Ilse auch einen Blick auf die Freizeitkultur der Stadt, in der sich traditionell Fußball und Handball um die Publikumsgunst streiten.

Ilse investierte beim VfB Uslar und damit im Fußball. Und das höchst erfolgreich. Ihren größten Tag feierten die Grün-Weißen am 31. Juli 1955, als der kleine VfB Uslar Pokalsieger von Niedersachsen wurde. Auf dem Weg dorthin hatte man den DSC Dassel (4:2), Eintracht Einbeck (6:1), den VfR Osterode (1:0) sowie Zweitligist SC Leu Braunschweig (1:0) ausgeschaltet. Im Halbfinale gab es ein spektakuläres 10:4 vor 1.500 Zuschauern in der Uslarer August-Kerl-Kampfbahn über Borussia Hannover, womit der Einzug ins Finale geschafft wurde. Dort gab es am besagten 31. Juli 1955 einen 4:2-Sieg auf neutralem Geläuf in Nienburg gegen den FC Norden, der Uslar landesweit in die Schlagzeilen brachte. Dumm nur, dass der DFB-Pokal erst 1956 wieder aus der Taufe gehoben wurde, ein höherklassiger Gegner also verwehrt blieb.

Bis 1962 rangen die Grün-Weißen noch in der dritthöchsten Liga des Nordens, ehe die Erfolgself in die Jahre kam und allmählich der wirtschaftliche Niedergang begann. 1990 drohte den Ilse-Werken sogar die Schließung, und Uslar geriet ins Abseits. Mit Henning Kesse (Göttingen 05, DSC Wanne-Eickel) und Jan Schindelmeiser (Göttingen 05, Hessen Kassel, später Manager u. a. in Hoffenheim) brachte man immerhin noch zwei höherklassige Spieler hervor.

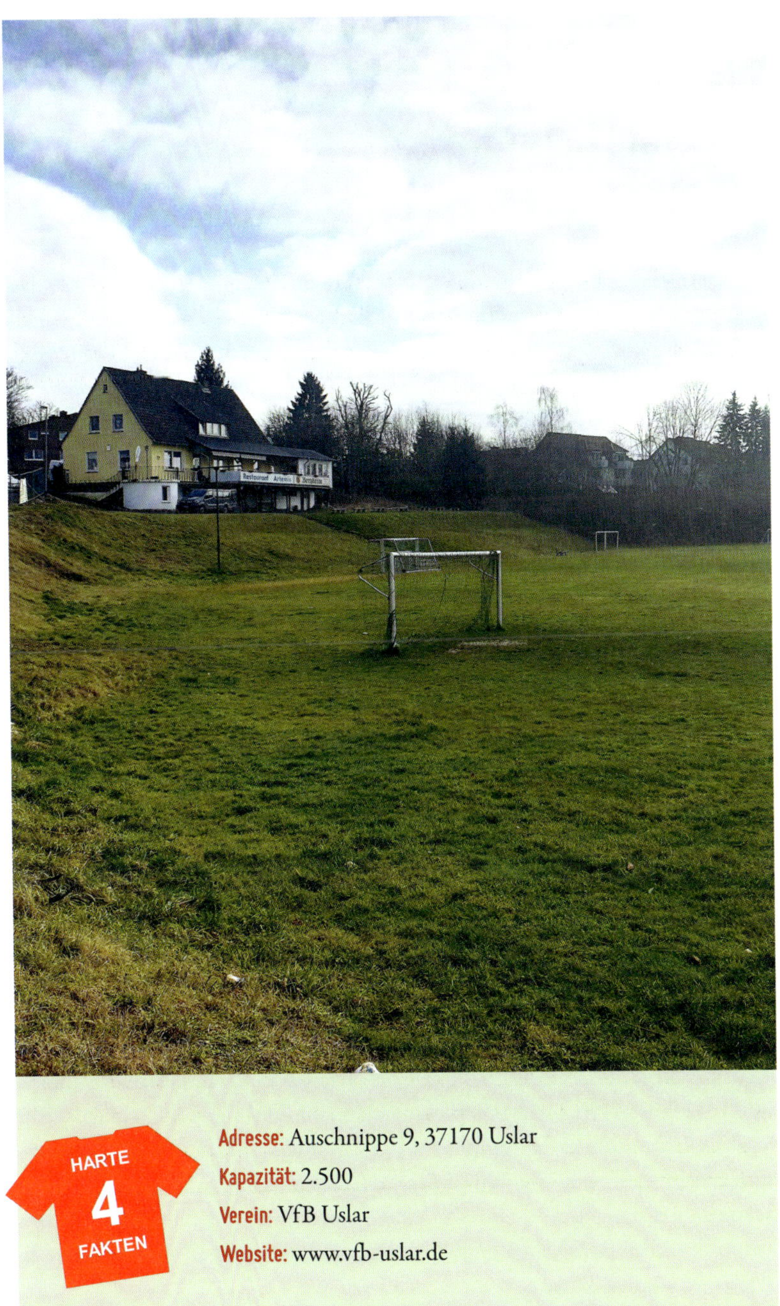

HARTE 4 FAKTEN

Adresse: Auschnippe 9, 37170 Uslar

Kapazität: 2.500

Verein: VfB Uslar

Website: www.vfb-uslar.de

Stadion Grünenthal

Die glücklichen Jahre von Walsrode

Ein 1916 gegründeter Fußballverein ist eher ungewöhnlich. Tatsächlich liegen die Wurzeln der SG Germania Walsrode daher auch in einer Jugendwehr-Mannschaft, die sich am 4. Juni 1916 bildete und zunächst „Fußballmannschaft der Jugendkompanie 330" hieß. Erst vier Wochen später nahm man den „Namen" Germania an, der mitten im Ersten Weltkrieg eine symbolische Aussagekraft hatte.

Fußballerisch ging es in der Heidestadt erst nach dem Zweiten Weltkrieg aufwärts. Viele Ostflüchtlinge ließen sich in der Region nieder und bildeten gemeinsam mit der Lederwarenindustrie die Basis für einen gewaltigen Aufschwung. Der angestrebte Sprung in die zweithöchste Spielklasse blieb jedoch aus, und ab 1964 kickte man im Stadion Grünenthal sogar nur noch auf Bezirksebene.

Das nächste Hoch begann 1977, als SV Germania und der einst von Ostflüchtlingen gegründete VfB Walsrode die Kräfte zur SG Germania bündelten. Mit 750 Mitgliedern waren die Blau-Weißen plötzlich einer der größten Vereine des Landes und wollten entsprechend hochklassig kicken. Ein Förderkreis ermöglichte die Verpflichtung erfahrener Recken aus Hannover, und unter dem früheren Arminen Reinhard Adler als Spielertrainer erreichte man im selben Jahr die Verbandsliga Ost. Bis zu 2.500 Zuschauer begrüßte Germania damals im Grünenthal, wenn renommierte Klubs wie der Lüneburger SK aufliefen. 1979 zog das Team als Verbandsligameister in die Aufstiegsrunde zur höchsten Landesklasse ein, verpasste aber den Klassensprung und erreichte diesen erst 1981. Durchschnittlich 700 Zuschauer zahlten damals ihren Obolus, und zum DFB-Pokalspiel gegen den 1. FC Nürnberg kamen am 28. August 1982 sogar 6.000 Neugierige auf den engen Sportplatz.

Zwei Jahre währte das Walsroder Fußballglück, ehe 1983/84 schlagartig alles zusammenbrach. Bis 2001 mischte Germania immerhin noch in überbezirklichen Klassen mit, ehe es in einem Rutsch von der Niedersachsenliga hinunter in die Bezirksliga ging. Von großen Fußballtagen spricht heute in Walsrode niemand mehr.

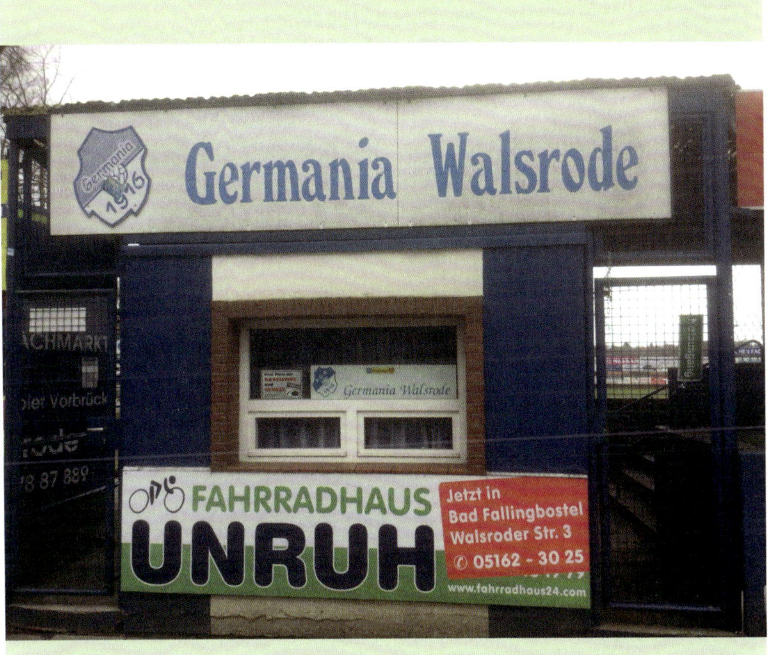

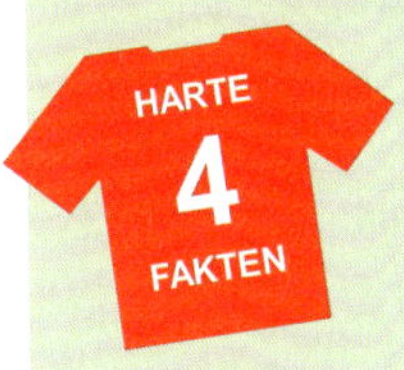

Adresse: Verdener Straße 78, 29664 Walsrode

Kapazität: 3.000

Verein: SV Germania Walsrode

Website: www.germania-walsrode.de

Wietze 091

Waldstadion

Im Schatten der Fördertürme

Die meisten Menschen kommen nach Wietze, um Urlaub zu machen. Es gibt zahlreiche Angebote für Ferien auf dem Bauernhof, und das nahegelegene Erdölmuseum liefert spannende Informationen aus der Erd- und Regionalgeschichte.

Zwischen 1970 und 1983 reisten jedoch auch Größen wie Lüneburger SK oder MTV Gifhorn in die kleine Gemeinde in den südlichen Ausläufern der Lüneburger Heide. Zu verdanken war das nicht zuletzt dem Ehepaar Toeppel, das sich seit 1968 vielfältig um die Wietzer Fußballelf kümmerte und aus einem Dornröschenschlaf weckte. Kreispokalsieger, Kreismeister, Bezirksklasse, Bezirksliga – die Entwicklung war atemberaubend; und zwar im Gesamtverein, denn Wietzes Faustballer schafften es 1973 sogar um ein Haar in die Bundesliga!

Ein Jahr später kam mit Rüdiger Halbe ein Amateurnationalspieler aus Celle, unter dessen Regie die grün-weißen Balltreter im Mai 1975 mit einem 2:0 über die Amateure des VfL Wolfsburg erstmals den Bezirkspokal gewannen. Das kleine Wietze war endgültig unter den Großen angekommen. Und in Wietze plante man groß. 10.000 Plätze bot das 1976 eingeweihte Waldstadion – Wietze selbst kommt übrigens auf wohlwollend 8.000 Einwohner.

Trotz der Erfolge war die Riesenarena nur selten gefüllt. Immerhin 800 feierten 1975/76 den Durchmarsch in die Verbandsliga Ost, wo man 1977/78 aussichtsreich um die Versetzung in die höchste Amateurliga Niedersachsens stritt. Nachdem diese unglücklich verpasst worden war, geriet der Aufschwung ins Stocken und 1979 ging es erstmals wieder eine Klasse tiefer. Zwar gelang umgehend die Rückkehr, doch die großen Jahre waren vorbei. 1983 stand nach einer radikalen Verjüngung der erneute Abstieg, und in der Folge rutschte der TSV bis in die Kreisliga ab.

Und wie war das jetzt mit dem Erdöl? Ab 1652 wurde in Wietze das schwarze Gold aus dem Boden geholt, und 1899 brach sogar das große Ölfieber in Wietze aus, entstand eine Bahnlinie, wurde die Aller vertieft, um das kostbare Nass zu transportieren. Auch das ist lange vorbei – 1963 wurden die letzten Anlagen stillgelegt.

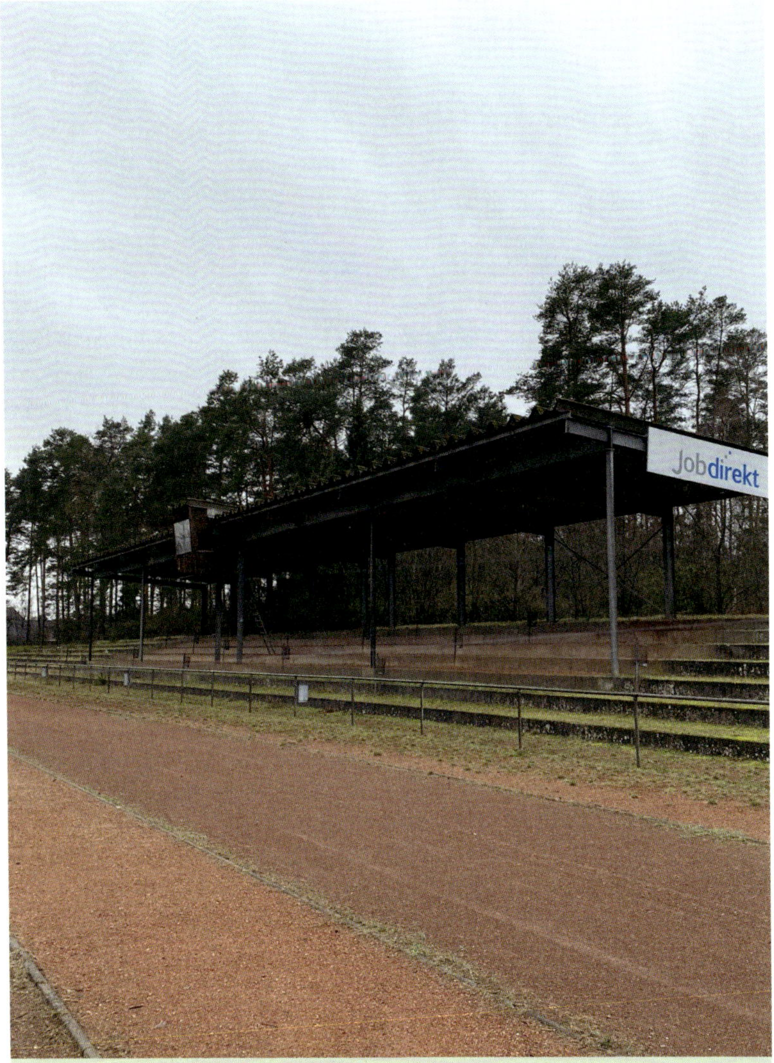

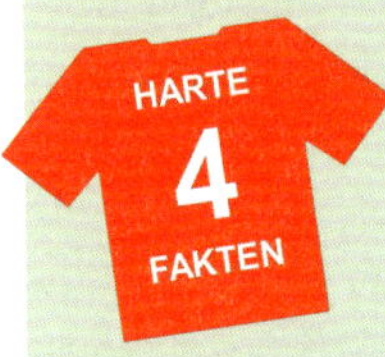

Adresse: Wieckenberger Straße 61, 29323 Wietze

Kapazität: 5.000

Verein: TSV Wietze

Website: www.tsv-wietze.de

Stadion an der Friedenstraße

Wo Wilhelmshaven brodelte

Hier wurde einst Bundesliga geträumt, säumten zehntausende von Fans die Ränge und feierten ihre Mannschaft, die Wilhelmshaven bundesweit in die Schlagzeilen brachte. Das TSR-Stadion an der Friedenstraße war über Jahrzehnte der Nabel der Wilhelmshavener Fußballseele und zugleich dessen Achillesferse. Denn es war auch ein ewiges Ärgernis.

TSR – das war der Turn- und Sport-Verein Rüstringen. Nach dem Zweiten Weltkrieg als Konglomerat mehrerer früherer Arbeitersportvereine gegründet, nannte man sich ab 1952 TSR Olympia, wobei der Namenszusatz nicht auf die Olympischen Spiele, die in jenem Jahr in Helsinki gefeiert wurden, zurückging, sondern auf den örtlichen Hersteller von Büromaschinen. Es war eine Art frühes Namenssponsoring.

Olympia – Klub wie Werk – boomten und in den 1960er-Jahren strömten oft bis zu 10.000 Fans zu den Bezirksligaspielen an die Friedenstraße im Arbeiterquartier Rüstringen. 1969 kam der TSR Olympia nach mehreren Anläufen im damaligen Bundesliga-Unterbau Regionalliga Nord an. 3.000 zum entscheidenden Spiel nach Stade mitgereiste Fans feierten ihr Aufstiegsteam und träumten vom Durchmarsch in die Bundesliga. Stadt und Olympia-Werke halfen mit. An der Friedenstraße wuchs eine überdachte Stahlrohrtribüne mit 600 Sitz- und 900 Stehplätzen aus dem Boden, insgesamt wurde das Fassungsvermögen auf 12.000 Plätze erhöht und ausreichend Raum für Parkmöglichkeiten der aus dem gesamten nordfriesischen Raum anrollenden Fans geschaffen. Jene waren alle besetzt, als am 14. September 1969 Spitzenreiter Arminia Hannover nach Wilhelmshaven kam und mit Glück ein 2:2 ergatterte.

Dann war plötzlich Schluss. Die Olympia-Werke gerieten in die Krise und hatten kein Geld mehr, der TSR musste seine Cracks verkaufen, die Zuschauer blieben daheim. Es begann ein quälend langer Siechprozess, in dem das Stadion an der Friedenstraße zur Bauruine wurde. 1992 übernahm der aufstrebende Großverein SVW in einem eigenartigen Konstrukt die lokale Führungsrolle, und sechs Jahre später rollten die Bagger an die Friedenstraße und löschten Wilhelmshavens Fußballdenkmal aus.

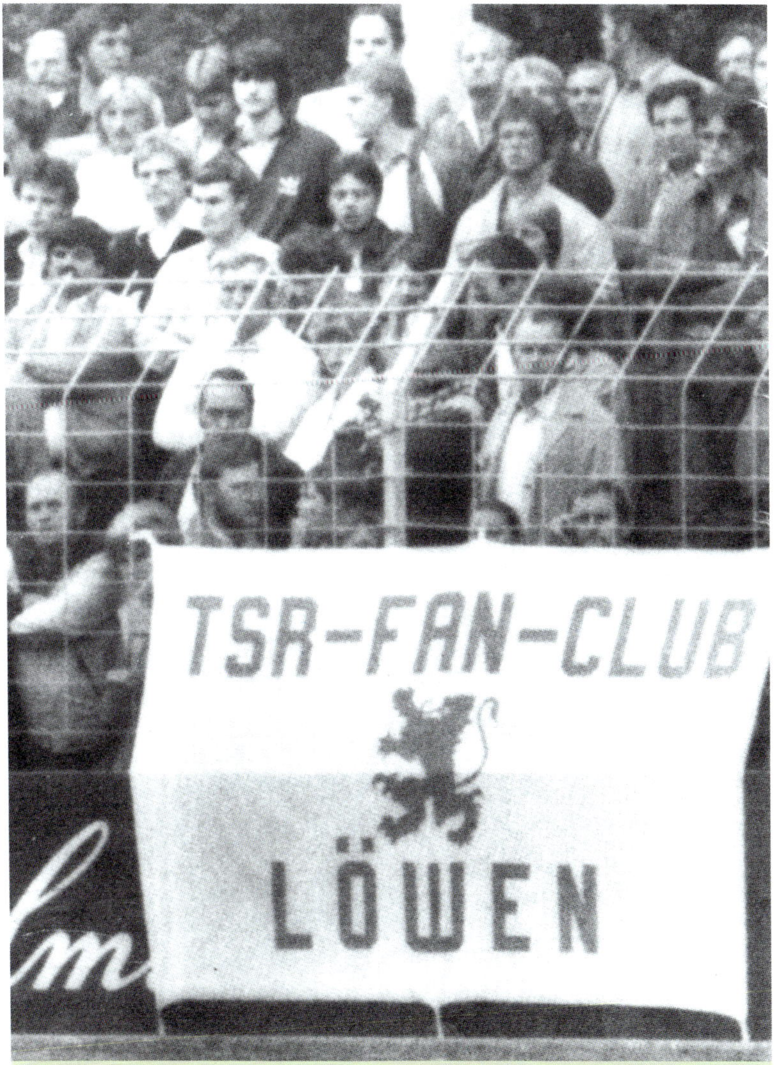

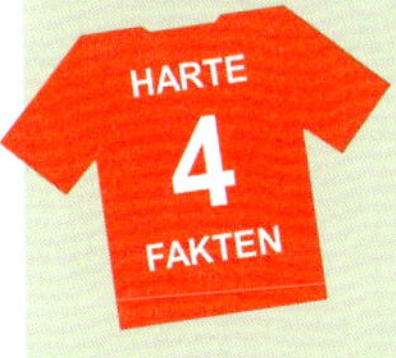

Adresse: ehemals Friedensstraße, 26386 Wilhelmshaven

Kapazität: ursprünglich 8.000

Verein: TSR Olympia Wilhelmshaven

Heute: überbaut

Jadestadion

Die FIFA ist schuld

„Selbst in der Zweiten Liga gibt es nichts Vergleichbares", schwärmte der SV Wilhelmshaven am 1. August 1999 nach Eröffnung des Jadestadions. Eine seit Jahrzehnten tobende Diskussion um einen profifußballtauglichen Standort in Wilhelmshaven hatte endlich ein Happy-End gefunden. Nun kann man sicher darüber streiten, ob es 1999 in der Zweiten Liga „nichts Vergleichbares" gab (da spielten damals immerhin Klubs wie 1. FC Köln, Borussia Mönchengladbach und Hannover 96), tatsächlich aber standen Wilhelmshavens Fußballern endlich die Pforten zum großen Fußball offen. Dafür sorgte auch die Hauptgerade, die überwiegend aus vollverglasten VIP-Logen besteht und die Geldgeber anlocken sollte, mit denen man den sportlichen Durchbruch zu schaffen hoffte. „Fest steht bei so einer Investition: Wir müssen mit dem Stadion auch Geld verdienen können", hieß es seitens des SVW.

1995 hatte die Stadt Wilhelmshaven nach langem Ringen beschlossen, statt das TSR-Stadion an der Friedensstraße zu sanieren lieber gleich neu zu bauen. Als Ort war das ein paar hundert Meter entfernte Sportforum an der Rüstersieler Straße ausgeguckt worden – eine mehr oder weniger nur aus einer Rasenfläche bestehende Sportstätte des SVW. Ende 1997 lagen die Baupläne endlich vor, und nachdem das alte Stadiongelände für 6,5 Millionen DM verkauft worden war, konnte es losgehen. 3,7 Millionen DM flossen in den Neubau, und weil man Geld sparen wollte, wurden 5.000 Tribünensteine aus dem alten TSR-Gelände zum Bau des neuen verwendet. Von den 7.500 Plätzen waren 5.400 zum Sitzen und 170 für die zahlungskräftige VIP-Klientel vorgesehen. Bis auf die Gästekurve ist das Stadion komplett überdacht.

Der große Fußball aber kam nicht nach Wilhelmshaven. Ein paar Pokalspiele u.a. gegen Borussia Dortmund füllten gelegentlich die Ränge, doch Schlagzeilen machte Hausherr SVW nur durch seinen Rechtsstreit mit der FIFA wegen ausstehender Zahlungen an zwei argentinische Profis und dem damit verbundenen Zwangsabstieg. Inzwischen ist man in der Bezirksliga angekommen und der Stadtrivale WSC Frisia meldet Nutzungsansprüche für das Jadestadion an. Da hilft auch kein profifußballtaugliches Stadion mehr.

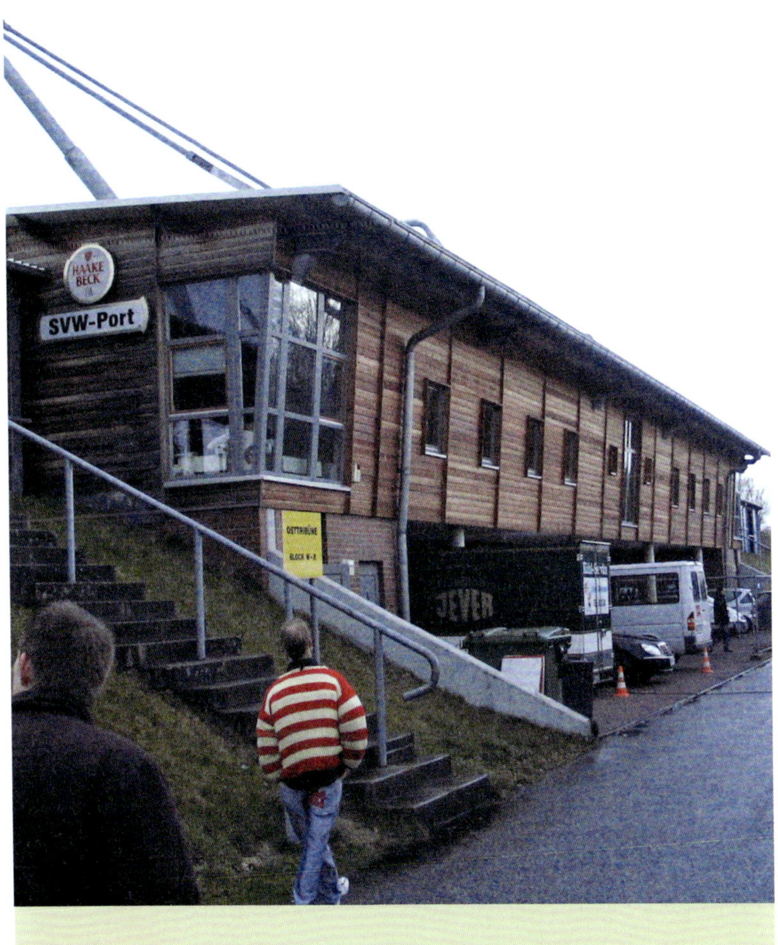

HARTE 4 FAKTEN

Adresse: Friedenstraße 111, 26386 Wilhelmshaven

Kapazität: 7.387

Verein: SV Wilhelmshaven

Website: www.svwilhelmshaven.de

Wolfenbüttel 094

Meeschestadion

Bereinigte Vergangenheit

Wolfenbüttels Fußballhistorie ist nichts für Zeitgenossen, die klare Strukturen brauchen. WSV, MTV, BV Germania – Spitzenfußball in der Lessingstadt wurde in den letzten Jahrzehnten unter unterschiedlichem Namen bestritten. Und irgendwie gehören sie dann doch alle zusammen – oder zumindest gehörten sie es. Das alte Flaggschiff Wolfenbüttels ist der BV Germania, 1906 gegründet und 1937/38 für eine Spielzeit in der Gauliga am Ball und damit erstklassig. Nach dem Zweiten Weltkrieg bildete man mit dem Wolfenbütteler SV einen großen Sport- und Turnverein für die ganze Stadt, der auch das Germania-Erbe übernahm. 1949 erreichte man, verstärkt durch zahlreiche Ostflüchtlinge, den Oberligaunterbau Amateuroberliga Niedersachsen und erfreute sich eines nie zuvor erlebten Zuschauerbooms. Doch der Schein trog. 1948 hatten sich die Turner des traditionsreichen MTV von 1848 aus dem WSV verabschiedet und ihren Klub wiedergegründet. Und auch die ehemaligen Germanen drängten auf Wiedergründung und spielten ab 1948 auf ihrem Sportplatz am Waldhaus wieder eigenständig. Aus dem Großverein WSV war damit ein Fußballverein geworden.

Heimisch waren die Blau-Weiß-Roten an der Meesche, dem örtlichen Flüsschen. Das dortige Meeschestadion an der Lessingstraße mit seiner winzigen Sitzplatztribüne und Kabinen im Bauch sah große Momente wie Pokalgastspiele von VfL Osnabrück (1969) oder FC St. Pauli (1965), ehe es in den 1970er-Jahren zu einer verkappten Bundeswehr-Sporteinheit wurde. Grund war WSV-Leitwolf Ernst Menzel, Oberfeldwebel bei der Bundeswehr. Er lockte zahlreiche talentierte Kicker zum WSV und wurde 1971 mit dem Team sogar Deutscher Heeresmeister. 1985 erklomm der WSV nach zahlreichen gescheiterten Anläufen das norddeutsche Amateuroberhaus, wo man am 10. August 1987 ein unvergessenes Pflichtspiel gegen Zweitligaabsteiger Eintracht Braunschweig feierte. Über 7.000 Zuschauer füllten das Areal bis auf den letzten Platz. Normalerweise waren es aber nur eine paar Hundert, die sich die Spiele anschauten, und so verschwand der WSV bald wieder auf viert- bzw. fünftklassiger Ligaebene. Aufgrund finanzieller Probleme kehrte man 2003 schließlich sogar zum MTV zurück.

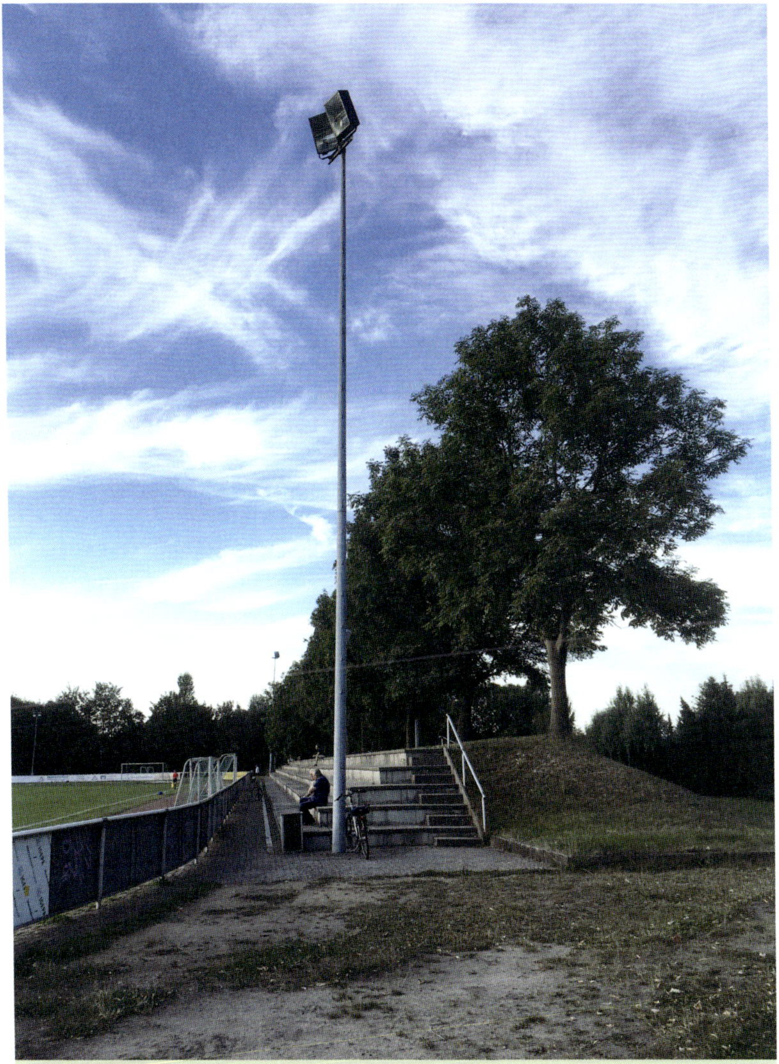

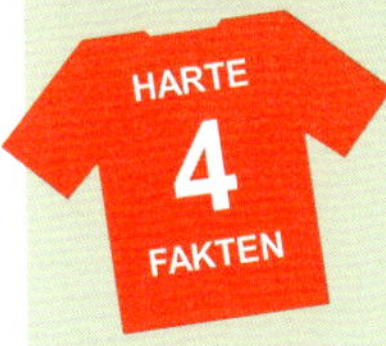

Adresse: Friedrich-Ludwig-Jahn-Platz 1, 38300 Wolfenbüttel

Kapazität: 5.000

Verein: MTV Wolfenbüttel

Website: www.mtv-wolfenbuettel.de

Wolfsburg 095

AOK-Stadion

Ein Stadion für die Frauen

Der VfL-Wolfsburg ist nicht nur im Männerfußball eine erstklassige Adresse, sondern auch – und eigentlich sogar noch mehr – im Frauenfußball. Seit vielen Jahren zählen die Grün-Weißen zur Spitze in Deutschland und Europa und gewannen 2013 das Triple aus Meisterschaft, DFB-Pokal und Champions League.

Gespielt wurde im alten VfL-Stadion am Elsterweg, doch der Wunsch nach einer modernen Arena, die dem Zuschauerzuspruch gerecht wurde und nahe des Bundesligastadions lag, wurde schon längere Zeit verfolgt. Im Juli 2012 wurden Pläne laut, dass im Allerpark ein neues Stadion entstehen sollte, das neben den VfL-Frauen auch die Nachwuchsmannschaften sowie das Regionalligateam der VfL-Männer beherbergen sollte.

2015 öffnete der Neubau seine Pforten. 1.700 Sitz- und 3.500 Stehplätze weist das AOK-Stadion auf, das hinter der Haupttribüne und neben dem Verwaltungstrakt der VfL-Arena errichtet wurde. Das Gesamtbudget belief sich auf rund 30 Millionen Euro, wobei darin auch die Kosten für das ins Stadion integrierte VfL-Center enthalten waren. Dort befinden sich allerlei Trainingsräume sowie die Büros der Geschäftsführung des VfL und das Anfang 2015 eröffnete Vereinsmuseum „VfL-Fußballwelt". Eingeweiht wurde das Wolfsburger Kleinstadion am 23. Januar 2015 allerdings nicht von den erfolgreichen Fußballfrauen, sondern von den Bundesligamännern, die auf den Karlsruher SC trafen. Seit Juni 2015 sind alle vier Stadionseiten mit überdachten Tribünen ausgestattet.

Heute trägt neben den VfL-Frauen und der in der Regionalliga Nord spielenden U23 auch das U19-Bundesligateam der Grün-Weißen seine Partien im AOK-Stadion aus. Und bei schlechtem Wetter kann man dann gleich auch die VfL-Fußballwelt erfahren, die auf 800 Quadratmetern Ausstellungsfläche über die Geschichte des VfL Wolfsburg berichtet.

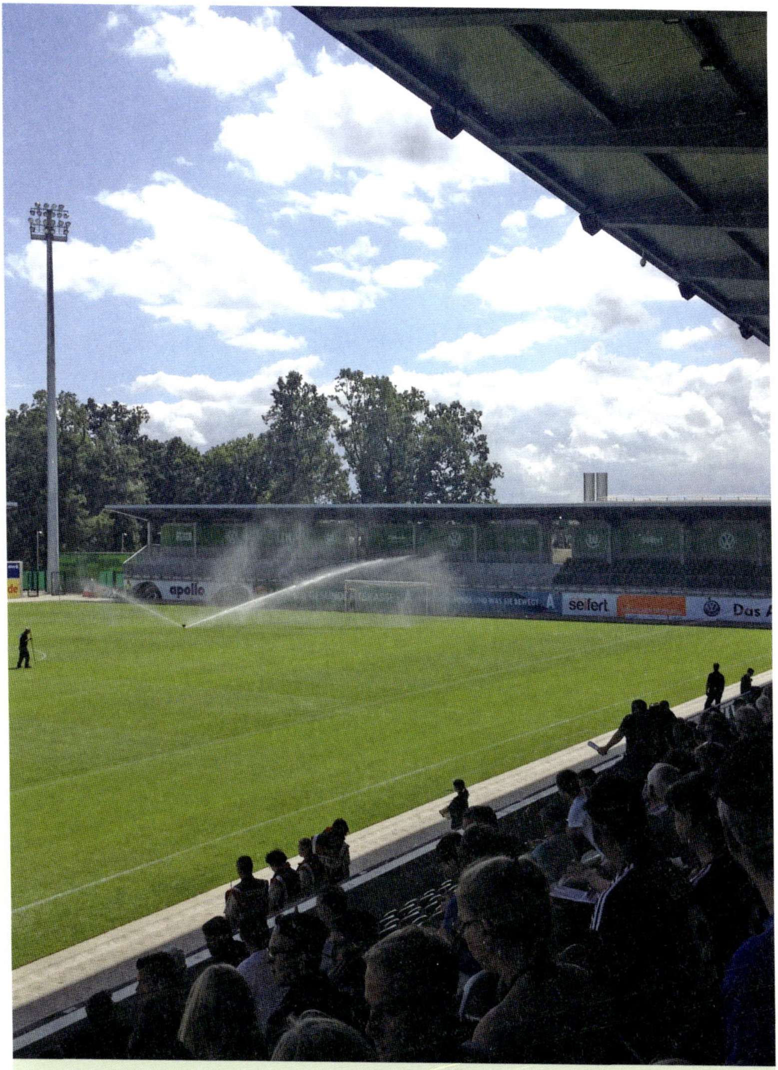

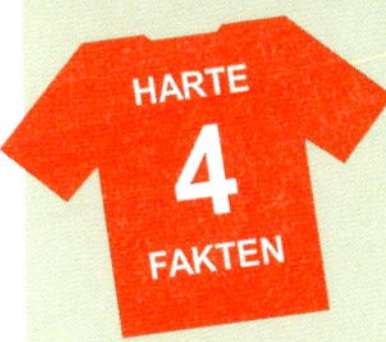

Adresse: In den Allerwiesen 1, 38446 Wolfsburg
Kapazität: 5.200
Verein: VfL Wolfsburg Frauen
Website: www.vfl-wolfsburg.de/aktuelles/frauen

Wolfsburg 096

Volkswagen-Arena

Der Glaspalast

Schon rein optisch passt es perfekt zur Erlebniswelt „Autostadt" und ist zudem eines dieser Stadien, in denen der moderne Fußball heimisch ist, ohne dass allzu viele irritierende Reminiszenzen an die Vergangenheit auftauchen. Als „Symbiose aus Funktionalität und attraktiver Form" bezeichnete der damalige VfL-Geschäftsführer Klaus Fuchs die im Dezember 2002 eröffnete Volkswagen-Arena, die den VfL in neue Dimensionen führte.

Wolfsburg brauchte damals zweifelsohne ein neues Stadion. Nach dem Aufstieg des VfL in die Bundesliga war das altehrwürdige Stadion am Elsterweg an seine Grenzen gestoßen. In der VW-Führungsetage träumte man von einem europapokaltauglichen Areal, in dem regelmäßig Champions League dargeboten und Fußball als Event zelebriert werden sollte. 19 Monate brauchte man, ehe auf einer Brachfläche am nordöstlichen Stadtring Einweihung gefeiert werden konnte.

Es war historischer Boden, denn dort hatte einst die „Italienersiedlung" gestanden, in der Wolfsburgs erste Gastarbeiter und auch Fußballspieler lebten. Die Baukosten trugen die Stadt und die VW-Tochter VfL Wolfsburg-Fußball GmbH. Platz gibt es für 30.000 Menschen, von denen 8.000 im Bundesligaspielbetrieb stehen dürfen. „Mit der Arena wollen wir vor allem das Publikum mobilisieren und Wolfsburg zu einem echten Fußball-Standort machen", jubelte Klaus Fuchs, einer der Antreiber in Sachen Stadionbau.

Das gelang bedingt, denn sowohl sportlich als auch fankulturell gab es seitdem erhebliche Spreizungen in Wolfsburg. So pendelte der VfL zwischen Deutscher Meisterschaft 2009 und mehreren Fastabstiegen, etablierte sich der Zuschauerschnitt zwar auf einem für eine kleine Stadt wie Wolfsburg (120.000 Einwohner) hohen Niveau, waren aber dennoch selbst in der Meistersaison große Freikartenkontingente üblich. „Es ist enttäuschend, wenn in unserer Situation so wenig los ist im Stadion", schimpfte Meistertrainer Felix Magath im April 2009 und konstatierte „Wolfsburg ist offensichtlich noch nicht bereit, oben zu stehen".

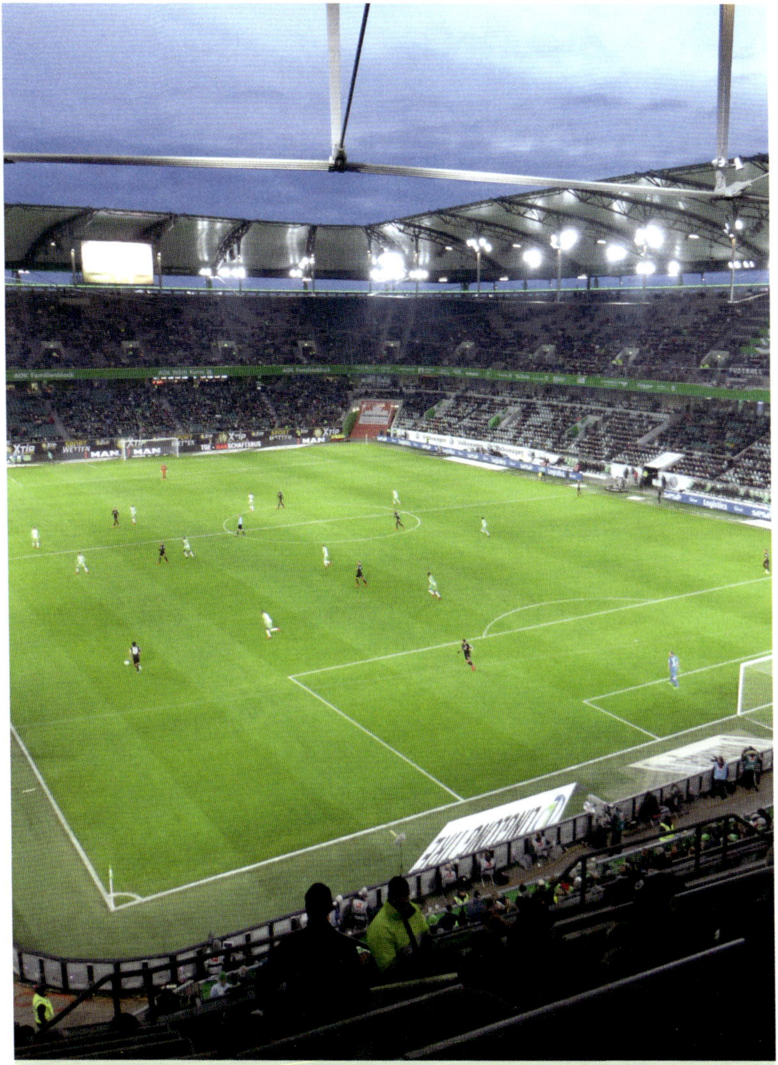

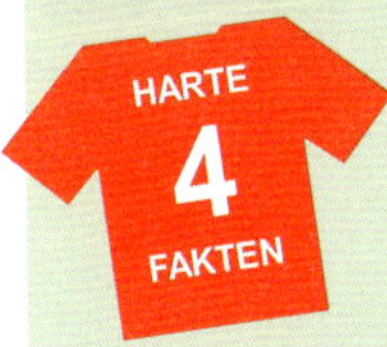

Adresse: In den Allerwiesen 1, 38446 Wolfsburg

Kapazität: 30.000

Verein: VfL Wolfsburg

Website: www.vfl-wolfsburg.de

Wolfsburg 097

Stadion am Elsterweg

Schön war die Zeit

Wenn überhaupt etwas den phänomenalen Aufstieg des VfL Wolfsburg in den 1990er-Jahren trüben konnte, dann die Stadionfrage. Während man sportlich binnen sechs Jahren von der Oberliga Nord in die europäischen Wettbewerbe durchmarschierte, hatte die ehrwürdige Spielstätte am innerstädtischen Berliner Ring Mühe, über Oberligaformat hinauszukommen. Besonders deutlich wurde das im Herbst 1999, als der VfL zum ersten Europapokalspiel seiner Geschichte aufgrund von UEFA-Auflagen lediglich 11.000 der 20.400 zur Verfügung stehenden Plätze nutzen durfte.

49 Jahre zuvor waren ein paar tausend Zuschauer Augenzeugen gewesen, als das VfL-Stadion mit einem 5:2 gegen Nachbar SSV Vorsfelde eingeweiht wurde. Am Elsterweg hatten die grün-weißen Fußballer fortan eine Heimat mitsamt Vereinsheim, in dem es große Momente zu sehen gab. So im Oktober 1954, als 15.260 Besucher für einen bis 1997 gültigen Zuschauerrekord beim 1:0 gegen den Hamburger SV sorgten, oder 1970, als der VfL mit Torjäger „Wanze" Kemmer via Aufstiegsrunde ans Tor zur Bundesliga klopfte. Die Wolfsburger waren immer ein wenig launisch und füllten die 1961 errichtete Haupttribüne nur dann, wenn es gut lief. In den späten 1970er-Jahren war das nur selten der Fall, sackte der Besucherschnitt auf unter 1.000, war das VfL-Stadion zu groß für den VfL.

Das änderte sich 1991, als Peter Pander vom VW-Werk als Manager für den VfL freigestellt wurde. 1994 sanierte die Stadt das kurz zuvor vom VfL erworbene Areal für 5 Mio. DM zweitligareif, ein Jahr später erreichte der VfL das Pokalfinale und entstand auf der Gegengerade eine freistehende Leichtbautribüne. Spätestens als 1997 der Sprung in die Bundesliga gelang, wurde das Stadion zum Problem, und 2002 wechselte der VfL schließlich in die neue Arena. Anschließend spielten die U23 und die VfL-Frauen noch am Elsterweg, ehe auch sie mit dem AOK-Stadion eine moderne Heimat erhielten. Wie es weitergeht, ist unklar. Pläne, die denkmalgeschützte Tribüne in eine neue Mehrzweckhalle zu integrieren, wurden bislang nicht umgesetzt.

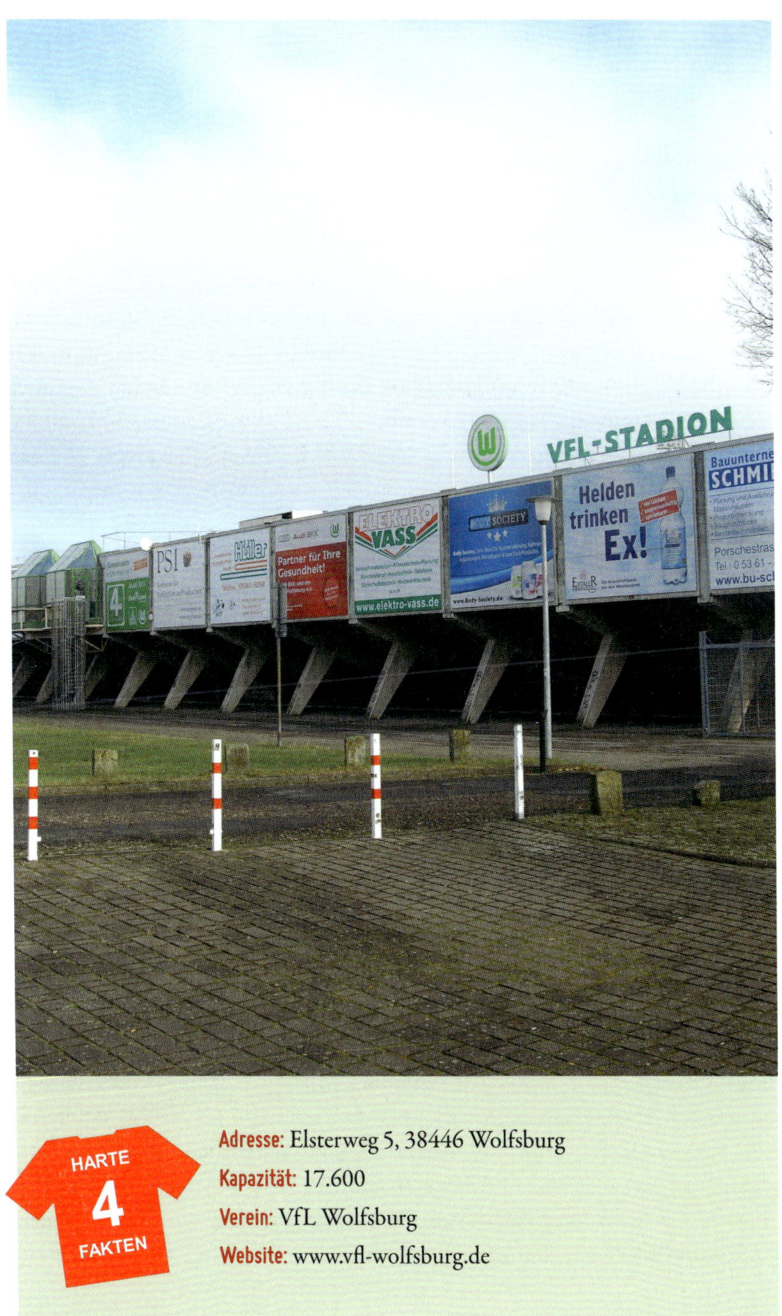

HARTE 4 FAKTEN

Adresse: Elsterweg 5, 38446 Wolfsburg

Kapazität: 17.600

Verein: VfL Wolfsburg

Website: www.vfl-wolfsburg.de

Wolfsburg 098

Lupo-Stadio

Buona vita an der Kreuzeiche

Es ist ein echtes Schmuckstück, und die in ganz Norddeutschland legendäre Herzlichkeit der Gastgeber macht den Besuch noch einmal umso schöner. Seit 2003 kickt die US I. Lupo-Martini in Wolfsburg-Kreuzeiche, wo in den letzten Jahren ein heimeliges Fußballstadion entstanden ist, in dem auch eine Menge Erfolge gefeiert werden konnten.

U.S. I. Lupo-Martini. Da muss man erstmal genauer hinschauen. Übersetzt steht das für Unione Sportiva Italiana Lupo-Martini. Der Klub entstand 1981, als der SC Lupo und die US Martini die Kräfte bündelten. Der SC Lupo (Italienisch für Wolf als Kosename von Wolfsburg) war 1962 als erster „Gastarbeiter"-verein Deutschlands gegründet worden und stand unter der Obhut der Sozialabteilung der VW-AG. Denn es waren ausnahmslos italienischstämmige Arbeiter des ortsansässigen Autobauers, die für Lupo kickten. Gespielt wurde zunächst auf dem Sportplatz Berliner Brücke in der sogenannten Italienersiedlung. Dort, wo sich heute die VfL-Arena befindet, gab es in den 1960er und 1970er-Jahren teilweise gewaltige Kulissen, vor allem, wenn Lupo auf die 1970 gegründete US Martini traf. Damals lebten rund 12.000 Italiener in Wolfsburg, spielte Lupo einen eher kämpferischen und „deutschen" Fußball, während Martini elegant und spielerisch zum Erfolg kommen wollte.

1981 vereinigt, gelang 1996 unter VfL-Legende „Wanze" Kemmer erstmals der Aufstieg in die Landesliga. Gespielt wurde inzwischen im Porschestadion des 1. FC. 2003 schließlich wechselte Lupo-Martini in den Stadtteil Kreuzheide und etablierte sich endgültig als fixer Bestandteil der Wolfsburger Fußball- und Kulturgemeinde. Mit dem Aufstieg in die Oberliga Niedersachsen (2009) sowie in die Regionalliga Nord (2016, 2018) schloss das Team zudem sportlich zu den führenden Klubs im Norden auf und erwarb sich bei Gästefans höchste Sympathien durch ein großartiges Catering mit allerlei italienischen Leckereien sowie einer insgesamt entspannten und freundlichen Atmosphäre.

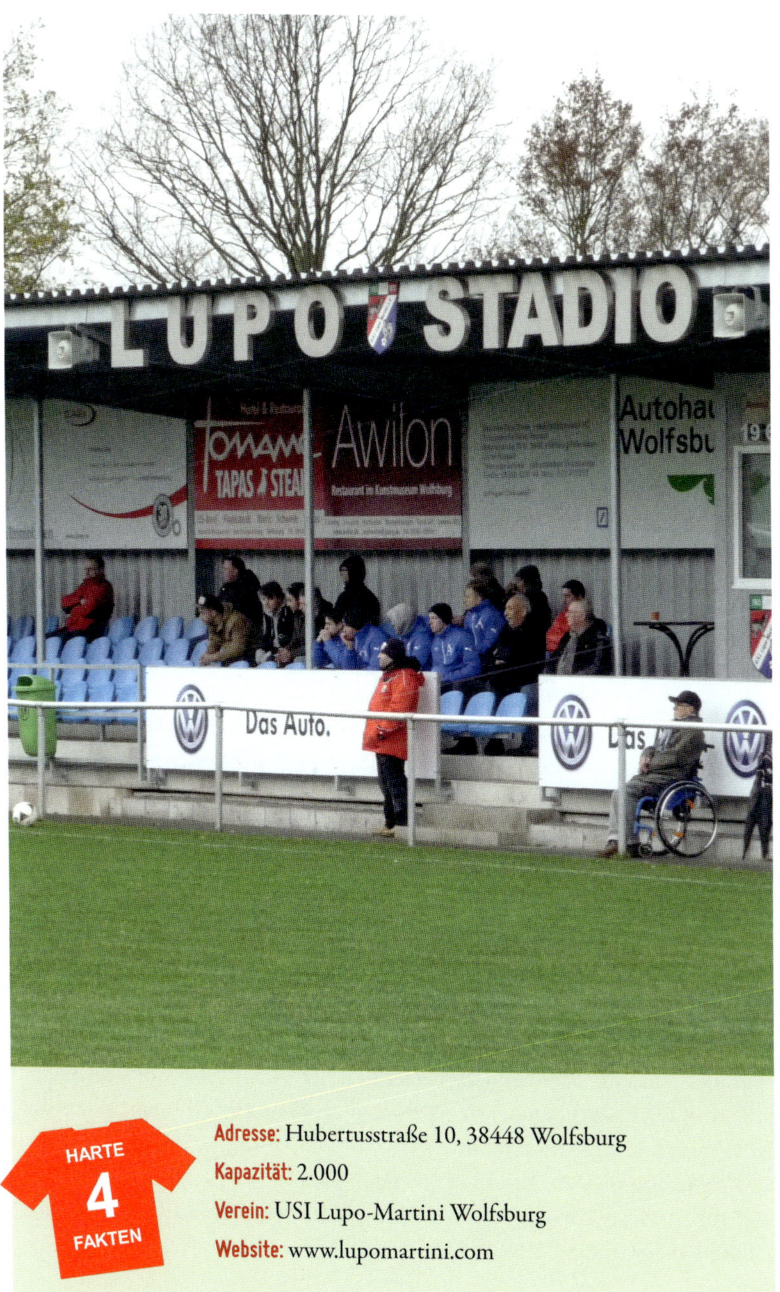

HARTE 4 FAKTEN

Adresse: Hubertusstraße 10, 38448 Wolfsburg

Kapazität: 2.000

Verein: USI Lupo-Martini Wolfsburg

Website: www.lupomartini.com

Wolfsburg 099

Porschestadion

Als Wolfsburg rotweiß war

Wolfsburgs Fußballgeschichte hätte auch ganz anders laufen können. Nicht Grün-Weiß, Rot-Weiß könnte die Stadt heute sein. Doch das ist längst vorbei und auch vergessen. Starten wir also mit einem Rückblick. Am 4. Juli 1945 wurde in Wolfsburg, der ehemaligen „Stadt des KdF-Wagens", der Volkssport- und Kulturverein gegründet, der am 12. September den Namen VfL annahm. Drei Monate später, am 27. Dezember 1945, trennte sich eine Gruppe Unzufriedener um Fritz Stautmeier ab und gründete den 1. FC Wolfsburg.

Ein Name, der Programm sein sollte, denn schon 1946 dominierte der rot-weiße FC die grün-weißen VfLer. Der zog zwar in der Folgezeit ziemlich schnell vorbei und gab fortan den Takt an, der FC konnte jedoch den Anschluss halten und sich als Fußball-Alternative in der boomenden Autostadt etablieren. Am 9. August 1953 eröffnete man am Berliner Ring ein eigenes Stadion, das den Namen Porschestadion erhielt. Vor allem auf Nachwuchsarbeit setzend schloss der FC 1960 ligatechnisch erstmals wieder zum VfL auf und fügte den Grün-Weißen auf heimischem Terrain im Porschestadion eine legendäre 2:1-Niederlage zu.

Plötzlich war der FC wieder dran, strömten die Fans zu den Rot-Weißen. Erneut zog der VfL jedoch weg, musste der FC um den Anschluss bangen. 1966 stand er abermals davor und qualifizierte sich für die Aufstiegsrunde zur Regionalliga. Unmittelbar davor lockte der VfL jedoch FC-Erfolgscoach Imre Farkaszinski in sein einen knappen Kilometer entferntes Stadion am Elsterweg, woraufhin der trainerlose FC in der Aufstiegsrunde unglücklich im Entscheidungsspiel scheiterte. „Der VfL hat damals um seine Spitzenstellung in Wolfsburg gebangt", war sich FC-Präsident Karl Weidanz noch viele Jahre später sicher.

1969 trennten sich die Wege mit dem Abstieg des FC in die Landesliga vollends, und heute finden kaum noch Kiebitze den Weg ins Porschestadion, erinnert sich niemand mehr an die große Ära der Rot-Weißen.

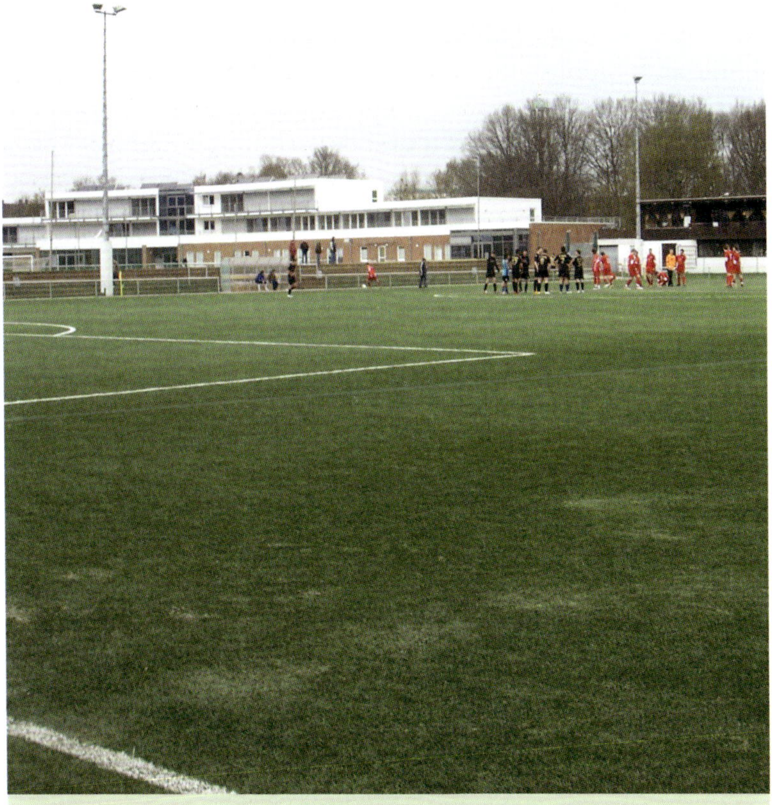

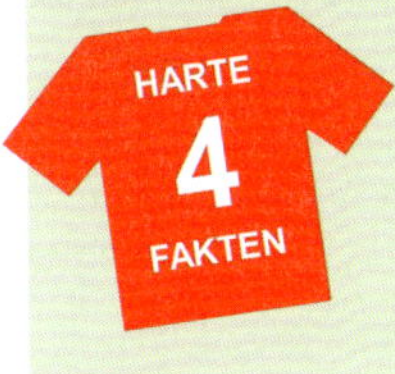

Adresse: Berliner Ring 45, 38440 Wolfsburg

Kapazität: 6.000

Verein: 1. FC Wolfsburg, VfL Wolfsburg Jugend

Website: www.fc-wolfsburg.de

Barne-Stadion

Ein Strich in der Landschaft

„Ein Spätsommerabend im Juni 1971 in Nienburg“, eröffnet Ex-Nationaltorhüter Uli Stein in seiner Biografie „Halbzeit“ das Kapitel „Sturm und Drang in der Norddeutschen Tiefebene“. Darin beschreibt er seine Anfänge im Leistungsfußball beim 1. FC Wunstorf. Geboren im pfälzischen Frankenthal, hatte Stein gemeinsam mit seinem Bruder Gunter beim FC Nienburg in Niedersachsen mit dem Fußball begonnen und war dann nach Wunstorf gewechselt. Dort hatte er Günther Blume kennengelernt, einen Trainer mit Regionalligaerfahrungen beim SC Tasmania 1900 Berlin. „Hier, du Strich in der Landschaft, jeden Abend eine Stunde quälen, sonst bist du bald weg vom Fenster“, erinnerte er sich in seiner Biografie an die erste Begegnung mit Blume am erwähnten „Spätsommerabend im Juni 1971“, als Blume bei Steins elterlicher Wohnung in Nienburg klingelte und dem angehenden Nationaltorhüter deutlich machte, was er von ihm erwartete.

Stein, schon damals mit einem recht ausgeprägten Selbstbewusstsein ausgestattet, kam dem Wunsch nach und trug dazu bei, dass Wunstorf quasi über Nacht in ein schweres Fußballfieber geriet. Zwei Aufstiege in vier Jahren, von der Bezirksliga bis ans Tor zur Oberliga Nord, die Kleinstadt vor den Toren Hannovers, in der Stein nebenbei bei Autohändler Kramer eine kaufmännische Ausbildung durchlief, stand vor goldenen Tagen. „Bei Aufstiegsspielen in die Verbandsliga drängten sich nicht selten 4.000 Leute um den Platz“, schreibt Stein. „Der Fußball zog in seiner Gunst locker an ‚Sex and Crime‘ vorbei und avancierte nicht nur an Wunstorfs Stammtischen zum Thema Nummer eins. Man lebte von Sonntag zu Sonntag.“

Die Stadt Wunstorf unterstützte den Höhenflug mit dem Bau des Barnestadions als Ersatz für den innerstädtischen Jahnplatz, der vom Volksmund vielsagend „Feuerwehrwiese“ getauft worden war. Auf dem neuen Areal wollte man Wunstorfs Fußball ganz nach oben führen. Doch der große Durchbruch blieb dem 1. FC, 1972 durch Fusion von SpVgg und Rot-Weiß gegründet, im Gegensatz zu Uli Stein verwehrt.

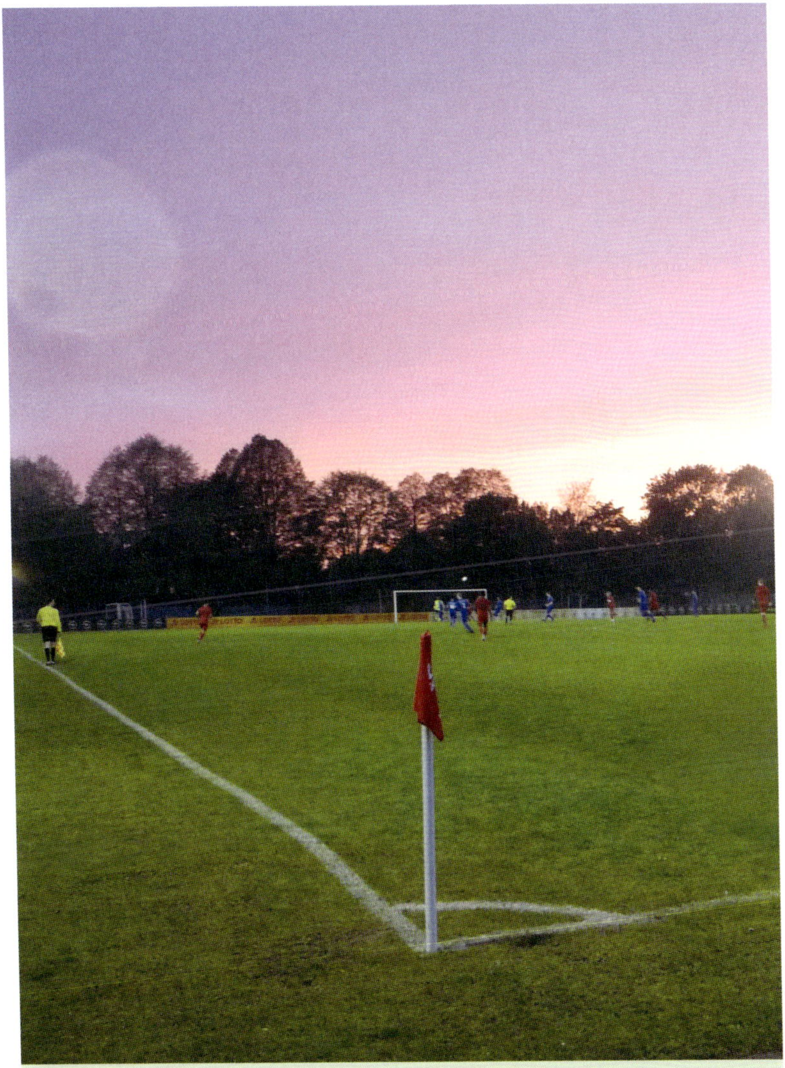

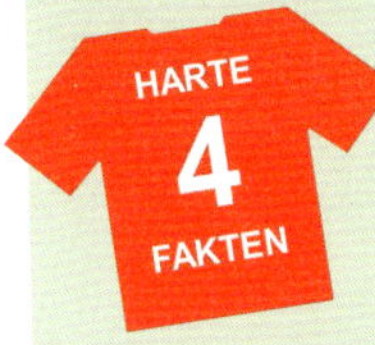

Adresse: Rudolf-Harbig-Straße 7, 31515 Wunstorf

Kapazität: 2.000

Verein: 1. FC Wunstorf

Website: www.1fc-wunstoerf.de

Einer geht noch, einer geht noch rein …

Dieser Ort hätte unbedingt noch reingehört?

Verzeihung. Bitte hier eintragen

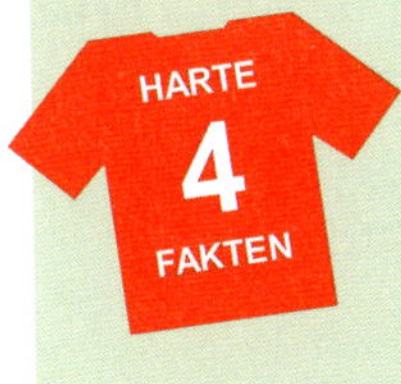
HARTE
4
FAKTEN

Literatur

Weiterführende Literatur vom Autor:
Legendäre Fußballvereine Norddeutschland. Zwischen TSV Achim, Hamburger SV und TuS Zeven
Porträts von mehr als 400 namhaften und nicht ganz so namhaften Fußballvereinen aus Norddeutschland.
392 Seiten, A4, bebildert. AGON Sportverlag, ISBN: 3-89784-223-8

Das goldene Buch des deutschen Fußballs.
Die ganze Geschichte des Fußballs in Deutschland seit 1870. Gemeinsam mit Dietrich Schulze-Marmeling.
492 Seiten, A4, farbig bebildert. Verlag Die Werkstatt. ISBN: 978-3-7307-0211-6

Norddeutsche Fußballgeschichte
Fußball im Norden. 100 Jahre Norddeutscher Fußallverband. Geschichte. Chronik. Namen. Daten. Fakten. Zahlen
Von Bernd Jankowski, Harald Pistorius und Jens R. Prüss
404 Seiten, A4, bebildert. AGON Sportverlag, ISBN: 3-89784-270-X

Dank

Ich danke Caro Barton, Peter Borches/Niedersächsischer FV, Klaus Frye, Robert Gertzen, Carina Knapp-Kluge, Peter Kupka, Jens Meinecke, Thomas Peek, Hartmut Ritz, Kai Schwarze, Frank Willig, Christopher Wode und David Zimmer für ihre Unterstützung.

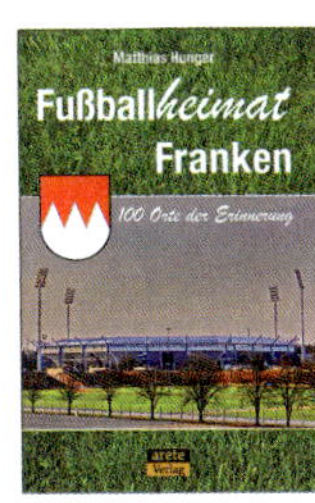

Matthias Hunger

Fußballheimat Franken

100 Orte der Erinnerung

216 Seiten Klappenbroschur, € 18,–
ISBN 978-3-942468-91-6

Von Alzenau bis Würzburg, von Adidas bis Puma, vom Club bis zu den Greuthern, vom Sportplatz bis zum Grabstein: Wer oder was ist eigentlich ein Schnüdel? Wo liegt die Grüne Au? Wieso stand Günter Netzers Ferrari in Erlangen? Was machen Esel auf dem Fußballplatz? Wo saß Fritz Walter auf der Trainerbank? Und was wurde aus dem einstigen Zuhause des bedeutendsten Vereins?

Fußballheimat Franken erzählt davon. Und von einem Maskottchen ohne Hose, einem WM-Ball, der aus Nürnberg, nicht aus Herzogenaurach kam. Vom Gradmesser für die deutsch-amerikanischen Beziehungen und von einer Grenze, die Welten trennt. Von einem Trainer mit Medizinbällen, von den Bratwürsten eines Fußballmanagers und von einem Ex-Weltfußballer, der in der dritten Person seinen Senf dazu gibt.

„Eine wunderbare Buchidee, großartig umgesetzt“ (Zeitspiel-Magazin)

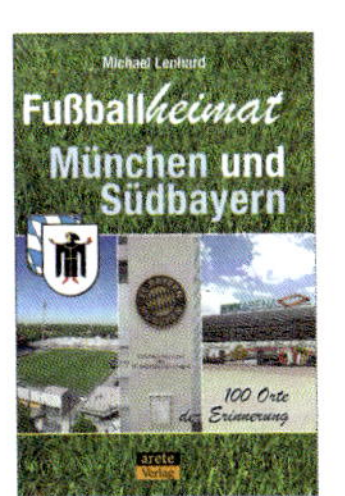

Michael Lenhard

Fußballheimat München und Südbayern

100 Orte der Erinnerung

216 Seiten Klappenbroschur, € 18,–
ISBN 978-3-942468-96-1

Von Anzing bis Zwiesel: 100 Orte in München und Südbayern, an denen große und kleine Fußballgeschichte geschrieben wurde. Wo findet sich der ersten Bolzplatz des FC Bayern, wo spielte in München erstmals Rot gegen Blau und warum waren die Löwen anfangs bürgerlich? Wo haben Basti Schweinsteiger, Philipp Lahm und Thomas Müller das Fußballspielen gelernt? Wo liegen die Legenden des bayrischen Fußballs Helmut Haller, Willy Simetsreiter und Rudi Brunnenmeier begraben? Wer kennt noch Eberhard Stanjek und Sammy Drechsel? Und warum sind der SC Zwiesel und der 1. FC Kötzting ebenfalls Teil der bayerischen Fußballheimat?

„Ein schönes Buch, welches sich mit Vergnügen lesen lässt.“ (Der Tödliche Pass)

„Die einzelnen Berichte sind kurzweilig zu lesen und machen das Buch zu einem besonderen ‚Lesebuch für Fußballfans‘.“ (Bayern im Buch 2018/2)

Arete Verlag • Osterstr. 31-32 • 31134 Hildesheim • www.arete-verlag.de

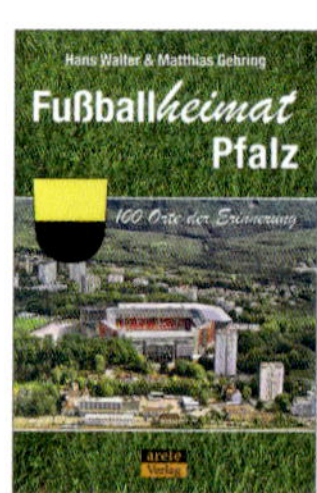

Hans Walter & Matthias Gehring

Fußballheimat Pfalz

100 Orte der Erinnerung

216 Seiten Klappenbroschur, € 18,–
ISBN 978-3-96423-014-0

Die Pfalz ist Fußballheimat. Es findet sich hier kaum eine Gemeinde ohne Fußballverein und Sportplatz. Voller Stolz nennen die Pfälzer die Namen großartiger Fußballspieler wie Fritz und Ottmar Walter, Horst Eckel, Werner Liebrich, Werner Kohlmeyer, Heinz Kubsch, Jürgen Kohler, Miroslav Klose, André Schürrle, Hans-Peter Briegel, Heidi Mohr und Nadine Keßler.

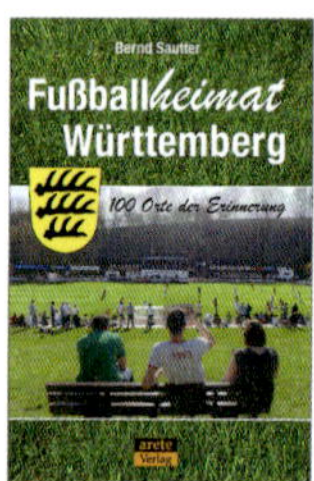

Bernd Sautter

Fußballheimat Württemberg

100 Orte der Erinnerung

216 Seiten Klappenbroschur, € 18,–
ISBN 978-3-96423-013-3

Wer sich auf eine Fußball-Reise durchs Ländle begibt, entdeckt alle schwäbischen Klischees, aber auch vieles, mit dem niemand rechnen konnte. Die Schauplätze der „Fußballheimat Württemberg" liegen zwischen Bundesliga und Kreisklasse, Komödie und Tragödie, Vereinsheim und Trainingslager, Klinsmanns Bäckerei und Klopps Heimatplatz. Württembergische Fußballgeschichte wird nämlich überall geschrieben: auf der winzigsten Tribüne und im Acker, über den die schlechteste Mannschaft Deutschlands pflügte.

Um diese Fußballheimat zu erkunden, reiste Bernd Sautter quer durchs Land, schwätzte mit Fans, Freaks und Funktionären.

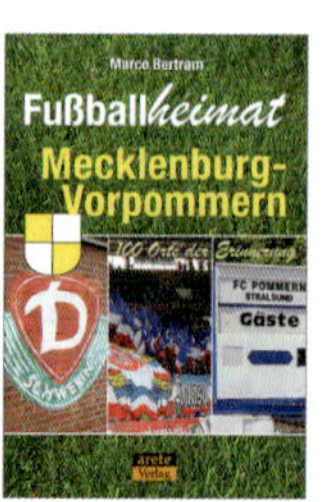

Marco Bertram

Fußballheimat Mecklenburg-Vorpommern

100 Orte der Erinnerung

216 Seiten Klappenbroschur, € 18,–
ISBN 978-3-96423-025-6

Auch im Nordosten der Republik wird leidenschaftlich Fußball gelebt. Marco Bertram, Herausgeber und Autor von turus.net, kennt fast alle Vereine und Plätze zwischen Ludwigslust, Schwerin, Wismar, Rostock, Saßnitz, Stralsund, Greifswald, Anklam, Neubrandenburg und Neustrelitz aus eigener Anschauung und erzählt von verblichener und neuer Größe.

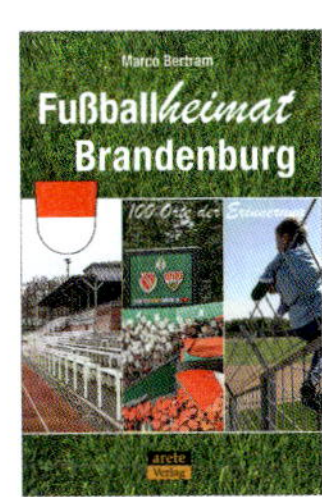

Marco Bertram

Fußballheimat Brandenburg

100 Orte der Erinnerung

216 Seiten Klappenbroschur, € 18,–
ISBN 978-3-96423-032-4

In Brandenburg liegen Euphorie und Melancholie dicht beisammen. Europacup-Schlachten bei Vorwärts Frankfurt und Stahl Brandenburg, ein fast märchenhafter Aufstieg von Energie Cottbus und Lichtmomente bei Babelsberg 03. Im krassen Gegensatz dazu der sportliche Niedergang. Aber es gibt auch die zahlreichen kleinen Amateurvereine, die interessante Geschichten zu erzählen haben. Von Buckow bis Rathenow, von Eberswalde bis Schlieben. Marco Bertram besuchte in all den Jahren zahlreiche Standorte, fühlt sich pudelwohl in märkischen Gefilden und trägt nun – mit der nötigen Portion Herzblut – Hintergründiges, Amüsantes und Informatives zum Fußball in Brandenburg zusammen. Ein Buch, das Lust macht, gleich am nächsten Wochenende ein Fußballspiel in der brandenburgischen Provinz zu besuchen.

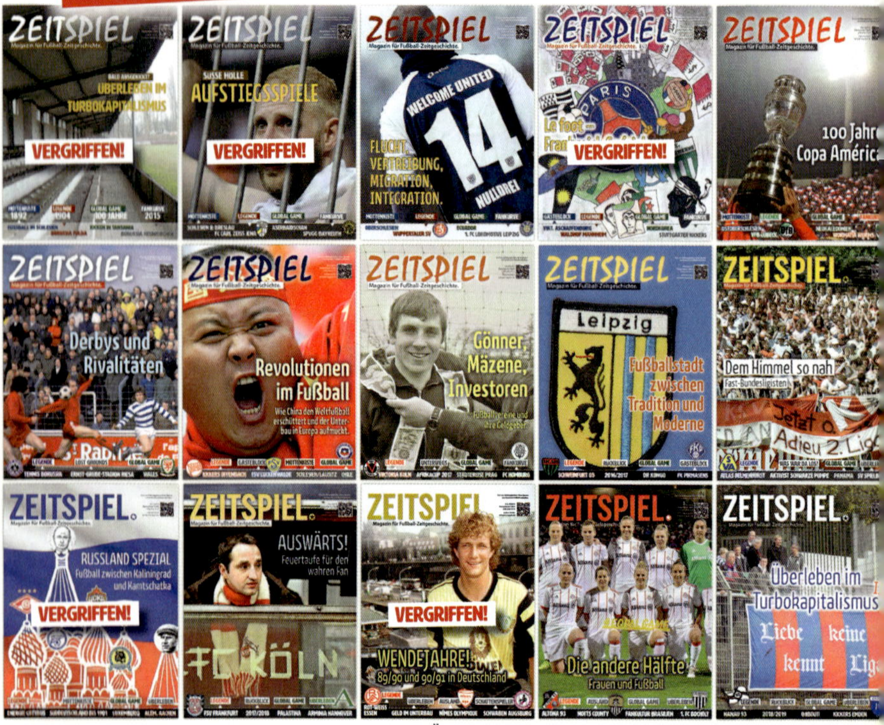

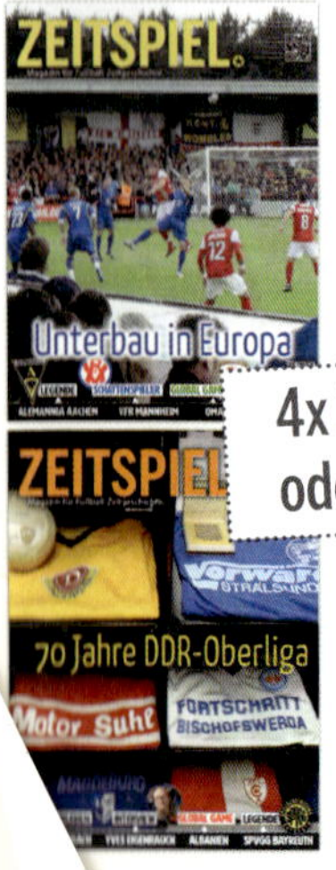

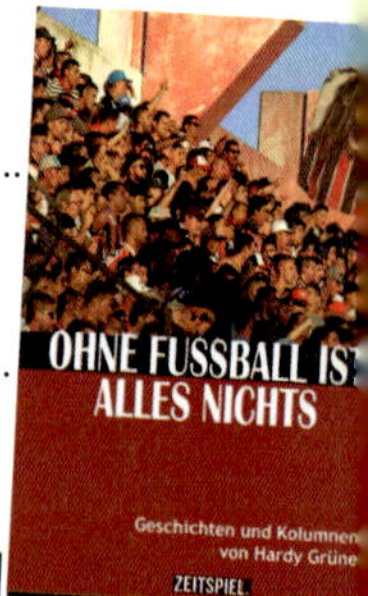